이제도 있고 전에도 있었고
장차 올 자 예수 그리스도

서사라 목사의 천국지옥 간증수기 9
구약편 2권

룻기, 사무엘상하, 열왕기상하, 역대상하
(천국에서 성경의 궁금한 점들이 풀리다.)

하늘빛출판사

이제도 있고 전에도 있었고
장차 올 자 예수 그리스도

구약편 2권

룻기, 사무엘상하, 열왕기상하, 역대상하
(천국에서 성경의 궁금한 점들이 풀리다.)

서사라 지음

신접한 여인이 땅에서 불러올린 자는 사무엘이 아니었다.
놀랍게도 다윗의 아내였던 아비가일, 밧세바, 미갈의
천국에서 각기 처한 장소가 다 다르다.
천국에서 엘리야와 엘리사를 만나다. 엘리야의 승천장면이 풀리다.
예수님께서 다시 오실 때에는 하늘 구름 즉 천국 구름을 타고 오신다.
아사왕은 성 밖에, 여호사밧 왕과 미가야는 성안에, 여로보암은
지옥에 있다.

추천사

추천인사

추천서 1 강영철 목사

추천서 2 류웅규 목사

추천서 3 조희연 목사

추천서 4 강문호 목사

추천서 1

대신총회 서울 동노회장

강영철 목사

여기 서 목사가 집필한 성경편 – 역사서는 서사라 목사(미 LA 주님의 사랑교회)의 신학에 결코 문제가 없다는 소속 노회의 입장과 함께 하나님께서 우리에게 주신 또 하나의 선물입니다.
서 목사가 집필한 저서는 교회가 신앙생활을 하는 데 더욱 집중할 수 있는 장을 제공합니다. 서 목사의 사역에 있어서 명백한 두 가지 강조점은 하나는 회개이고 다른 하나는 선교입니다.

서 목사의 모든 저서는 지옥에 가는 사람을 회개시켜 천국으로 인도하는데, 관심을 집중시키며 또한, 서 목사가 세계 여러 곳에서 복음을 전하는 것은 죄인들을 구원하는 데 초점을 맞추고 있습니다. 그것은 예수의 공생의 첫 마디가 '회개하라' 이고 맨 마지막 말은 '선교하라' 라는 것이며 서 목사의 사역이 이 바른 방향에 초점을 맞추고 있으며 또한 이것은 정말 이 세상에 교회가 존재하는 목적과 이유입니다.

예수님은 죽으시고 부활하시고 승천하시기 전에 우리 모두에게 지상 대명령을 주셨습니다.

"예수께서 나아와 일러 가라사대 하늘과 땅의 모든 권세를 내게 주셨으니 그러므로 너희는 가서 모든 족속으로 제자를 삼아 아버지와 아들과 성령의 이름으로 세례를 주고 내가 너희에게 분부한 모든 것을 가르쳐 지키게 하라 볼지어다 내가 세상 끝날까지 너희와 항상 함께 있으리라 하시니라" [마 28:18-20]

서 목사의 회개를 강조하는 저서들과 또한 성경을 이해하는 데 도움을 주는 저서들(특히 역사서들과 계시록에 대한 저서들)과 함께 서 목사의 전 세계로의 선교 지향성의 사역 방향은 모두가 다 이 지상 대명령을 잘 실천하기 위한 것이라 보여집니다.

또한 결론적으로 한마디로 말하자면 서 목사의 저서 특히 이번에 나오는 역사서는 결국 성경을 공부하는 것입니다. 이것이 또한 이 저서를 책자로 발간한 서 목사의 의도이고 계속해서 이 저서를 읽고 연구하여 그 책의 내용을 가지고 성경을 이해하는 데 많은 도움이 되었다고 고백하는 분들의 신념일 것입니다. 우리나라에도 이러한 분들이 더욱 더 많아지기를 바라며 그리고 서 목사의 저서들이 성경을 더 잘 이해하는 데 도움을 주기를 바라면서 이 추천서를 보냅니다.

추천서 2

엘림 외국인 교회

류웅규 목사

우리는 지금 확실히 마지막 시대에 살고 있으며 여섯째 인을 뗀 시기에 살고 있음을 아는 것은 주 예수님께서 예언하신 대로 전쟁과 기근과 질병과 지진이 지구촌 처처에서 일어나고 있기 때문이기도 하다. 이 시대 말에 하나님께서는 보자기를 풀어서 숨겨놨던 보물을 꺼내 보이듯이 이미 오래전에 하나님으로부터 연단 받아 복음 사역자로 쓰시는 서사라 목사님을 알고 만나게 된 것은 제 개인적으로도 커다란 행복이며 은혜라고 여기고 있다.

본서는 서사라 목사님이 저술한 아홉 번째 책인데 서 목사님의 모든 저서의 공통적인 특징은 다른 사람이 한 말이나 쓴 글을 인용한 적 없이 오직 천상에서 주님이나 천사들 그리고 성경 저자들과의 대화를 통해서 듣고 깨달을 말씀을 진솔하게 기록하고 있다는 점이다.

많은 믿는 이들이 내세를 다녀온 간증을 기행문 형식으로 기록하는 데 반 해, 서 목사님은 일찍이 아무도 경험하지 못했던 특별한 방식으로 천상의 세계를 보고 듣고 깨달은 것들을 사실적으로 기록하고 있어서 누구든지 열린 마음과 눈으로 이 책을 읽는다면 많은 빛 비춤과 영적인 유익을 얻을 것임을 확신한다.

서 목사님의 책은 어떤 주석에서도 일찍이 찾아볼 수 없는 독특한 방식 즉, 성경 기록자들을 직접 만나 난해 구절들에 대해서 직접 질문하고 설명을 들은 것들을 기록한 것은 유례를 찾아볼 수 없는 아주 특별한 체험들을 본서의 특징이라 말할 수 있겠다. 누가 일찍이 성경 속에 등장하는 보아스를, 마리아를, 사무엘을, 한나를, 사울 왕을, 다윗을, 미갈을, 아비가일을, 그리고 요압 장군 등을 듣거나 직접 만나서 성경 난제를 풀어낸 사람이 있었는가?

지금까지 구약 성경을 수십 번 읽었지만 이렇게 시원스럽고 확실하게 성경 난해 구절들을 해설해놓은 책은 일찍이 어디에도 없었다. 하나님께서 이처럼 특별하고도 다양한 방식으로 서사라 목사님을 만나주시고 사용하고 계심에 커다란 감동을 주고 있다. 서 목사님의 모든 메시지는 언제 어디에서 들어도 은혜스럽고 달콤하며 신비스럽다. 오직 서 목사님만 경험했던 일들이기에 우리들에게 영적인 자각과 체험에 대한 강력한 감동과 도전을 던져주고 있다.

본서는 누가 일찍이 천국에서 주님의 집무실을 방문한 적이 있었는가? 누가 일찍이 천국에서 성경 기록자들을 만나 성경 난제에 대한 의견을 나눈 자가 있었는가? 누가 하나님의 마음에 합한 자인가? 천국에서 왕권을 누릴 자는 누구인가? 천국에서 누가 큰 자요 이기는 자인가? 누가 성 안에 들어가고 누가 성 밖에 머무르게 되는가에 대하여 성경과 저자인 서 목사님의 체험을 통해 실제적이고 구체적으로 입증해주고 있는 내용들이 영적인 세계에 대한 새로운 지평을 열어주고 있다. 본서를 저술한 서사라 목사님께 마음 깊이 감사드리며 이 마지막 때를 살아가는 믿는 이들이 어떻게 종말을 살아가야 할 것인지 방향을 제시해 주는 본서를 애독하시기를 적극 추천한다.

추천서 3

전 오산리 기도원 원장

조희연 목사

창조주 하나님께서 성경을 주시고 예수님을 이 땅에 보내신 가장 큰 목적은 영혼이 구원받아 천국에서 주님과 함께 영원히 영생복락을 누리는 것이라 하셨습니다.

교회와 주의 종이 해야 할 일은 오직 한 가지밖에 없으니 영혼들을 확실히 거듭나게 하여 천국의 알곡으로 양육하는 일입니다.

서사라 목사님은 의사요, 과학자요, 부흥사요, 목사로써 천국 복음과 바른 복음으로 예수님의 신부로써 철저히 회개하고 단장하여 하나님 나라 성안에 들어가게 하는데 사명을 가지고 메시지를 전하시는 종이십니다.

서사라 목사님은 의사로 계시다가 하나님 나라 영계를 보시고 부름 받으신 산 증거자이시고 천국과 지옥을 체험하신 대단한 목사님이십니다.

금번 서사라 목사의 천국과 간증 수기 아홉 번째 책으로서 구약편 2권(룻기, 사무엘상하, 열왕기상하, 역대기상하)를 출간하게 되심을 진심으로 축하하며 하나님께 영광을 올려드립니다.

제가 만난 서사라 목사님은 학자이면서 의사요, 목회자요, 부흥사이면서도 성경을 수십 독 이상하신 성경에 박식하면서도 자신를 낮추시고 모든 것을 내려놓으신 겸손과 따뜻하고 사랑스런 마음으로 어느 누구에게나 다가가시는 참 사랑의 종이었습니다.

성경 야고보서 3장 1절에는 "선생된 너희들이 더 큰 심판을 받으리라" 라고 말씀하고 있습니다. 소경이 소경을 따라가면 둘 다 구덩이(지옥)에 빠진다고 했습니다.

서사라 목사님은 천국 복음, 바른 복음을 전함으로 한 영혼, 한 영혼을 말씀으로 깨우치고 예수님 신부 단장하게 하여 천국 성 안에 들어가게 하는 말씀의 메신저로서 하나님께 사명을 다하고 있습니다.

금번 출간할 이 책을 읽고 많은 목사님들과 성도들이 새로워지고 변화되며 천국의 열매를 많이 맺는 계기가 되시기를 소원합니다.

부족한 종이지만 온 마음을 다하여 출간할 책을 추천하는 바입니다.

추천서 4

충주 봉쇄 수도원 원장

강문호 목사

미국에서 사역하시는 서사라 목사님으로부터 “이제도 있고, 전에도 있었고, 장차 올 자 예수 그리스도” 서사라 목사의 천국 지옥 간증수기 vol. 9 , 구약편 2권, 룻기, 사무엘상하, 열왕기상하, 역대상하 라는 책이 출판되기 전에 받아서 읽게 되었습니다.

1. 첫 인상은 “아니 이럴 수가” 였습니다.
저에게는 모두가 황당하게 느껴졌습니다. 왜냐하면 그 책의 내용이 천상에서 룻을 만나고, 보아스와 이야기하고, 사무엘, 아비가일과 교제하는 이야기들이었고 또한 천상에서 솔로몬과 엘리야 등 성경 인물들을 모두 만난 이야기들로 가득하였습니다.

2. 두 번째 인상은 놀라움이었습니다.
서 목사님은 하늘 나라 주님의 집무실에 가서 찬양을 같이 들었습니다. 천사들이 연주하는 것을 보았습니다. 모두가 나에게는 놀라움이었습니다. 나는 숨을 헐떡이며 읽어 내려갔습니다.

3. 세 번째 인상은 부러움이었습니다.

하나님은 지원자를 사용하지 않으시고 차출자를 사용하셨습니다. 모세가 애굽에서 종살이하는 동족을 해방시키겠다고 지원하지 않으셨습니다. 4번 거절하는 모세를 하나님은 강제로 차출하셨습니다. 베드로는 예수님의 제자가 되겠다고 열망한 적이 없습니다. 예수님이 차출하셨습니다. 바울도 그렇습니다. 바울이 복음 전하는 사도가 되겠다고 생각하여 본 적이 없습니다. 다메섹 도상에서 차출당하였습니다.

하나님께서 하나님의 독특한 세계를 온 세상에 알리시려고 서 목사님을 차출하셨습니다. 이것은 하나님의 특별한 은혜이며 선택이라고 볼 수 있습니다. 저는 하나님으로부터 그런 특별한 은혜를 받은 서 목사님이 참으로 부러웠습니다.

4. 네 번째 인상은 새로움이었습니다.

성경 속의 인물들이 천상에서 지금 다 살아 있는 것을 이 책을 읽고 알았습니다. 천국에 살아 있느냐? 성밖에서 지내느냐? 지옥에서 고통을 당하고 있느냐? 이런 구별은 있지만 모두가 살아 있다는 사실을 알고 나 스스로가 새로움으로 옷 입고 싶어졌습니다.

희랍철학은 이해되어야 믿습니다. 그러나 히브리 영성은 믿어야 이해가 됩니다. 하나님을 믿으니까 천지창조가 이해됩니다. 예수님을 믿으니까 오병이어 기적이 믿어집니다.

이 책을 읽고 처음에는 '아니 이럴 수가' 하는 느낌이 들었으나 읽을수록 놀라움이 스며들었고, 부러움이 피어났으며 이어서는 내 자신이 새롭게 되는 새로움의 옷이 입혀졌습니다. 저는 이 책을 읽는 모든 자는 저와 같은 흐름에서 헤엄치리라 생각됩니다.

저는 앞서가는 사람을 따라가며
하나님께 특별한 은혜를 받은 사람을 받아들이며 인정하며
그런 귀한 사람들을 존중하고 싶습니다.

샬롬

2022.7.16.

| 서문 |

하나님께서는 10년 동안 거리 전도하던 저에게 2013년 11월 1일부터 천국과 지옥을 보여주시면서 너는 일곱 권의 책을 써야 한다고 말씀하셨었다. 처음에는 한 번도 책을 써본 적이 없는 저는 너무나 놀라서 '어떻게 제가 일곱 권의 책을 씁니까?' 하고 반문하였으나 이제 거의 9년째인 2022년 7월에 이 일곱 번째의 책을 내가 쓰고 있다는 것이다.

주님께서는 주로 저로 하여금 천국에서 믿음의 선진들을 만나게 하셔서 성경의 궁금한 점들을 물어서 그 의문점들을 풀어서 책으로 펴내게 하셨다.

그리하여 성경은 정확무오한 100% 하나님의 말씀이라 한다면 제가 쓰는 책들은 성경을 더 잘 이해하기 위한 참고서에 불과하다고 말할 수 있는 것이다. 몇몇 사람들은 제가 성경을 다시 쓰느냐라고 반문한다. 그런데 그것이 아니다. 성경을 다시 쓰는 것이 아니라 성경을 더 잘 이해하기 위하여 성경의 의문점들을 천상에서 물어서 풀어서 쓴 것뿐이다.

저는 성경을 수십 독을 하였지만 아무리 읽어도 이해가 안 되는 부분들을 천상에서 그 성경책을 쓴 저자들을 만나서 이해 안 되는 부분들을 물어보아 알게 된 것을 책으로 써낸 것뿐이다.

이번에 나오는 책도 마찬가지이다. 하나님께서는 저에게 지옥편을 빼고서 일곱 권의 책을 쓰라고 하셨는데 일곱 번째 책은 '구약에 대한 책' 이라고 말씀하셨다. 그러나 구약이 방대하므로 아마도 앞으로 구약에 대한 책이 여러 권이 더 나올 것으로 예상된다.
이번에는 '구약에 대한 책' (저자의 일곱 번째 책)의 두 번째 책 (첫번째 책은 여호수아와 사사기. 그러나 그 이전에도 제 3권으로 창세기가 나왔었고 제 4권으로는 모세편이 나왔었다. 그러므로 구약에 대한 책은 그 이후의 성경책들에 대한 것으로 저자의 일곱 번째 책이다)으로 '룻기서. 사무엘상하. 열왕기상하. 역대상하' 를 출간하게 되었다.
구약에 대한 책 제 1권이었던 '여호수아와 사사기' 에서도 천상에서 성경의 많은 의문점들이 풀리게 되었지만 이번 책에서도 많은 의문점들이 천상에서 알게 되었다.
이 책을 읽는 독자들은 이 책을 읽어내려가면서 놀라운 점들도 있을 것이고 새롭게 느껴지는 부분들도 있을 것이다. 그리고 당연하다라고 느껴지는 것들도 있겠지만 또한 경이롭다고 느껴지는 부분들도 있을 것이다. 그리고 오히려 어떤 부분들은 두렵고 떨린다라는 부분들도 있을 것이다.
저는 하나님께서 쓰라고 하신 이 책을 한 사람이라도 읽고 성경이 풀리게 되며 또한 성경이 진실이라는 것을 알고 저 영생에서도 즉 저 하늘나라에서도 그대로 이 세상에서 그들이 행한 대로 심판을 받는다는 사실을 알고 하나님 앞에 다시 한번 옷매무새를 다듬고 새로운 신앙생활을 하게 된다면 그보다 더 좋은 것은 없으리라 본다.

그리고 특히 성경에 적혀 있는 모든 것이 100% 진실이라고 믿는 자들에게는 이 책에서 기록된 성경의 여러 의문점들에 대하여 천상에서 풀어진 것들을 읽어 내려가면서 그것들이 믿어지는데 있어서 결코 어려움이 없을 것을 저자는 확신하는 바이다.

하나님의 말씀을 담은 성경은 우리에게 이렇게 말하고 있다.

잠시 잠깐 후면 오실 이가 오시리니 지체하지 아니하시리라 [히 10:37]
보라 내가 속히 오리니 내가 줄 상이 내게 있어 각 사람에게 그의 일한 대로 갚아 주리라 나는 알파와 오메가요 처음과 나중이요 시작과 끝이라 [계 22:12–13]
허리에 띠를 띠고 등불을 켜고 서 있으라 너희는 마치 그 주인이 혼인 집에서 돌아와 문을 두드리면 곧 열어 주려고 기다리는 사람과 같이 되라 [눅 12:35–36]

즉 성경은 우리에게 깨어 있으라 주님이 언제 다시 오실지 모른다고 말씀하고 있다. 그러므로 우리는 우주적인 종말이 먼저 오건 개인적인 종말이 먼저 오건 우리는 반드시 곧 주님 앞에 서게 될 것을 예비하는 자들이 되어야 할 것이다.

LA에서 서사라 목사

목차 | 룻기, 사무엘상하, 열왕기상하, 역대상하

1 PART 룻기

2 PART 사무엘상하

천국지옥 간증수기 9
구약편 2권

3 PART 열왕기상하, 역대상하

목차 | 룻기, 사무엘상하, 열왕기상하, 역대상하

Part I

룻기

01 룻기, 사무엘상하, 열왕기상하, 역대상하

천상에서 룻을 만나다.

2017년 12월 20일

아침에 한참을 기도한 후에 천국에 올라가게 되었는데 기도하는 중에 주님께서 이렇게 말씀하시는 것이 알아졌다.

'너와 나는 하나다.'

그러시면서 하시는 말씀이 '너는 내 마음을 가졌느니라.' 하시는 순간에 하나님의 임재가 느껴지면서 내 몸에 힘이 쭈욱 빠져 버렸다. 순간적으로 나는 내 몸에 힘이 하나도 없는 자가 되어 버렸고 온몸을 전혀 움직일 수 없는 자가 되어버렸다. 그러자 갑자기 내 앞에 주님께서 황금 대야에 생명수를 담은 것을 구멍 뚫린 두 손으로 내 앞에 들고 계심이 보여졌다. 주님께서 말씀하신다.

"이리로 올라 오너라."

주님께서는 내 몸 안에 있는 나의 영을 불러 올리시는 것이었다. 그러자 나는 내 몸에서 내 몸이 일어섬을 보았다. 나는 흰 드레스에 황금 면류관을 쓴 아름다운 처녀의 모습이었다. 나는 주님께서 들고 계신 생명수가 담긴 대야에 손을 담그고 내 얼굴을 씻기 시작하였다. 내 얼굴은 눈물 범벅이었는데 그 생명수로 인하여 섞이면서 씻기고 있었다. 나는 주님을 이렇게 만날 수 있다는 것이 너무 감사하였고 주님 앞에서는 나는 한없는 죄인임을 느꼈기에 내 눈에 눈물이 한없이 흐르고 있었다. 그 눈물과 생명수가 섞이면서 나는 씻겨지고 있었다.
그러한 나를 보시고 주님은 미소 짓고 계셨다. 나는 내 얼굴을 씻은 후에 내 두 손을 생명수에 씻었다. 그러는 동안 흰 날개 달린 천사가 긴 항아리에 생명수를 담아가지고 와서 내 머리 위로 부었다. 내 온 몸이 씻겨 내려갔다. 그리고 주님은 그 대야를 바닥에 내려놓았다. 나는 대야에 나의 두 발을 담그고 씻었다.

그것이 끝나자 주님과 나는 즉시 연못가에 와 있는 것을 알아차렸다. 나는 즉시 주님께 말했다.
"주님, 저는 주님과 더 즐거운 시간 보내고 싶어요."
왜냐하면 연못가에 오면 나는 그 연못으로 걸어 들어가서 구약의 믿음의 선진들을 만나서 구약 성경에 적혀 있는 것들에 대하여 이야기하여야 하기 때문이다.
그러자 즉시 주님은 나를 유리바다로 데리고 가셨다. 이러한 이동은 즉시 일어났다. 거기서 주님과 나는 하얀 둥근 보트를 탔다. 그랬더니 바다가 주님과 내가 탄 보트를 위로 아래로 리듬을 타듯이 흔들어 주었는데 꼭 그네를 타고 위아래로 흔들리는 기분이었다.
'와우~ 주님과 단 둘이 보트 안에 있는데 이렇게 바다가 우리를 즐겁게 해 주다니!'

한참을 그렇게 있은 후에 주님과 나는 다시 연못가에 왔다.
그리고 나는 벤치 옆의 꽃신을 신고 연못물 위로 걸어 들어갔다.

주님은 나보고 얼른 가라고 말씀하신다.
오늘따라 주님은 참으로 희고 흰 긴 옷을 품위 있게 입고 계셨다. 얼굴도 오늘따라 거룩함이 더하여 보였다. 나는 어서 연못 위를 걸어 들어가서 오른편 터널의 입구의 문, 황금으로 장식된 문인데 열고 들어갔다. 그 속은 보라색 공간으로 색깔이 이쪽에서부터 저쪽으로 더 깊숙이 들어가면서 열어지고 있었다. 나를 태운 물결 즉 내 발밑은 물이었다. 내가 터널 안에서 움직이는 것이 아니라 내 발 밑의 물이 나를 즉시 이쪽 터널 끝에서 저쪽 터널 끝으로 순식간에 이동시켰다. 그리고 내가 그 터널을 빠져나오자마자 나는 여호수아의 궁에 도착하였다. 즉 그 물과 그 터널 끝이 나를 여호수아의 궁에 내려준 것이다.

주님은 이미 나보다 먼저 오셔서 여호수아의 궁 안의 원탁 테이블에 앉아 계셨고 거기에는 모세와 여호수아가 와서 앉아 있었다.
주님께서 말씀하셨다.
"어서 오너라."
이렇게 늘 연못가에서 나는 연못 위 오른편 터널을 통하여 믿음의 선진들의 집에 도착하지만 주님은 분명히 연못가에 내 뒤에 서 계셨는데 내가 터널을 통하여 믿음의 선진들의 집에 도착하기 전에 주님은 먼저 오셔서 나를 기다리고 계신 것이었다. 즉 주님은 터널을 통하여 오시는 것이 아니라 순식간에 이동하셨다고 보여진다.

그런데 내가 자리에 앉기도 전에 그 순간에 룻이 나타났다. 룻은 하얀 드레스를 입고 있었고 키가 훤칠하게 큰 여인으로 몸은 약간 야윈듯이 보였고 얼굴은 이국적인 여인의 얼굴을 하고 있었는데 눈에는 쌍커풀이 크게 져 있었고 머리는 검고 짧은 머리로 꼭 굵은 파마를 하여 머리숱이 많은 여인처럼 보였다.
룻과 나는 자리에 앉았다. 나는 모세와 여호수아 사이에 앉았고 룻은 나와 여호수아 사이에 앉았다. 즉 오늘 이 자리는 주님께서 내가 룻을 만나 질문할 수 있는 자리를 마련하신 것이었다.

나는 룻에게 궁금한 것을 질문하였다.
"룻, 룻은 어떻게 하나님을 알게 되었나요?"

[룻 1:1-18]

1 사사들의 치리하던 때에 그 땅에 흉년이 드니라 유다 베들레헴에
한 사람이 그 아내와 두 아들을 데리고 모압 지방에 가서 우거하였는
데 2 그 사람의 이름은 엘리멜렉이요 그 아내의 이름은 나오미요 그
두 아들의 이름은 말론과 기룐이니 유다 베들레헴 에브랏 사람들이더
라 그들이 모압 지방에 들어가서 거기 유하더니 3 나오미의 남편 엘
리멜렉이 죽고 나오미와 그 두 아들이 남았으며 4 그들은 모압 여자
중에서 아내를 취하였는데 하나의 이름은 오르바요 하나의 이름은 룻
이더라 거기 거한지 십년 즈음에 5 말론과 기룐 두 사람이 다 죽고 그
여인은 두 아들과 남편의 뒤에 남았더라 6 그가 모압 지방에 있어서
여호와께서 자기 백성을 권고하사 그들에게 양식을 주셨다 함을 들었
으므로 이에 두 자부와 함께 일어나 모압 지방에서 돌아 오려 하여 7
있던 곳을 떠나고 두 자부도 그와 함께 하여 유다 땅으로 돌아오려고
길을 행하다가 8 나오미가 두 자부에게 이르되 너희는 각각 어미의

집으로 돌아가라 너희가 죽은 자와 나를 선대한 것같이 여호와께서
너희를 선대하시기를 원하며 9 여호와께서 너희로 각각 남편의 집에
서 평안함을 얻게 하시기를 원하노라 하고 그들에게 입맞추매 그들이
소리를 높여 울며 10 나오미에게 이르되 아니니이다 우리는 어머니와
함께 어머니의 백성에게로 돌아가겠나이다 11 나오미가 가로되 내 딸
들아 돌아가라 너희가 어찌 나와 함께 가려느냐 나의 태중에 너희 남
편될 아들들이 오히려 있느냐 12 내 딸들아 돌이켜 너희 길로 가라 나
는 늙었으니 남편을 두지 못할지라 가령 내가 소망이 있다고 말한다
든지 오늘 밤에 남편을 두어서 아들들을 생산한다 하자 13 너희가 어
찌 그것을 인하여 그들의 자라기를 기다리겠느냐 어찌 그것을 인하여
남편 두기를 멈추겠느냐 내 딸들아 그렇지 아니하니라 여호와의 손이
나를 치셨으므로 나는 너희로 인하여 더욱 마음이 아프도다 14 그들
이 소리를 높여 다시 울더니 오르바는 그 시모에게 입맞추되 룻은 그
를 붙좇았더라 15 나오미가 또 가로되 보라 네 동서는 그 백성과 그
신에게로 돌아가나니 너도 동서를 따라 돌아가라 16 룻이 가로되 나
로 어머니를 떠나며 어머니를 따르지 말고 돌아가라 강권하지 마옵소
서 어머니께서 가시는 곳에 나도 가고 어머니께서 유숙하시는 곳에서
나도 유숙하겠나이다 어머니의 백성이 나의 백성이 되고 어머니의 하
나님이 나의 하나님이 되시리니 17 어머니께서 죽으시는 곳에서 나도
죽어 거기 장사될 것이라 만일 내가 죽는 일 외에 어머니와 떠나면 여
호와께서 내게 벌을 내리시고 더 내리시기를 원하나이다 18 나오미가
룻의 자기와 함께 가기로 굳게 결심함을 보고 그에게 말하기를 그치
니라

그리하였더니 룻이 나에게 이렇게 알게 하여주는 것이었다. 즉 자신이 많이 아팠었다는 것이다. 그 때에 시모가 하나님을 이야기하여 하나님을 알게 되었다고 하였다. 그리고 그 하나님께서 자신을 고쳤다는 것이다.

'오~ 그런 일이 있었구나!'

10년 동안 시모랑 살면서 그 와중에 한번 룻이 되게 아팠었는데 그 때에 시모가 하나님에 대하여 말하였고 그리고 그녀는 그때에 하나님을 믿게 되었다는 것이다. 오호라...

그리고 나서 나는 또 질문이 생각났다.

나오미에게 아들 둘이 있었는데 성경은 기룐과 말론 둘이 한꺼번에 죽었다고 되어 있다. 즉 나오미는 하루아침에 그들을 다 잃은 것처럼 성경에 기록이 되어 있다.

나의 질문은 어떻게 그들이 함께 죽었는가 하는 것이었다. 그때에 주님은 내게 이렇게 알게 하여 주시는 것이었다. 말론과 기룐이 전염병에 걸려서 죽었는데 이 때 같이 걸려 죽었고 또한 그 때에 룻도 이 전염병에 걸렸었다는 것이다. 와우~

그런데 이 두 아들이 전염병으로 죽자 나오미의 회개가 터졌고 (자신이 기근 때문에 가나안을 떠나 모압에 온 것에 대하여, 가나안에 기근이 왔다 할지라도 나오미는 그녀의 하나님을 떠나오면 안 되었었다.) 그리하여 전염병에 걸렸으나 아직 살아 있는 며느리 룻에게 자신의 잘못을 고하고 이렇게 이렇게 되어 하나님께서 이 집안을 저주하였다는 것을 말하였다는 것이다. 그러면서 나오미가 자부인 룻에게 너도 하나님을 믿으라고 말하였을 때에 룻은 나오미의 하나님을 믿게 되었고 그리고 그 믿는 순간 그의 질병은 나음을 입었다는 것이었다. 즉 룻은 시모의 하나님을 믿게 된 것이었다.

그리하여 나오미가 자신을 떠나라 하였을 때에 룻은 '나는 결코 어머니의 하나님을 떠나지 아니하겠나이다.' 라고 말했다는 것이다. 할렐루야. 와우~

이제야 모든 것이 더 잘 이해가 간다. 그러나 이러한 자세한 이야기는 성경에 나와 있지 않다. 그리하여 나는 주님을 바라보면서 걱정스런 마음으로 '주님, 제가 이것을 사람들에게 전해도 되나요?' 라고 물었다. 내가 만일 성경에 적혀 있지 아니한 이야기를 하면 사람들은 반드시 나에게 뭐라고 비판부터 할 것이 걱정이 되었기 때문이다. 그리하였더니 주님과 모세와 여호수아가 나를 바라보고 미소를 짓고 있었다. 이것은 내가 사람들에게 그렇게 전해도 된다는 뜻이었다.

그리고서는 마지막으로 룻에게 할 질문이 생각이 났다.
사실 나는 룻에게 룻기를 읽으면서 뭘 질문할지 별로 생각이 안 났었는데 막상 룻을 만나고 나니 질문할 거리가 생각이 나는 것이었다. 이것은 주님께서 질문을 생각나게 하시는 것이라 말할 수 있다.
그 다음 내가 룻에게 질문한 것은

보아스가 상당히 나이가 많았던 것으로 보이는데
왜냐하면 보아스가 말한 것을 보면 알 수 있다.

[룻3:7-10]

7 보아스가 먹고 마시고 마음이 즐거워서 가서 노적가리 곁에 눕는
지라 룻이 가만히 가서 그 발치 이불을 들고 거기 누웠더라 8 밤중에
그 사람이 놀라 몸을 돌이켜 본즉 한 여인이 자기 발치에 누웠는지라
9 가로되 네가 누구뇨 대답하되 나는 당신의 시녀 룻이오니 당신의
옷자락으로 시녀를 덮으소서 당신은 우리 기업을 무를 자가 됨이니이
다 10 가로되 내 딸아 여호와께서 네게 복 주시기를 원하노라 네가 빈
부를 물론하고 연소한 자를 좇지 아니하였으니 너의 베푼 인애가 처
음보다 나중이 더하도다

이렇게 그 사람의 발꿈치에 누웠다는 것은 그 사람이 그녀를 취하여도 된다는 의미인데 어떻게 나이 많은 사람에게 몸을 주겠다는 생각을 할 수 있었느냐고 물었다. 그랬더니 룻이 내게 말했다. 그녀는 시모가 그녀에게 하는 모든 말이 하나님이 자신에게 하는 말로 받아들였다는 것이다. 즉 시모가 하는 말이 그녀에게 하나님이 하시는 말씀으로 여겼다는 것이다.
할렐루야.

[룻 3:1-6]

1 룻의 시모 나오미가 그에게 이르되 내 딸아 내가 너를 위하여 안식
할 곳을 구하여 너로 복되게 하여야 하지 않겠느냐 2 네가 함께 하던

시녀들을 둔 보아스는 우리의 친족이 아니냐 그가 오늘 밤에 타작 마당에서 보리를 까불리라 3 그런즉 너는 목욕하고 기름을 바르고 의복을 입고 타작 마당에 내려가서 그 사람이 먹고 마시기를 다 하기까지는 그에게 보이지 말고 4 그가 누울 때에 너는 그 눕는 곳을 알았다가 들어 가서 그 발치 이불을 들고 거기 누우라 그가 너의 할 일을 네게 고하리라 5 룻이 시모에게 이르되 어머니의 말씀대로 내가 다 행하리이다 하니라 6 그가 타작 마당으로 내려가서 시모의 명대로 다 하니라

그래서 그럴 수가 있었다는 것이다.
할렐루야. 아멘.

[룻 4:13]

이에 보아스가 룻을 취하여 아내를 삼고 그와 동침하였더니 여호와께서 그로 잉태케 하시므로 그가 아들을 낳은지라

그 아들의 이름이 오벳으로 다윗의 할아버지를 낳은 것이다. 그러므로 보아스는 다윗 왕의 증조 할아버지가 되었다.

[룻 4:16-17]

16 나오미가 아기를 취하여 품에 품고 그의 양육자가 되니 17 그 이웃 여인들이 그에게 이름을 주되 나오미가 아들을 낳았다 하여 그 이름을 오벳이라 하였는데 그는 다윗의 아비인 이새의 아비였더라

오늘 룻을 만나서 궁금증을 풀게 하신 하나님을 찬양합니다.

그래도 평상시 어떻게 두 아들이 동시에 죽을 수가 있을까를 생각하여 오긴 왔는데 이것을 천상에서 생각나게 하여 주셔서 전염병으로 앓아서 누워서 죽었다는 사실을 알게 된 것이다. 그래서 하루아침에 둘을 같이 잃게 된 것이 맞다.
그리고 룻도 분명히 시모와 살면서 그 시모로부터 하나님을 알게 되었을 텐데 어떻게 알게 되었을까 하고 궁금하였는데 오늘 그 궁금증이 다 풀린 것이다.
즉 룻도 그 전염병에 걸렸었는데 시모로부터 하나님의 이야기를 듣고 회개하여 하나님께로 돌아오니 그 전염병이 나았다는 것이었다.

나는 오늘 천상에서 룻을 만남으로 그 모든 것들에 대한 궁금증이 다 풀리게 된 것이었다. 할렐루야. 주님을 찬양합니다.

그런데 왜 나오미에게는 이렇게 모압으로 가자마자 재앙이 끊이지 아니하였는가 하는 것인데...
나오미는 가나안에 기근이 들자 식량을 좇아서 가나안을 떠나 모압으로 남편과 두 아들을 데리고 떠났다. 그런데 가자마자 얼마 안 되어 남편이 죽고 말았다.
그런 후 두 아들마저 한꺼번에 세상을 떠났다. 왜 이런 일들이 그녀에게 일어났을까 하는 것이다.

[신 28:15-18]

15 네가 만일 네 하나님 여호와의 말씀을 순종하지 아니하여 내가 오
늘날 네게 명하는 그 모든 명령과 규례를 지켜 행하지 아니하면 이 모
든 저주가 네게 임하고 네게 미칠 것이니 16 네가 성읍에서도 저주를
받으며 들에서도 저주를 받을 것이요 17 또 네 광주리와 떡반죽 그릇
이 저주를 받을 것이요 18 네 몸의 소생과 네 토지의 소산과 네 우양
의 새끼가 저주를 받을 것이며

또한

[사 31:1-3]

1 도움을 구하러 애굽으로 내려가는 자들은 화 있을진저 그들은 말을
의뢰하며 병거의 많음과 마병의 심히 강함을 의지하고 이스라엘의 거
룩하신 자를 앙모치 아니하며 여호와를 구하지 아니하거니와 2 여호
와께서도 지혜로우신즉 재앙을 내리실 것이라 그 말을 변치 아니하시
고 일어나사 악행하는 자의 집을 치시며 행악을 돕는 자를 치시리니
3 애굽은 사람이요 신이 아니며 그 말들은 육체요 영이 아니라 여호
와께서 그 손을 드시면 돕는 자도 넘어지며 도움을 받는 자도 엎드러
져서 다 함께 멸망하리라

나오미는 하나님이 계신 가나안을 떠나지 말았어야 했다.
굶어 죽어도 하나님이 계신 곳에 있어야 했다. 즉 하나님만을 의지하고 그분을 바라보아야 했다. 그런데 그는 가나안에 기근이 들자 먹고 살기 위하여 남편과 두 아들을 데리고 모압으로 건너갔다. 그

러자 집안에 재앙이 시작된 것이다. 그리하여 남편과 두 아들이 다 죽었다. 이렇게 하나님의 말씀은 참되지 않은 것이 없다.

이사야 31장 1절의 말씀 '여호와께 구하지 않고 애굽으로 도움을 구하러 내려가는 자는 화있을진저', 2절에서는 하나님께서 그에게 재앙을 내리리라고 말씀하고 계신다. 정말 너무 안 된 이야기지만 나오미 가정이 그렇게 된 것이다.
이것을 뒤늦게 깨달은 나오미는 이렇게 말한다.

[룻 1:18-21]
18 나오미가 룻의 자기와 함께 가기로 굳게 결심함을 보고 그에게 말
하기를 그치니라 19 이에 그 두 사람이 행하여 베들레헴까지 이르니
라 베들레헴에 이를 때에 온 성읍이 그들을 인하여 떠들며 이르기를
이가 나오미냐 하는지라 20 나오미가 그들에게 이르되 나를 나오미
라 칭하지 말고 마라라 칭하라 이는 전능자가 나를 심히 괴롭게 하셨
음이니라 21 내가 풍족하게 나갔더니 여호와께서 나로 비어 돌아오게
하셨느니라 여호와께서 나를 징벌하셨고 전능자가 나를 괴롭게 하셨
거늘 너희가 어찌 나를 나오미라 칭하느뇨 하니라

나오미란 희락, 즐거움, 행복이라는 뜻이다. 그러므로 그는 베들레헴에 돌아오니 아는 자들이 나오미가 왔다고 하니 자신을 나오미라고 하지 말라고 했다. 오히려 마라라 불러달라 한 것이다. 마라는 고통, 괴로움, 슬픔이라는 뜻이다.
나오미는 자신이 곡식을 얻기 위하여 가나안의 하나님을 떠나 모

압으로 갔더니 전능자가 화가 나셔서 자신에게 재앙을 내린 것을 알았다.

그러나 결국 그는 자부 룻과 고향으로 돌아와서 마지막은 행복으로 끝난다. 여기서 우리가 얻는 교훈은 하나님을 따르는 자는 이생에서도 저 영생에서도 승리하는 자가 된다는 것이다.

즉 룻이 보아스의 아들 오벳을 낳은 것이다. 이 오벳을 나오미가 양육한 것이다.

[룻 4:13-17]

13 이에 보아스가 룻을 취하여 아내를 삼고 그와 동침하였더니 여호
와께서 그로 잉태케 하시므로 그가 아들을 낳은지라 14 여인들이 나
오미에게 이르되 찬송할지로다 여호와께서 오늘날 네게 기업 무를 자
가 없게 아니하셨도다 이 아이의 이름이 이스라엘 중에 유명하게 되
기를 원하노라 15 이는 네 생명의 회복자며 네 노년의 봉양자라 곧 너
를 사랑하며 일곱 아들보다 귀한 자부가 낳은 자로다 16 나오미가 아
기를 취하여 품에 품고 그의 양육자가 되니 17 그 이웃 여인들이 그에
게 이름을 주되 나오미가 아들을 낳았다 하여 그 이름을 오벳이라 하
였는데 그는 다윗의 아비인 이새의 아비였더라

결국 하나님을 붙좇은 이방 여인 룻에 의하여 하나님으로부터 영원한 왕의 계승을 약속받은 다윗이 나오게 된 것이다.
할렐루야.

02 룻기, 사무엘상하, 열왕기상하, 역대상하

천상에서 나오미와 보아스를 만나다.

2017년 12월 25일

한참을 기도한 후에 천국에 올라가게 되었다.
마차는 정말 너무 이쁜 마차가 왔다. 오히려 원통처럼 꾸며진 마차인데 그 안에 모든 것이 다 들어 있었다. 꼭 아방궁 같다. 표현을 그렇게 밖에 할 수가 없다. 그 마차를 타고 천국에 올라갔는데 그 마차는 나를 연못가에 내려놓았다.
주님께서 그곳에서 기다리고 계셨다.
내가 마차에서 내리자 주님께서는 나를 맞아주시고 벤치에 앉기를 원하셨다.
나는 벤치에 앉았다. 그러자 주님은 황금 대야에 담긴 생명수로 내 발을 씻기시기 시작하셨다. 나는 '그것만은 안 됩니다.' 하고 극구 말리려 하였으나 주님은 도무지 듣지 아니하셨다. 그리고 내 발을 씻으시면서 구슬 같은 눈물이 두 눈에 맺히셨다. 순간 왜 주님께서 우시는지 깨달아졌다.

"주님, 왜 우세요?" 주님이 말씀하신다. 내가 너를 보니 반가워서이다. 그런데 나는 그 눈물의 의미가 즉시 깨달아지는데 그것은 지상에서 나를 끈질기게 힘들게 하며 핍박하는 오OO 목사가 있는데 그 핍박을 받고서도 내가 천국에 올라와서 주님께서 전하라고 하는 것을 전하고자 하는 나를 보고 눈물을 흘리고 계신 것이었다. 그것이 알아지자 내 눈에서도 닭똥 같은 눈물이 동시에 양쪽에 맺혔다. 나도 슬펐다. 마음이 아팠다. 영은 참으로 예민하다. 오히려 육보다 더 예민하여 천국에서는 조금만 슬퍼도 금새 눈에 눈물이 고인다. 지상에서는 마음이 좀 아프다라고 느끼지만 눈물까지는 안 나오나 천국에서의 영은 더 예민하여 그 정도면 사실은 영이 울고 있는 것이다. 이렇게 영의 예민함이 지상에서의 육체와는 다른 것이다.

주님께서는 내 발과 손과 얼굴을 다 씻기시고 그리고 천사가 긴 항아리에 생명수를 담아 와서 내 머리 위에 부었다. 그러자 나의 온몸이 씻겨 내려갔다. 나는 그렇게 정결함을 입고 나서 그 다음 나는 내가 해야 할 일을 안다. 나는 이 연못가에 오면 꽃신을 신고 연못 위로 걸어 들어가서 연못 위의 오른편 터널로 들어가야 했다. 그래서 나는 즉시 벤치 옆에 놓여 있는 꽃신을 신고 연못 위를 걸어 들어갔다.
주님이 말씀하셨다. "먼저 가거라."
그리하여 나는 연못 위를 걸어서 연못 중앙에 있는 두 터널중 오른편 터널의 황금 문을 열고 들어갔다. 안은 벽이 보라색 공간으로 아름다운 공간이었고 바닥은 물이 차 있었다. 그 바닥의 물은 물 자체가 움직여서 나를 즉시 터널의 다른쪽 입구로 이동시켜 주었다.

그리하여 내가 터널을 나와 발을 디딘 곳은 여호수아의 궁이었다. 거기에는 이미 원탁 테이블에 주님이 와 앉아 계셨고 그리고 그 오른편에 하늘색 옷을 입은 모세 그리고 왼편에 쑥색의 옷을 입은 여호수아가 앉아 있었다. 나는 주님의 반대편에 앉았다. 주님은 '어서 오너라.' 라고 말씀하셨다.

그러자 나오미가 왔다. 나오미는 안 그래도 내가 보고 싶었었다. 그녀는 보통 키에 약간 시골스런 얼굴에 둥글납작한 얼굴이라 해야 한다. 머리는 빗어서 뒤로 다 넘긴 형태이다. 그리고 눈은 얇은 쌍커풀이 진 얼굴이다. 꼭 시골 아줌마 같은 모양이다. 그런데 얼굴은 젊다. 머리는 까만 머리를 뒤로 빗어서 넘긴 형태이다.

그리고 보아스가 나타났다. 나는 보아스를 보자마자 놀랐다. 왜냐하면 그는 꼭 왕복을 입은 자처럼 하고 나타났기 때문이다. 옛날에 한국 왕의 옷을 보면 붉은색 계통의 겉옷을 입고 허리띠를 하고 머리에는 왕의 검은 모자를 쓴 모양이었는데 '와우~ 보아스가 왜 저런 왕복 같은 것을 입고 나타났지?'

순간 알아지는 것은 '그래 맞아 지금 내가 있는 곳이 왕의 도시야 그러니까 여기 있는 모든 자들이 왕권을 가지고 있어' 그러고 보니 보아스는 왕권을 가지고 있음을 나타낸 모양이라고 할 수 있었다. 그리고 보아스는 코와 턱에 수염을 갖고 있었다. 짧은 수염이었다. 나는 참으로 신기하다는 생각을 했다. 어쩌면 믿음의 선진들이 이리도 각자의 모양과 각자의 옷차림을 하고 있을 수 있는지 참으로 신기하기만 했다. 보아스는 내 옆에 앉았고 그 옆에 나오미가 보아스와 여호수아 사이에 앉았다.

이들이 같이 앉은 상태에서 나는 나오미와 보아스에게 이렇게 마음으로 말을 했다. '사실 제가 무엇을 물어보아야 할지를 모르겠습니다. 저에게 할 말이 있으면 먼저 해주세요.' 라고 했다.

그리하였더니 나오미가 말하기 시작하였다.
자신은 남편을 따라 두 아들을 데리고 하나님을 떠나 모압으로 곡식을 구하러 가서 거기서 정착하고 살았는데 결국은 회개하고 돌아오니 하나님께서 자신을 긍휼히 여기셔서 받아주셨다는 것이다.

이때에 나는 탕자가 아버지를 떠나서 재산을 가지고 가서 허랑방탕하게 쓰고 나중에는 돼지우리에 들어가서 쥐엄 열매로도 배를 못 채우는 지경에 가서야 자신이 아버지와 하나님께 죄를 지은 것을 알고 다시 아버지 집으로 찾아 왔던 것이 생각이 났다. 맞다. 나오미도 이와 같은 경우인 것이다.
그녀는 하나님이 있으라고 한 자리 즉 가나안을 떠나서 모압으로 가서 모든 것을 다 잃고서야 회개하고 하나님께로 돌아올 생각을 한 것이다. 그래서 그녀는 이렇게 표현했다.
'나를 나오미라 하지 말라. 마라라 하라.'
자신이 나갈 때는 풍족하였으나 남편과 두 아들을 잃고 빈손으로 돌아왔다고 말하고 있다.

[룻 1:19-21]

19 이에 그 두 사람이 행하여 베들레헴까지 이르니라 베들레헴에 이
를 때에 온 성읍이 그들을 인하여 떠들며 이르기를 이가 나오미냐 하

는지라 20 나오미가 그들에게 이르되 나를 나오미라 칭하지 말고 마
라라 칭하라 이는 전능자가 나를 심히 괴롭게 하셨음이니라
21 내가 풍족하게 나갔더니 여호와께서 나로 비어 돌아오게 하셨느니
라 여호와께서 나를 징벌하셨고 전능자가 나를 괴롭게 하셨거늘 너희
가 어찌 나를 나오미라 칭하느뇨 하니라

그다음 보아스가 말할 차례인데 보아스에 대하여 나에게는 이러한 깨달음이 왔다.
그는 참으로 하나님을 경외하는 자였으며 그리하여 무엇을 하기 전에 반드시 하나님의 의도 즉 하나님의 뜻을 먼저 묻는 자로서 이 보아스는 훗날 다윗처럼 하나님께서 '너는 내 마음에 합한 자' 라고 할 정도로 하나님의 의견을 즉 하나님의 뜻을 자신의 뜻보다 존중하여 하나님이 하라는 대로 하는 정말 하나님을 두려워하는 자였다는 것이다. 왜냐하면 그는 술에 취하여 타작마당 자리에 누웠는데 그 때 룻이 발치에 누웠지만 건드리지 아니하였고 날이 새어 장로들 앞에서 자기보다 앞서 기업무를 자를 초빙하여 그에게 먼저 기업 무를 기회를 주었던 것이다. 그러나 그 먼저 기업을 무를 자가 거절하는 바람에 자신이 그다음 차례가 되어 나오미의 가계의 기업을 무르게 된 것이었다. 그렇게 되어서야 그는 룻을 취한 것이다. 이 얼마나 경건한 자인가? 이는 정말 하나님을 경외하는 자가 아니면 이렇게 할 수 없는 것이었다. 그리하여 보아스와 룻은 다윗의 할아버지 오벳을 낳게 되었고 이 오벳을 나오미가 양육하게 되었고 나중에 이 오벳은 이새를 낳았고 이새는 다윗을 낳은 것이었다. 할렐루야.

Part II

사무엘상하

03 룻기, 사무엘상하, 열왕기상하, 역대상하

천상에서 한나와 사무엘을 만나다. – 한나가 아들을 달라고 기도한 이유

2017년 12월 29일

기도 중에 주님이 나에게 말씀하셨다.

"나는 너와 보낸 모든 순간을 다 기억한단다."

나는 갑자기 내 눈에 눈물이 맺혔다.

나는 2000년도부터 기도로 씨름해왔다. 하루에 방언을 5시간 이상씩. 그것도 매일 물론 3시간 4시간 한 적도 가끔 있었지만 7시간 이상 한 적도 있었다. 말하고 싶은 것은 정말 오랫동안 기도로 그분과 교통해 왔다는 사실이다. 지금 나에게 영적인 세계가 열려서 천국과 지옥을 보는 것도 그냥 이루어진 것이 아니라 하나님께서 다른 이유로 기도를 시키셨지만 지금 생각하니 이 모든 것이 다 하나님께서 미리 준비시키신 것같은 느낌이 든다.

'나는 그 얼마나 많은 시간을 주님과 함께 하였던가?...'

그러자 갑자기 내 옆에 시온이가 온 것이 느껴졌다. 나는 강대상 뒤로 몸을 기대면서 그에게 쌀과자를 하나 달라고 마음으로 구하였다. 시온은 핀셋으로 쌀과자 하나를 내 손바닥에 놓아주었다. 나는 그것을 입속에 넣었다. 그러자 주님이 내 앞에 보이셨다. 나보고 '올라오라' 하신다. 올라가는 나는 7-8살의 단발머리의 소녀였다. 나는 좋아서 막 올라갔다. 기뻐하면서 말이다. 그런데 주님과 걷는 길이 꽃들이 한 웅큼씩 양 옆에 색깔대로 둥글게 나란히 줄지어 놓여진 꽃길을 주님과 함께 걷고 있었다. 그리고 도달한 곳은 유리 바다였다. 유리 바다 앞에는 흰 돌들이 보였다. 주님과 내가 벤치에 앉았는데 나는 어느새 숙녀로 변하여 있었다. 주님께서 내 손바닥을 보자고 하신다. 거기는 구멍이 뚫려 있었다. 그것을 보자 하시는 이유는 나에게 핍박을 견디라는 말씀이신 것을 안다.

그러자 내 앞에 보이는 바다가 나를 환영하여 주기 시작하였다.
물결이 양쪽에서 일어서더니 이제는 서로 교차하면서 떨어지는데 거기에 무지개 색깔이 보였다. '와우~'
너무나 놀라왔다.
'아니 천국에 있는 바다가 나를 이렇게 환영하여 주다니...'

천국에 있는 내 집에 가면 연못의 잉어들이 이렇게 나를 반가이 맞아주는데 천국에 있는 유리 바다에서 그 바다 물결이 나를 이렇게 환영하여 주다니.....
할렐루야! 할렐루야!

그렇게 유리 바다에 있는 큰 물결들의 환영을 받고 나서 나는 주님과 함께 어느새 컨벤션 센터 같은 곳에 와 있었다.
컨벤션 센터의 무대는 흰옷 입은 무리들이 있는 곳보다 아래로 위치하고 있었는데 그 무대에서 주님은 넓이가 약 1m는 족히 되는 하얀 두루마리를 펼치시는 것이었다. 흰옷 입은 무리들이 다 바라보고 있었다. 그 두루마리에는 붓글씨로 크게 '구약' 이렇게 쓰여져 있었다.

그것은 흰옷 입은 무리들 앞에서 주님께서 사라가 구약에 대하여 쓰게 되었다는 것(구약에 대하여 쓴다고 하는 것은 이미 우리에게 주어진 구약 성경에서 궁금한 점들을 믿음의 선진들에게 물어보아서 그 궁금한 것을 풀어서 쓴다는 것을 의미한다.)을 선포하시는 것이었다. 그것을 본 흰 무리들이 와~ 와~ 환호성을 올렸다.

이렇게 주님께서는 내가 반드시 구약의 믿음의 선진들을 만나서 궁금한 점들을 물어서 구약 성경에 대하여 써야 한다는 것을 이렇게 흰 옷 입은 무리들이 있는 컨벤션 센터에 와서 공포하시므로 내게 각인시키시는 것이었다.

그런 후에 다시 주님과 나는 연못가에 왔다.

그리고 나는 꽃신을 신고 연못 위로 걸어 들어갔다.

연못 위에 있는 오른편 터널의 황금 문을 열고 들어갔는데 물이 나를 터널의 다른 끝 쪽으로 순식간에 이동시켜 주었다. 그리고서는 나는 여호수아의 집에 도착하였다. 거기에는 이미 주님과 모세, 그리고 여호수아가 와 있었고 그다음 내가 도착하였다.

그러자 곧 한나와 사무엘이 그곳에 나타났다.

그들은 나와 여호수아 사이에 앉았다.

나는 사무엘이 나타난 것을 보면서 '아니, 이전에 사무엘의 집에도 갔었는데 오늘 한나와 사무엘을 만나려면 사무엘의 집에 가도 되는데 왜 여호수아의 궁에 왔지?' 하는 생각이 들면서 나는 주님께 이렇게 말씀드렸다.

"주님, 사무엘의 집이 있는데 왜 거기 가지 않고 여기 오셨나요?"

그러자 주님께서는 금방 '그럼, 거기로 가자!' 라고 하시면서 일어서시는 것이었다. 그러자 여호수아는 주님께 잘 가시라는 뜻으로 인사를 드렸다.

그리하여 여호수아를 뒤로 두고 주님과 모세 그리고 한나와 사무엘 그리고 나는 사무엘의 집으로 갔다. 여전히 그의 집은 언덕아래 놓여 있는 크고 흰 궁이었다. 하얀 색깔의 뾰족뾰족한 지붕들이 나와 있었고 그 모든 가장자리가 황금으로 테두리를 두르듯이 장식되어 있었다.

주님과 모세 그리고 한나와 사무엘, 그리고 나는 궁 안에 있는 긴 반원탁 테이블 즉 직사각형 테이블처럼 생겼는데 양쪽 가장자리가 반달 모양처럼 둥근 테이블에 앉았다. 넓은 쪽 저쪽에는 주님이 한가운데에 그리고 그의 오른편에는 모세가 앉았고 그 다음 주님 반대편에는 사무엘과 한나 그리고 내가 와서 앉았다.

나는 한나에게 이렇게 질문하였다. 이 질문은 마음으로 이루어졌다. '성경을 보면 아들을 주시면 평생 그를 하나님께 드리겠다고 기도를 했는데 어찌 이런 기도가 나올 수 있었는가' 를 물어보았다.

그랬더니 그것은 이러하였다고 알려주는 것이었다.

성경에 보면 하나님의 기쁘신 뜻을 위하여 사람의 마음속에 소원을 넣어주신다고 되어 있는데 그것이 진짜로 이 한나 자신에게 일어났다는 것이다. 그러한 소원이 자신에게 그냥 생겼다고 했다. 그래서 그렇게 구했다는 것이다. 맞다. 하나님께서 우리 안에 그분의 기쁘신 뜻을 소원으로 넣어주신다.
할렐루야.

[빌 2:13]
너희 안에서 행하시는 이는 하나님이시니 자기의 기쁘신 뜻을 위하여 너희로 소원을 두고 행하게 하시나니

그래서 그러한 기도가 나왔는데 그것이 이루어진 것이다.
할렐루야. 무엇으로 한나의 기도로...
하나님은 우리의 기도를 들으시는 분이시다.

[마 7:7]
구하라 그러면 너희에게 주실 것이요 찾으라 그러면 찾을 것이요 문을 두드리라 그러면 너희에게 열릴 것이니라

여기서 구하라고 하는 것은 하나님의 뜻대로 구하라는 것이다. 그러므로 우리가 하나님의 뜻대로 구하면 무엇이든지 주실 것을 하나님께서는 또 약속하고 계시는 것이다. 그리하여 한나는 사무엘

을 하나님으로부터 얻었다.
할렐루야. 그리고 한나는 그 서원을 지켰다.
그러한 소원을 자신에게 불어 넣어주신 주님이 자신에게 아들을 주셨으므로 아낌없이 서원한 대로 그 아이를 하나님께 서슴없이 드릴 수 있었다고 했다.
할렐루야. 아멘.

우리는 여기서 기도의 순서를 한번 생각하여 볼 수 있다.
어찌되었던 하나님의 뜻이 먼저 하늘에서 정하여진다.
그 다음 이것이 사람에게 계시 되어지는데 한나의 경우는 그것이 그 마음 안에 소원으로 들어왔다. 그리고 하나님의 뜻이 이루어지기 위해서는 하나님께서는 인간의 기도를 필요로 하신다. 그리하여 상대인 브닌나가 한나를 기도하도록 격동시켰다. 그러므로 결국 브닌나가 한나를 격동한 것이 하나님으로부터 나온 것이라 볼 수 있는 것이다. 그리하여 한나는 소리는 내지 않고 입만 움직이기까지 정신없이 기도를 하나님께 올려드렸다. 그리고 하나님께서는 이 기도를 받으신 것이다.
어찌보면 이렇게 하나님께서는 우리와 동역하시는 것을 볼 수 있다. 즉 그분의 뜻이 이 세상에서 이루어지기까지 우리 인간의 기도를 필요로 하시더라는 것이다.
주여!
그리고 그 인간의 기도가 하늘에 상달되면 하나님께서 그것을 이루시는 것을 볼 수 있다.

그러므로 하나님의 뜻이 이 땅 위에서 이루어지는 기도의 순서를 보면 다음과 같다.

1. 하늘에서 먼저 하나님께서 하나님의 뜻을 세우신다(사무엘을 이 땅 위에 내어보내실 계획을 세우셨다).
2. 하늘에서 그 뜻을 사람에게 계시하신다(사무엘의 어머니 한나에게 사무엘을 달라고 하는 마음의 소원을 가지게 하셨다).
3. 사람의 기도를 필요로 하신다(한나가 입이 동하도록 기도하였다).
4. 하나님이 그 뜻을 지상에서 이루신다(사무엘이 한나에게서 태어나게 하셨다).

성경은 우리에게 또 이렇게 말씀하고 있다.

[겔 36:37]

나 주 여호와가 말하노라 그래도 이스라엘 족속이 이와 같이 자기들에게 이루어 주기를 내게 구하여야 할지라 내가 그들의 인수로 양떼 같이 많아지게 하되

즉 하나님의 뜻을 이루는데 있어서 하나님께서 자신의 뜻을 인간에게 계시하신 후에 인간의 기도를 필요로 함을 말씀하고 계신 것이다. 할렐루야.

04 룻기, 사무엘상하, 열왕기상하, 역대상하

천상에서 한나와 사무엘이 나에게 지상에서 받는 핍박은 하늘나라에서 큰 상을 받는다고 격려하여 주다.

2018년 1월 2일

아침에 기도한 후에 천국에 올라가게 되었다.

나를 데리러 온 10마리의 흰 말들의 발굽이 다 황금이었다.

'어머나 말들이 황금 발굽을 신고 있네...'

그 황금 색깔은 참으로 빛이 나는 아름다운 황금이었다. 그리고 나는 아주 길게 생긴 수레를 타게 되었다. 물론 흰 옥색 같은 보석과 황금으로 군데군데 장식이 되어 있는 긴 수레였다. 그리고 수레 안은 수레가 긴 만큼 비례적으로 넓어 보였다. 나는 그 수레를 타고 천국에 올라갔다. 그런데 내가 입은 드레스는 흰 드레스 위에 노란 망사 같은 겉옷을 입고 있었고 노란 망사 같은 겉옷 위에 군데군데 황금 꽃이 장식되어 있는 겉옷을 걸치고 있었다. 그것은 아름답고 아름다웠다. 나의 머리에는 황금 면류관이 씌워져 있었다.

나를 태운 수레는 나를 연못가에 내려놓았다. 주님은 나를 그곳에서 맞아주셨다. 나는 수레에서 내리자마자 주님께서 내가 꽃신을 신고 물 위로 걸어 들어가기를 재촉하셨다. 나는 주님과 더 있고 싶었는데 주님은 나를 재촉하신 것이다.

"가거라."

나는 꽃신을 신고 연못 위를 걸어 들어갔다.

그리고 터널을 통하여 순식간에 저 반대편의 터널 끝으로 나오게 되었는데 그곳은 언덕이었고 내려가는 언덕길이었는데 그 언덕길을 내려가니 사무엘의 궁이 보였다. 흰 옥색의 뾰족뾰족한 지붕들로 생긴 궁인데 그 지붕의 가장자리가 황금테를 두른 것 같이 장식된 큰 궁이었다. 나는 그 궁으로 들어가니 그곳에는 주님과 모세가 와서 앉아 있었고 나는 주님의 반대편에 앉았다. 그리고 내 옆에 한나가 그 다음 사무엘이 와서 앉았다.

이전에는 사무엘이 내 옆에 그 다음 한나가 앉았었는데 이번에는 한나가 내 바로 오른편 옆에 앉았다.

나는 주님께 부탁드렸다.

'주님, 먼저 한나와 사무엘이 저에게 할 말이 있으면 하라고 하여 주세요.' 라고.

그리하였더니 한나가 나를 바라보면서 말을 했다.

한나는 시골 아주머니처럼 생겼는데 흰 옷을 아래 위로 입고 나타났다. 한나가 내게 말했다.

'사라님 핍박을 무서워 마세요.' 라고 한다. 즉 자신도 브닌나에게 무진장 핍박을 받았다고 한다.

[삼상 1:13-17]

13 한나가 속으로 말하매 입술만 동하고 음성은 들리지 아니하므로

엘리는 그가 취한 줄로 생각한지라 14 엘리가 그에게 이르되 네가 언
제까지 취하여 있겠느냐 포도주를 끊으라 15 한나가 대답하여 가로
되 나의 주여 그렇지 아니하니이다 나는 마음이 슬픈 여자라 포도주
나 독주를 마신 것이 아니요 여호와 앞에 나의 심정을 통한것 뿐이오
니 16 당신의 여종을 악한 여자로 여기지 마옵소서 내가 지금까지 말
한 것은 나의 원통함과 격동됨이 많음을 인함이니이다 17 엘리가 대
답하여 가로되 평안히 가라 이스라엘의 하나님이 너의 기도하여 구한
것을 허락하시기를 원하노라

그 다음 사무엘이 내게 말했다. 오늘 사무엘의 얼굴이 자세히 보였다. 흰 굵은 곱슬머리에 그는 흰색깔의 머리털을 하고 있었다. 그러나 얼굴은 동안으로 젊은 쌍커풀이 진 약간 갸름한 얼굴이었다. 잘생긴 얼굴이었다. 그는 한나를 닮았다.

그는 나에게 이렇게 말했다.

'사라님 핍박을 받으면 하늘나라에 상이 커요' 라고 말하는 것이 알아졌다.

주여!~

그러자 나는 예레미야가 죽을뻔 하였던 사건이 생각이 났다. 남유다의 사람들은 항상 남유다가 하나님 앞에 회개하고 돌아오지 아니하면 하나님께서 바벨론이라는 나라를 불러서 망하게 할 것이라고 예언하였을 때에 사람들은 예레미야를 구덩이에 빠뜨려 죽이려 하였다.

[렘 38:6]

그들이 예레미야를 취하여 시위대 뜰에 있는 왕의 아들 말기야의 구덩이에 던져 넣을 때에 예레미야를 줄로 달아내리웠는데 그 구덩이에는 물이 없고 진흙 뿐이므로 예레미야가 진흙 중에 빠졌더라

또 사도 바울이 복음을 전하다가 받은 엄청난 핍박이 생각났다. 그는 세상의 만물의 찌끼같이 취급 받았다고 했다.

[고전 4:11-13]

11 바로 이 시간까지 우리가 주리고 목마르며 헐벗고 매맞으며 정처가 없고 12 또 수고하여 친히 손으로 일을 하며 후욕을 당한즉 축복하고 핍박을 당한즉 참고 13 비방을 당한즉 권면하니 우리가 지금까지 세상의 더러운 것과 만물의 찌끼 같이 되었도다

즉 사도 바울이 복음을 전한다고 사람들에게 돌을 맞고 또한 매맞고 감옥에 갇히고 하였던 것이 생각이 났다.

즉 진리를 세상에 선포하면 세상이 진리를 싫어하므로 당연히 핍박을 받게 되어 있다는 것이다. 즉 하나님의 사람은 당연히 핍박을 받게 되어 있다고 하였다. 나는 그것에 동의가 되었다. 그렇다. 세상은 하나님의 사람을 핍박하게 되어 있는 것이다. 진정으로 말하자면 이 세상에서 주님 때문에 오는 핍박이 없으면 하나님의 사람이 아닌 것이다.
할렐루야.

그리하여 나는 지상에 내려오면서 '그래 맞아 핍박을 받는 것이 정상이야.' '핍박을 두려워할 필요가 없어' 하면서 다시 한번 용기를 얻게 되었다.

어제 기도원에 올라갔는데 오OO 목사님이 자신의 기도제목을 써서 가지고 나오면 축복기도를 하여 주시겠다 하여 나는 첫째 기도제목을 이렇게 썼었다.
'주님, 제가 핍박을 즐거이 받게 하여 주소서' 하고 써서 나가서 기도를 받은 것이다.

그 후에 오늘 기도한 후에 천국으로 올라가게 되었는데 사무엘과 한나가 나를 보고 핍박을 받는 것을 즐겁게 여기라고 말하는 것이었다. 할렐루야.

이런 것을 보면 천국에서 일어나는 일이 지상에서 일어나는 일과 전혀 무관하지 않다.

[마 5:10-12]

10 의를 위하여 핍박을 받은 자는 복이 있나니 천국이 저희 것임이라
11 나를 인하여 너희를 욕하고 핍박하고 거짓으로 너희를 거스려 모
든 악한 말을 할 때에는 너희에게 복이 있나니 12 기뻐하고 즐거워하
라 하늘에서 너희의 상이 큼이라 너희 전에 있던 선지자들을 이같이
핍박하였느니라

[롬 8:17]

자녀이면 또한 후사 곧 하나님의 후사요 그리스도와 함께 한 후사니 우리가 그와 함께 영광을 받기 위하여 고난도 함께 받아야 될 것이니라

내가 천국 올라오기 전에 나는 나를 데리러 온 10마리의 말들이 황금 발굽들을 하고 있는 것을 보았고 그리고 내가 입은 겉옷에 황금 꽃이 장식되어 있었고 또한 내가 황금 면류관을 쓰고 있었다고 하는 것은 내가 천국에 올라가서 황금 테두리를 가진 뾰죽뾰죽 튀어나온 지붕들로 이루어진 사무엘의 궁에 가게 될 것이라고 한 것과 무관하지 않음이 알아졌다. 즉 내가 천국에 가서 사무엘의 집에 갈지 모르지만 이렇게 올라가기 전부터 이러한 조그마한 암시가 미리 조금씩 반영되어진다는 것은 벌써 몇 번이고 경험하였다.

05 룻기, 사무엘상하, 열왕기상하, 역대상하

하나님께서 '사무엘아 사무엘아' 부르실 때 그 때 사무엘의 나이를 알게 하시다.

2018년 1월 5일

아침에 기도한 후에 천국에 올라가게 되었다. 대개 나는 아침 기도를 2시간 내지 4시간까지 한다. 나를 데리러 오는 그 수레 바깥에서 수호하는 천사가 하모니카를 불고 있다. 무슨 즐거운 일이 있으려나? 하는 생각이 들었다. 그리고 수레를 끄는 10마리의 말들이 보였다. 그런데 이들의 귀 부위에 하모니카들이 잠깐 비추어졌다. 그들은 밝아 보였다. 그리고 큰 수레가 보였다. 녹색이다. 그리고 황금 장식들이 수레 바깥에 장식되어 있었다. 왜 이렇게 갑자기 수레가 커졌는지 모른다. 나는 황금 장식으로 된 문을 열고 수레 안으로 들어갔다. 나는 금 면류관을 쓰고 있었다. 흰 드레스에 바깥 노란 망사에 황금 꽃 장식이 군데군데 있는 겉옷을 걸치고 있었는데 참으로 아름다워 보였다.

나를 태운 수레는 즉시 연못가로 나를 인도하였는데 주님은 거기서 나를 기다리고 계셨다. 나는 주님을 보는 것이 너무 좋아서 눈에서 눈물이 많이 흘렀다.

주님은 나를 벤치에 앉히시고 생명수가 담긴 대야에 내 두 발을 씻기시기 시작하셨다. 나는 주님께 말씀드렸다.

"주님 그렇게 못 하십니다. 제가 무엇이관대 주님께서 제 발을 씻기시나이까?"

그리고서는 주님의 두 팔을 잡고 떼려 하였다.

그때에 주님께서는 이렇게 말씀하셨다.

"내가 네 발을 씻기지 아니하면 너와 내가 아무 상관이 없느니라."

할렐루야. 그 때에 베드로에게 하신 말씀이 생각이 났다.

[요 13:4-8]

4 저녁 잡수시던 자리에서 일어나 겉옷을 벗고 수건을 가져다가 허리
에 두르시고 5 이에 대야에 물을 담아 제자들의 발을 씻기시고 그 두
르신 수건으로 씻기기를 시작하여 6 시몬 베드로에게 이르시니 가로
되 주여 주께서 내 발을 씻기시나이까 7 예수께서 대답하여 가라사대
나의 하는 것을 네가 이제는 알지 못하나 이 후에는 알리라 8 베드로
가 가로되 내 발을 절대로 씻기지 못하시리이다 예수께서 대답하시되
내가 너를 씻기지 아니하면 네가 나와 상관이 없느니라

그 다음 주님께서는 내 두 손도 씻으시고 그 다음은 내 얼굴도 두 손으로 씻어주셨는데 내 눈물이 생명수와 범벅이 되고 있었다.

그런 후에 천사가 항아리를 가져와서 내 머리 위로 부었다. 그 생명수 물은 내 온몸을 다 씻기고 내려갔다. 즉 온몸이 다 씻김을 받은 것이다.

그런 후에 주님은 내가 벤치 곁에 놓여 있는 황금 꽃신을 신고 연못 위로 걸어 들어가기를 원하셨다. 나는 그 신발을 신고 연못 위로 걸어 들어갔다.

그리고서는 연못 중앙에 놓여 있는 오른편 터널로 들어갔는데 터널안의 물은 나를 순식간에 터널 이쪽 끝에서 저쪽 끝으로 이동시켜 주었다. 그리하여 터널 바깥을 나오니 언덕이다. 이 언덕은 아래로 내려가는 언덕인데 여기에는 풀이 없다. 어떻게 보면 보석으로 된 매끈한 언덕에 반듯한 길이 아래로 왼편으로 돌아가면서 나 있었다. 그리고 이 언덕 아래 끝에는 사무엘의 집 즉 큰 흰 궁이 놓여 있는데 이 큰 흰 궁은 뾰족뾰족한 지붕에 황금 테두리가 둘려져 있는 아름다운 궁이었다.

주님께서는 벌써 이 언덕 위에 와 계셨다. 분명 나는 주님께서 연못에서 내 뒤에 남겨지고 나는 연못 위의 터널을 통하여 여기 왔는데 주님이 나보다 먼저 이 언덕에 와 계신 것이었다. 주님께서는 나와 함께 그 언덕길을 미끄러지듯이 내려가서 곧장 사무엘의 궁 현관문 앞에 도착한 것이었다. 거기에는 모세와 한나 그리고 사무엘이 우리를 기다리고 있었다. 모두가 다 궁 안으로 들어가서 직사각형 모양으로 생긴 원탁 테이블에 앉았다. 주님의 오른편에 모세 맞은편에 나와 한나 그리고 사무엘이 그 다음 앉았다.

주님께서는 내가 사무엘에게 궁금한 것이 있으면 물어보라고 하시는 것이 알아졌다. 나는 사실 궁금하였던 것은

하나님께서 처음 사무엘을 부르실 때에,

'사무엘아 사무엘아' 하고 부르셨을 때에 몇 살이었는지가 궁금

하였다. 즉 나는 도대체 사무엘이 처음 하나님의 음성을 들은 그 때가 몇 살이었었는지 궁금하였던 것이다. 그러자 내 머릿속에서 혹 7살? 아니 12살? 이렇게 생각하고 있는데 그때 사무엘이 내가 생각하고 있는 그것이 아니라고 했다.

그때 자신의 나이가 10살이었다고 말했다.

'아하, 그랬구나!'

성경에서는 그때 사무엘이 몇 살인지가 안 나온다. 그래서 우리는 그냥 추측한다. 그리고 사람들은 짜맞추기를 좋아하는 경향이 있어서 7살 아니면 12살이 아니었을까 하고 생각한다. 왜냐하면 7살은 사람이 이 세상에 태어나서 옳고 그름을 판단하는 나이가 7살 때쯤이라 생각하므로 그렇고 또한 왜 12살이 아니었을까 하고 생각하는 사람들은 예수님도 12살 때에 자신을 이 세상에 처음으로 드러내셨으니까 말이다. 그런데 사무엘은 그 나이가 아니라고 했다. 자신이 10살 때였다고 말했다.

그 때에 그는 엘리 대제사장 집에 대한 예언을 하나님으로부터 듣고 전했다.

[삼상 3:1-20]

1 아이 사무엘이 엘리 앞에서 여호와를 섬길 때에는 여호와의 말씀
이 희귀하여 이상이 흔히 보이지 않았더라 2 엘리의 눈이 점점 어두
워가서 잘 보지 못하는 그 때에 그가 자기 처소에 누웠고 3 하나님의
등불은 아직 꺼지지 아니하였으며 사무엘은 하나님의 궤 있는 여호
와의 전 안에 누웠더니 4 여호와께서 사무엘을 부르시는지라 그가 대

답하되 내가 여기 있나이다 하고 5 엘리에게로 달려가서 가로되 당신
이 나를 부르셨기로 내가 여기 있나이다 가로되 나는 부르지 아니하
였으니 다시 누우라 그가 가서 누웠더니 6 여호와께서 다시 사무엘을
부르시는지라 사무엘이 일어나서 엘리에게로 가서 가로되 당신이 나
를 부르셨기로 내가 여기 있나이다 대답하되 내 아들아 내가 부르지
아니하였으니 다시 누우라 하니라 7 사무엘이 아직 여호와를 알지 못
하고 여호와의 말씀도 아직 그에게 나타나지 아니한 때라 8 여호와께
서 세번째 사무엘을 부르시는지라 그가 일어나서 엘리에게로 가서 가
로되 당신이 나를 부르셨기로 내가 여기 있나이다 엘리가 여호와께
서 이 아이를 부르신 줄을 깨닫고 9 이에 사무엘에게 이르되 가서 누
웠다가 그가 너를 부르시거든 네가 말하기를 여호와여 말씀하옵소서
주의 종이 듣겠나이다 하라 이에 사무엘이 가서 자기 처소에 누우니
라 10 여호와께서 임하여 서서 전과 같이 사무엘아 사무엘아 부르시
는지라 사무엘이 가로되 말씀하옵소서 주의 종이 듣겠나이다 11 여호
와께서 사무엘에게 이르시되 보라 내가 이스라엘 중에 한 일을 행하
리니 그것을 듣는 자마다 두 귀가 울리리라 12 내가 엘리의 집에 대하
여 말한 것을 처음부터 끝까지 그 날에 그에게 다 이루리라 13 내가
그 집을 영영토록 심판하겠다고 그에게 이른 것은 그의 아는 죄악을
인함이니 이는 그가 자기 아들들이 저주를 자청하되 금하지 아니하였
음이니라 14 그러므로 내가 엘리의 집에 대하여 맹세하기를 엘리 집
의 죄악은 제물이나 예물로나 영영히 속함을 얻지 못하리라 하였노라
15 사무엘이 아침까지 누웠다가 여호와의 집 문을 열었으나 그 이상
을 엘리에게 알게 하기를 두려워하더니 16 엘리가 사무엘을 불러 가
로되 내 아들 사무엘아 하니 대답하되 내가 여기 있나이다 17 가로되

네게 무엇을 말씀하셨느냐 청하노니 내게 숨기지 말라 네게 말씀하
신 모든 것을 하나라도 숨기면 하나님이 네게 벌을 내리시고 또 내리
시기를 원하노라 18 사무엘이 세세히 말하고 조금도 숨기지 아니하니
그가 가로되 이는 여호와시니 선하신 소견대로 하실 것이니라 하니라
19 사무엘이 자라매 여호와께서 그와 함께 계셔서 그 말로 하나도 땅
에 떨어지지 않게 하시니 20 단에서부터 브엘세바까지의 온 이스라엘
이 사무엘은 여호와의 선지자로 세우심을 입은 줄을 알았더라

그리고 그것이 그대로 이루어졌는데 이루어진 그때는 약 십 몇년 후에 이루어진 것이다.

하나님께서는 이보다 먼저 하나님의 사람을 엘리 대제사장에게 보내어 그 집안이 앞으로 어떻게 될 것인지 예언하여 주셨다.

[삼상 2:27-34]

27 하나님의 사람이 엘리에게 와서 그에게 이르되 여호와의 말씀에
너희 조상의 집이 애굽에서 바로의 집에 속하였을 때에 내가 그들에
게 나타나지 아니하였느냐 28 이스라엘 모든 지파 중에서 내가 그를
택하여 나의 제사장을 삼아 그로 내 단에 올라 분향하며 내 앞에서 에
봇을 입게 하지 아니하였느냐 이스라엘 자손의 드리는 모든 화제를
내가 네 조상의 집에 주지 아니하였느냐 29 너희는 어찌하여 내가 나
의 처소에서 명한 나의 제물과 예물을 밟으며 네 아들들을 나보다 더
중히 여겨 내 백성 이스라엘의 드리는 가장 좋은 것으로 스스로 살찌
게 하느냐 30 그러므로 이스라엘의 하나님 나 여호와가 말하노라 내

가 전에 네 집과 네 조상의 집이 내 앞에 영영히 행하리라 하였으나
이제 나 여호와가 말하노니 결단코 그렇게 아니하리라 나를 존중히
여기는 자를 내가 존중히 여기고 나를 멸시하는 자를 내가 경멸히 여
기리라 31 보라 내가 네 팔과 네 조상의 집 팔을 끊어 네 집에 노인이
하나도 없게 하는 날이 이를지라 32 이스라엘에게 모든 복을 베푸는
중에 너는 내 처소의 환난을 볼 것이요 네 집에 영영토록 노인이 없을
것이며 33 내 단에서 내가 끊어 버리지 아니할 너의 사람이 네 눈을
쇠잔케 하고 네 마음을 슬프게 할 것이요 네 집에 생산하는 모든 자가
젊어서 죽으리라 34 네 두 아들 홉니와 비느하스가 한날에 죽으리니
그 둘의 당할 그 일이 네게 표징이 되리라

엘리 대제사장의 두 아들이 하나님 앞에 죄를 저질렀다.
그러나 엘리 대제사장은 그것을 막지 않았다. 그리하여 하나님께
서 그 집안의 멸망을 예언한 것이었다.

[삼상 2:12-17]

12 엘리의 아들들은 불량자라 여호와를 알지 아니하더라 13 그 제사
장들이 백성에게 행하는 습관은 이러하니 곧 아무 사람이 제사를 드
리고 그 고기를 삶을 때에 제사장의 사환이 손에 세살 갈고리를 가지
고 와서 14 그것으로 남비에나 솥에나 큰 솥에나 가마에 찔러 넣어
서 갈고리에 걸려 나오는 것은 제사장이 자기 것으로 취하되 실로에
서 무릇 그곳에 온 이스라엘 사람에게 이같이 할뿐 아니라 15 기름을
태우기 전에도 제사장의 사환이 와서 제사 드리는 사람에게 이르기를
제사장에게 구워 드릴 고기를 내라 그가 네게 삶은 고기를 원치 아니

하고 날 것을 원하신다 하다가 16 그 사람이 이르기를 반드시 먼저 기
름을 태운 후에 네 마음에 원하는 대로 취하라 하면 그가 말하기를 아
니라 지금 내게 내라 그렇지 아니하면 내가 억지로 빼앗으리라 하였
으니 17 이 소년들의 죄가 여호와 앞에 심히 큼은 그들이 여호와의 제
사를 멸시함이었더라

그리하여 하나님께서 예언하신 대로 하나님을 멸시하고 하나님의 제사를 멸시하였던 두 아들이 한꺼번에 죽는 사건이 일어났다.

[삼상 4:10-22]

10 블레셋 사람이 쳤더니 이스라엘이 패하여 각기 장막으로 도망하
였고 살륙이 심히 커서 이스라엘 보병의 엎드러진 자가 삼만이었으며
11 하나님의 궤는 빼앗겼고 엘리의 두 아들 홉니와 비느하스는 죽임
을 당하였더라 12 당일에 어떤 베냐민 사람이 진에서 달려나와 그 옷
을 찢고 그 머리에 티끌을 무릅쓰고 실로에 이르니라 13 그가 이를 때
는 엘리가 길 곁 자기 의자에 앉아 기다리며 그 마음이 여호와의 궤로
인하여 떨릴 즈음이라 그 사람이 성에 들어오며 고하매 온 성이 부르
짖는지라 14 엘리가 그 부르짖는 소리를 듣고 가로되 이 훤화하는 소
리는 어찜이뇨 그 사람이 빨리 와서 엘리에게 고하니 15 때에 엘리의
나이 구십 팔이라 그 눈이 어두워서 보지 못하더라 16 그 사람이 엘리
에게 고하되 나는 진중에서 나온 자라 내가 오늘 진중에서 도망하여
왔나이다 엘리가 가로되 내 아들아 일이 어찌 되었느냐 17 소식을 전
하는 자가 대답하여 가로되 이스라엘이 블레셋 사람 앞에서 도망하였
고 백성 중에는 큰 살륙이 있었고 당신의 두 아들 홉니와 비느하스도

죽임을 당하였고 하나님의 궤는 빼앗겼나이다 18 하나님의 궤를 말할
때에 엘리가 자기 의자에서 자빠져 문 곁에서 목이 부러져 죽었으니
나이 많고 비둔한 연고라 그가 이스라엘 사사가 된지 사십년이었더라
19 그의 며느리 비느하스의 아내가 잉태하여 산기가 가까왔더니 하나
님의 궤 빼앗긴 것과 그 시부와 남편의 죽은 소문을 듣고 갑자기 아파
서 몸을 구푸려 해산하고 20 죽어갈 때에 곁에 섰던 여인들이 그에게
이르되 두려워 말라 네가 아들을 낳았다 하되 그가 대답지도 아니하
며 관념치도 아니하고 21 이르기를 영광이 이스라엘에서 떠났다 하고
아이 이름을 이가봇이라 하였으니 하나님의 궤가 빼앗겼고 그 시부와
남편이 죽었음을 인함이며 22 또 이르기를 하나님의 궤를 빼앗겼으므
로 영광이 이스라엘에서 떠났다 하였더라

즉 하나님의 궤를 빼앗겼다는 소식을 듣고 엘리는 의자에서 자빠져서 목이 부러져 죽었고 그 며느리도 시부와 남편이 죽은 소식을 듣고 갑자기 해산하다가 죽었다.
즉 한 집안의 여러 명이 한꺼번에 죽은 것이다. 이것이 모든 사람들에게 하나님을 잘못 섬기면 이렇게 된다는 교훈으로 모든 사람들의 귀를 울리게 된 것이다.
할렐루야.
하나님께서는 말씀하신다.

사무엘상 2장 30절에서 다음과 같이 말씀하셨다.
'나를 존중히 여기는 자를 내가 존중히 여기고 나를 멸시하는 자를 내가 경멸히 여기리라'

할렐루야. 하나님의 말씀 그대로 이루어진 것이다.

그런데 나는 다시 사무엘에게 물어볼 생각이다. 처음 사무엘아 이름을 부르시는 것을 들을 때의 나이가 얼마였는지 말이다. 나는 한 번 물어가지고는 성이 안 찬다.

06 룻기, 사무엘상하, 열왕기상하, 역대상하

하나님께서 '사무엘아 사무엘아' 부르실 때 그 때 사무엘의 나이가 다시 몇 살이었는지 다시 한 번 확인되다.

2018년 1월 8일

저녁에 기도한 후에 천국에 올라가게 되었다. 나를 수레 바깥에서 수호하는 천사가 진한 청색의 옷을 아래 위로 입었다. 곤색이다. 내가 마음으로 물었다. 왜 곤색의 옷을 입고 있느냐고. 그리하였더니 주님께서 그렇게 입으라고 해서 입었다고 말하는 것이 알아졌다. 말들은 그대로 온유, 충성, 사랑, 지혜, 인내, 승리, 소망, 믿음, 겸손, 찬양 이렇게 10마리가 내가 볼 때에 나의 오른편에서 왼편으로 줄을 서 있었다. 진열 형태가 디귿자 모양이다. 그리고 수레를 모는 천사는 푸른 하늘색의 속이 비치는 겉옷을 하얀 드레스에 걸쳐 입고 있었다. 이 천사는 참으로 아름다운 여성처럼 보이는 천사이다. 나를 데리러 온 수레는 반투명한 우유빛이 나는 보석으로 된 큰 수레였다. 아름답고 아름다웠다. 나는 수레 안으로 들어갔다. 나는 황금 면류관에 황금 무늬로 수놓은 속이 비치는 겉옷을 하얀 드레스 위에 입고 있었는데 너무 아름다워 눈물이 잠깐 나올 정도였다. 수레는 나를 태우고 즉시 천국에 올라갔는데 나를 연못가에 내려놓았다. 주님께서는 나를 거기서 기다리고 계셨다. 주님은 나를 벤치에 앉히시고 벌써 생명수가 담긴 대야에 내 발을 씻기시려고 내 발을 내어 놓으라 하셨다. 나는 '주님 못합니다.' 하였다. 그랬더니 주님이 말씀하신다. "내가 너를 씻기지 아니하면 너는 나와 아무 상관이 없느니라." 나는 그 말을 듣는 순간에 이제야 이해가 갔다. '아하, 나를 천사를 시켜서 씻기시지 아니하는 이유가 바로 이것이었구나.' 주님이 내 발과 내 손과 내 얼굴을 씻기시는 이유가 나와 주님이 상관이 있다는 것을 보여주시는 행위시구나 하고 알아진 것이다. 세상에... 나는 여태껏 이것을 심각하게 생각하지도 않았지만 확실히 이해하지도 못했었다. 그냥 천국에 가면 으레히 그런가보다 라고만 생각했었다. 그런데 이제야 매번 올라갈 때마다 주님께서 내 발을 씻기시는 이유를 이제야 명확히 알게 된 것이다. 할렐루야. 그러고서는 영락없이 또 천사가 긴 항아리에 생명수를 채워가지고 와서 내 머리에 붓자 내 몸이 머리에서부터 밑으로 쭉 씻겨 내려갔다. 그리하여 나는 생명수로 깨끗하여진 것이다.

그런 후에 나는 벤치 옆에 있는 황금 무늬로 장식된 꽃신을 신고 연못 위로 걸어 들어갔다. 터널을 통하여 순식간에 터널 저쪽 끝으로 나왔는데 나오자마자 나는 언덕 위에 서 있었다. 거기에는 주님이 서 계셨다. 주님은 터널을 통하지 않고 나보다 먼저 여기와 계셨던 것이다. 주님과 나는 순식간에 언덕을 내려가서 사무엘의 집 큰 궁에 이르렀다. 거기는 모세와 사무엘 그리고 한나가 기다리고 있었다. 우리는 모두 사무엘의 궁 안에 긴 원탁 테이블에 앉았다. 주님 우편에 모세 맞은편에 나, 그리고 내 옆에 사무엘 또 그 옆에 한나 그리하여 한나가 주님의 거의 왼편에 앉게 되었다.
나의 질문이 시작되었다.
첫째 나의 질문은
사무엘을 젖 뗀 후 바로 하나님의 성전에 데려다 놓았는데 이 아이가 엄마가 보고 싶어 많이 보채고 하였을 텐데 그 때에 그 어린 나이 사무엘이 힘들지 않았느냐고 물었다.

이에 대한 답은 그렇지 않았다는 것이다. 이유는 하나님께서 아이인 사무엘에게 하나님의 은혜로 그렇지 아니한 마음을 주셨다는 것이다. 할렐루야.

두 번째 나의 질문은 **하나님께서 사무엘아 사무엘아 부르실 그 때에 사무엘의 나이가 10살 때라고 했는데 그것이 맞는가 하는 질문이었다.** 그러자 내 오른편 옆에 앉은 사무엘이 종이에다가 '10세' 라고 써주는 것이었다. 맞다. 지난번에도 10살 때였다고 나에게 말했다. 내가 그대로 안 믿으니 이제 종이에다가 써주는 것이었다. 할렐루야. 그래서 하나님께서 처음으로 사무엘을 부르던 그 때 사무엘의 나이가 10살이었다는 것이 다시 확인되었다.

세 번째 나의 질문은 성경에 보면 '사무엘이 한 말이 하나도 땅에 떨어지지 않게 하였다' 라고 기록되어 있는데 어떻게 그럴 수가 있었는가를 물었다. 즉 그 비결이 무엇이었는지를 물은 것이다.

그리하였더니 내게 답으로

하나님께서 말씀하신 '내 맘과 내 뜻을 가진 제사장 하나를 세울 것' 이라는 성경 구절이 생각이 났고 그 성경 구절에 답이 있다는 것이었다. 그 이야기는 즉 사무엘은 하나님의 마음과 뜻을 가진 자였다는 것이다.

[삼상 2:27–35]

27 하나님의 사람이 엘리에게 와서 그에게 이르되 여호와의 말씀에 너희 조상의 집이 애굽에서 바로의 집에 속하였을 때에 내가 그들에게 나타나지 아니하였느냐 28 이스라엘 모든 지파 중에서 내가 그를 택하여 나의 제사장을 삼아 그로 내 단에 올라 분향하며 내 앞에서 에봇을 입게 하지 아니하였느냐 이스라엘 자손의 드리는 모든 화제를 내가 네 조상의 집에 주지 아니하였느냐 29 너희는 어찌하여 내가 나의 처소에서 명한 나의 제물과 예물을 밟으며 네 아들들을 나보다 더 중히 여겨 내 백성 이스라엘의 드리는 가장 좋은 것으로 스스로 살찌게 하느냐 30 그러므로 이스라엘의 하나님 나 여호와가 말하노라 내가 전에 네 집과 네 조상의 집이 내 앞에 영영히 행하리라 하였으나 이제 나 여호와가 말하노니 결단코 그렇게 아니하리라 나를 존중히 여기는 자를 내가 존중히 여기고 나를 멸시하는 자를 내가 경멸히 여기리라 31 보라 내가 네 팔과 네 조상의 집 팔을 끊어 네 집에 노인이 하나도 없게 하는 날이 이를지라 32 이스라엘에게 모든 복을 베푸는 중에 너는 내 처소의 환난을 볼 것이요 네 집에 영영토록 노인이 없을 것이며 33 내 단에서 내가 끊어 버리지 아니할 너의 사람이 네 눈을 쇠잔케 하고 네 마음을 슬프게 할 것이요 네 집에 생산하는 모든 자가 젊어서 죽으리라 34 네 두 아들 홉니와 비느하스가 한날에 죽으리

니 그 둘의 당할 그 일이 네게 표징이 되리라 35 내가 나를 위하여 충실한 제사장을 일으키리니 그 사람은 내 마음, 내 뜻대로 행할 것이라 내가 그를 위하여 견고한 집을 세우리니 그가 나의 기름 부음을 받은 자 앞에서 영구히 행하리라

그다음 네 번째 나의 질문은
그러면 '어떻게 해서 사무엘은 하나님의 마음과 뜻을 가졌었는가?' 하는 것이었다. 그것은 하나님의 은혜로 부어준 마음이었는가? 라고 물었을 때에 아니라고 했다. 그 마음은 오히려 사무엘이 선택한 마음이었다고 했다. 자신의 자유의지로.
할렐루야.

즉 자유 의지를 가지고 자신의 뜻보다 하나님의 마음과 뜻에 순종하였던 것이다. 그러므로 사무엘은 분명히 하나님이 보시기에 또한 사람이 보기에 정말 사랑스런 사람이었음에 틀림이 없다. 이는 예수 그리스도가 자라감에 따라 사람들에게 사랑스러워 보인 것처럼...

[눅 2:52]
예수는 지혜와 키가 자라가며 하나님과 사람에게 더욱 사랑스러워 가시더라

할렐루야.
주님을 찬양합니다.

천국에서 청색 표지의 노트와 황금색 표지의 노트를 보다. 그 안의 내용들이 무엇을 말하는지 알게 되다.

2018년 1월 12일

아침에 기도한 후에 천국에 올라갔다.

수레 바깥의 천사가 스프링이 달린 큰 공책 같은 얇은 책을 가지고 있었다. 그 책의 바깥 색깔은 청색이었다. 나는 그것이 무엇인가를 물었다. 그랬더니 그 천사가 하는 말이 '매뉴얼' 이라 한다. 나는 혼자서 중얼거렸다. '매뉴얼? 무엇에 대한 매뉴얼?' 하면서 나는 수레를 탔다. 그리고 그 수레는 즉시 나를 연못가에 내려놓았다. 주님은 그 곳에서 나를 기다리고 계셨다. 주님은 나를 벤치에 앉히시고 내 발을 생명수가 담긴 대야에 담그시고 씻기 시작하셨다. 나는 놀라하면서 주님이 하시는 일을 말리려 하였다. '주님은 제 발을 씻기시지 못 하십니다' 하면서. 그러자 주님이 이렇게 말씀하셨다. "내가 네 발을 씻기지 아니하면 너와 내가 상관이 없느니라." 할렐루야. 주님은 계속하여 내 두 발을 씻기신 후에 내 두 손과 그리고 내 얼굴까지 씻겨주셨다. 그런 후에 한 천사가 긴 항아리에 생명수를 담아가지고 와서 내 머리 위로 부어서 온몸이 생명수로 씻겨 내려가게 하였다.
나는 황금 면류관을 쓰고 있었고 흰 드레스에 황금 망사로 된 겉옷을 살짝 걸치고 있었는데 그 황금 망사로 된 겉옷에는 황금 꽃무늬가 여기저기 아름답게 수놓아져 있었다. 참으로 아름다웠다. 그런데 주님께서 아까 수레 바깥에서 나를 수호하는 천사가 가지고 있던 그 노트를 가지고 계셨던 것이다. 나는 주님께 물었다.
"주님 저 공책이 뭐예요?"
"매뉴얼이란다."
'매뉴얼?' 나는 다시 한번 더 내 입으로 중얼거렸다.
'무엇에 대한 매뉴얼일까?' 하고 나는 궁금하여 하였다.
그러자 그 겉표지 안에 하얀 첫 번째 페이지가 보이는데 거기에는 위에서부터 1, 2, 3, 4, 5.... 등 숫자들이 왼쪽 끝에 위에서 아래로 나열된 것이 보였다. 그러나 그 항목 하나하나에 대한 글은 전혀 보이지 않았다.
나는 주님께 '주님, 이 매뉴얼이 무엇에 대한 매뉴얼이에요?' 라고 물었더니 주님께서 내게 이렇게 알게 해 주신 것이다. 이 매뉴얼은 내가 구약에 대하여 써야 할 것인데 이 매뉴얼은 <u>내가 어떻게 구약을 쓸 것인가</u> 하는 것에 대하여 쓰여 있다고 하셨다.
그리고 더 이상 천국에서의 대화가 진행되지 않아 내려와야 했다.

나는 다시 두 번째 천국에 올라가게 되었다.
그런데 수레 바깥에서 나를 수호하는 천사가 이번에는 또 다른 공책 같은 책, 아까처럼 정확히 동일한 모양의 스프링으로 되어 있는 얇은 책을 가지고 있었는데 차이는 이번에는 바깥 표지가 다 황금

색깔이라는 것이다. 아까 본 것은 청색이었는데 이번에는 황금 색깔의 노트를 가지고 있었다. 크기도 아까처럼 똑같은 크기의 노트였다.

나를 데리러 온 수레가 나를 즉시 천국에 올라가서 나를 연못가에 내려놓았다. 이번에는 내가 나를 보니 머리에는 청색 보석 면류관을 쓰고 있었고 흰 드레스를 입고 있었다. 그 바깥에는 청색으로 된 망사 옷을 걸치고 있었는데 꽃 모양으로 청색의 수를 놓고 있었다. 아까는 황금색 망사 옷을 입고 있었는데 지금은 청색의 망사 옷인 것이 달랐다.

나는 주님께서 내가 벤치 옆에 있는 신발을 신고 연못 안으로 들어가기를 원하셨으므로 나는 그대로 신발을 신고 연못 안으로 걸어 들어가서 터널을 통하여 저쪽 끝 터널을 나와 언덕 위에 서 있었다. 주님은 아까 연못가에 계셨는데 어느새 이 언덕 위에 서 계셨다. 나를 기다리고 계셨던 것이다.

나는 주님과 함께 미끄러지듯이 그 언덕길을 내려와서 사무엘의 집에 도착하였다.

나는 주님께서 그 황금으로 된 노트를 가지고 계신 것이 알아져서 나는 이 황금으로 된 노트가 무엇이냐고 묻는 중에 나는 주님과 함께 사무엘의 집에 도착하였다. 그리고 그 황금 노트가 내 손에 들려져 있었다. 나는 그곳에 모두가 있는 자리에서 이 황금노트가 무엇이냐고 질문하였다. 그 때에 주님께서 내게 알게 하여 주신 것은 이 노트는 '내가 구약을 쓸 때에 그 구약책 안에 들어가는 내용' 이라는 것이다. 할렐루야.

즉 아까 청색 표지로 된 노트는 구약을 어떻게 써야 하나를 말해주는 매뉴얼이고 지금 이 황금색 표지로 된 노트는 내가 써야 하는 그 구약이라는 책에 들어갈 내용이라고 하시는 것이었다.
할렐루야.

나는 세 번째 내가 천국에 올라가게 되었다.
수레 바깥의 천사가 이번에는 두 권의 책을 함께 갖고 있었다. 하나는 내가 처음에 본 청색 표지의 스프링이 달린 노트였고 또 하나는 황금 색깔의 표지의 스프링이 달린 정확히 똑같이 큰 사이즈의 두 책을 갖고 있었다.
와우, 아까 내가 본 것들이 진짜였구나... 하면서 놀라고 있었다.
아까는 이 천사가 하나씩 들고 있는 것을 보았는데 이제는 둘 다 들고 있는 것이었다. 나는 이 두 권을 보면서 그것들을 가지고 천국에 올라갔다. 그리고 나는 주님과 함께 사무엘의 집에 도착했다.
주님, 모세, 나, 한나와 사무엘 이렇게 앉았다.
사무엘은 머리가 희고, 약간 키가 큰, 잘생긴 달걀형의 얼굴로 눈은 쌍커풀이 조금 크게 져 있는 얼굴이다. 그는 한나를 닮았다. 나는 사무엘에 대하여 궁금한 것이 무엇이 있나 생각하여 보았다. 내 옆에는 한나가 앉아 있었다.
나는 한나에게 '아들이 보고 싶지 않았는가?' 를 물었다.
한나는 이렇게 말했다. 자기는 1년에 서너 차례 아들을 보러갔다 하였다. 그 이전에는 남편과 매년 한번 실로에 올라갔으나 사무엘을 낳아서 젖을 뗀 이후 하나님의 성전에 둔 이후에는 서너 달에 한 번씩 아이를 보러 올라갔다고 했다. 할렐루야. 그렇지. 사무엘에게는 이미 물었었다. 젖 뗀 아이가 엄마하고 떨어진다는 것은 우리에게는 세상이 무너지는 이야기인데 어떻게 참았냐고 물었을 때에 이전에 하나님께서 은혜로 그렇게 심하게 엄마를 찾지 아니하는 마음을 주셨다고 했다. 그렇다. 그래도 사무엘은 어머니를 일 년에 서너 번씩 보면서 지냈던 것이다. 한나도 아이를 성전에 두고서 그렇게 서너 번씩 일 년에 찾아가서 아이를 격려하여 주었던 것이다. 할렐루야. 그 다음 성경은 한나가 사무엘뿐 아니라 그 뒤에 여러 아이들 즉 세 아들과 두 딸을 더 낳았다고 성경은 기록하고 있다.

[삼상 2:18-21]

18 사무엘이 어렸을 때에 세마포 에봇을 입고 여호와 앞에 섬겼더라
19 그 어미가 매년제를 드리러 그 남편과 함께 올라갈 때마다 작은 겉
옷을 지어다가 그에게 주었더니 20 엘리가 엘가나와 그 아내에게 축
복하여 가로되 여호와께서 이 여인으로 말미암아 네게 후사를 주사
이가 여호와께 간구하여 얻어 드린 아들을 대신하게 하시기를 원하노
라 하였더니 그들이 그 집으로 돌아가매 21 여호와께서 한나를 권고
하사 그로 잉태하여 세 아들과 두 딸을 낳게 하셨고 아이 사무엘은 여
호와 앞에서 자라니라

여기서 나의 질문은 아니 그 자리에서 내게 생각나는 질문은 사무엘이 동생들을 보았는가 하는 것이다.
그 질문에 사무엘은 이렇게 말했다. 어머니가 올라올 때에 동생들도 데리고 왔었다고 알게 하여 주었다. 그런데 한나가 자신의 아들 중에서 하나님께 드린 주의 종은 오직 사무엘 밖에 없었다. 이 말

은 한나가 낳은 아들 중에서 오직 사무엘만 하나님께 드렸다는 것이다. 왜냐하면 그 아들을 달라고 하는 그 마음이 하나님께로부터 왔기 때문이다. 또한 한나가 오직 사무엘만 주의 종으로 하나님께 드렸다는 사실은 그 마음이 하나님으로부터 왔음을 또한 증명하고 있는 것이다.

[빌 2:13]
너희 안에서 행하시는 이는 하나님이시니 자기의 기쁘신 뜻을 위하여 너희로 소원을 두고 행하게 하시나니

[삼상 1:10-11]
10 한나가 마음이 괴로와서 여호와께 기도하고 통곡하며 11 서원하여 가로되 만군의 여호와여 만일 주의 여종의 고통을 돌아 보시고 나를 생각하시고 주의 여종을 잊지 아니하사 아들을 주시면 내가 그의 평생에 그를 여호와께 드리고 삭도를 그 머리에 대지 아니하겠나이다

그리고 이 모든 것은 하나님께서 하늘에서 미리 계획하시고 사무엘을 이 세상에 내 보내어 주의 종으로 쓰시기 위하여 한나의 그 마음에 아들을 낳게 하여 달라는 소원으로 넣으셔서 기도하게 하셨다는 것을 알 수 있는 것이다.
우리의 하나님은 하늘에서 뜻을 정하시고 그 뜻을 사람들에게 알리시고 그리하여 그 뜻을 놓고 기도하게 하셔서 결국은 하나님의 기쁘신 뜻을 이 땅 위에서 이루어지게 하는 것을 볼 수 있는 것이다.

[삼상 2:18-19]

18 사무엘이 어렸을 때에 세마포 에봇을 입고 여호와 앞에 섬겼더라
19 그 어미가 매년제를 드리러 그 남편과 함께 올라갈 때마다 작은 겉
옷을 지어다가 그에게 주었더니

성경에서 말하고 있는 것은 한나가 매년제를 남편과 같이 올라올 때에는 사무엘의 겉옷을 항상 갖다 준 것으로 보인다. 그러나 매년제가 아니라 중간 중간 아이가 보고 싶을 때에도 동생들을 데리고 사무엘을 보러 왔다는 것이다. 할렐루야.

인간 사는 것이 다 그렇다.

안 적혀 있다고 해서 안 일어난 것은 아니다. 아멘.

08 룻기, 사무엘상하, 열왕기상하, 역대상하

사울 왕을 지옥에서 보다.

2018년 1월 15일

저녁에 집회 후에 기도 시간에 천국을 올라가게 되었다.
나를 데리러 온 수레 바깥에서 나를 수호하는 천사가 나에게 이렇게 말한다.
"주인님, 힘내세요. 우리가 있어요."
그리고 열 마리의 말이 나를 데리러 왔다. 나는 즉시 수레를 타고 천국에 올라가게 되었는데 수레는 나를 연못가에다가 내려놓았다. 수레에서 내리는 나의 모습은 황금 면류관을 내가 쓰고 있고 단발의 곱슬머리를 하고 있었고 옷은 흰 드레스 위에 황금 망사에 황금 꽃무늬들이 군데군데 있는 아름다운 옷을 입고 있었다. 주님은 수레에서 내린 나를 벤치에 앉히고 황금 대야에 생명수를 담그고 발부터 씻기시고 그다음 두 손과 얼굴을 씻기셨다. 그러고 나니 한 천사가 긴 항아리에 생명수를 가져와서 내 머리 위에 부었다. 나는 그렇게 정결함을 입은 후에 벤치 옆에 놓여 있는 꽃신을 두 손으로 한 짝씩 잡고서 소중하게 여기듯이 내 가슴에 갖다 대었다.
그리고서는 내가 그 두 꽃신을 신고 연못으로 걸어 들어가자 수레를 몰고 온 천사와 수레 바깥에서 나를 호위하는 천사가 나에게 인사를 한다. 이렇게... '주인님 저희들은 갈게요' 하고 사라졌다.

나는 연못 중앙에 있는 오른편 터널의 뚜껑 즉 황금 뚜껑을 앞으로 당겨서 열고 터널로 들어갔다. 보라색 터널이었고 내 발밑은 물인데 그 물이 나를 즉시 저쪽 끝의 터널 끝으로 나를 이동시켰다. 순식간이었다. 그 터널 바깥으로 발을 내디딘 곳은 바로 사무엘 집으로 내려가는 언덕 정상이었다. 내가 그 곳에 나가자 주님이 그곳에서 기다리고 계셨다. 주님과 나는 사무엘의 집을 향하여 그 언덕을 내려가고 있었는데 중간에서 하늘색 옷을 아래 위로 입은 모세가 합류하였다. 우리 셋은 사무엘의 집 현관에 왔는데 사무엘이 보였다. 주님과 나 모세 그리고 사무엘은 사무엘의 궁의 정원에 놓여 있는 둥근 원탁 테이블에 앉았다. 주님과 모세가 저편에 그리고 이편에 나와 사무엘이 앉았다. 앉은 후에 주님은 내게 요구하셨다. 두 공책을 테이블 위에 내어놓으라 하셨다. 어느새 그 두 공책 즉 청색 표지의 노트와 황금 색깔의 표지의 노트 두 권이 벌써 내 손에 쥐어져 있었다. 나는 새삼 놀랐다. 아니 이 두 공책이 언제 내 손에 있었지? 할 정도로 그렇게 갑자기 내 손에 쥐어져 있었다. 나는 그 두 공책을 원탁 테이블 위에 놓았다. 그리고 그 황금 노트에는 사무엘상이라는 곳이 보였다. 나는 사무엘상에서 질문할 질문들을 생각하여 내었다. 사무엘상에서 이스라엘 왕으로 초대 왕으로 뽑힌 사울이 다른 사람보다 어깨 위가 사람 머리가 하나 더 큰 건장한 청년이었는데 그는 왕위에 40년간 있다가 전장에서 죽었는데 그가 어디 있을까 하는 질문이었다.

'천국인가 아니면 지옥인가?'

그러고 있는데 내 눈에 사울 왕이 보이기 시작하였다.

사울 왕은 뼈만 남았는데 눈이 움푹 파이고 아니 두 눈이 아예 없어 구멍만 보였다. 그리고 키는 큰 뼈다귀만 남은 몰골을 하고 있었는데 그는 분명 불속에 있었다. 즉 모든 살점들이 오랜 시간이 흐르면서 타서 없어진 것 같았다. 얼굴에도 살이 거의 남아 있지 않았고 갈비뼈에도 살이 군데군데 조금 붙어 있었다. 어머나 사울이 저렇게 고통을 당하고 있네... 불속에서... 너무 안 되어 보였다. 그가 하는 소리가 들렸다. 그는 영으로 말하고 있었다. '내가 다윗을 죽였어야 했는데 내가 다윗을 죽였어야 했는데' 하면서 그 말을 반복하고 있었다. 나는 그 사실이 놀라왔다.

지옥에서조차 그는 지상에서 하던 일을 저렇게 외치고 있다니...

정말 믿을 수가 없었다. 나는 그것을 보면서 주님과 모세 그리고 사무엘에게 물었다. '저이가 정말 사울 왕이냐고?'

그랬더니 마음으로 사무엘이 내게 이렇게 말하는 것이 알아졌다.

'그렇다' 고.....

그리고 그가 지옥에 있는 이유를 이렇게 알게 하여주셨다.

즉 사울은 처음에는 하나님을 알았고 섬겼다. 그러나 타락하였다는 것이다. 구원을 잃을 정도로.... 이때 나는 신약의 성경 구절이 생각이 났다.

히브리서 6장 4-8절의 말씀이었다.

[히 6:4-8]

4 한번 비췸을 얻고 하늘의 은사를 맛보고 성령에 참예한 바 되고 5
하나님의 선한 말씀과 내세의 능력을 맛보고 6 타락한 자들은 다시

새롭게 하여 회개케 할 수 없나니 이는 자기가 하나님의 아들을 다시
십자가에 못박아 현저히 욕을 보임이라 7 땅이 그 위에 자주 내리는
비를 흡수하여 밭 가는 자들의 쓰기에 합당한 채소를 내면 하나님께
복을 받고 8 만일 가시와 엉겅퀴를 내면 버림을 당하고 저주함에 가
까와 그 마지막은 불사름이 되리라

그리고 그는 끝까지 다윗을 죽이려 했다.
여기에 대한 성경 구절은 너희가 마음으로 형제를 용서하지 아니하면 하늘에 계신 천부께서도 우리를 용서하시지 않으시겠다는 것이다.

[마 18:21-22]

21 그 때에 베드로가 나아와 가로되 주여 형제가 내게 죄를 범하면 몇
번이나 용서하여 주리이까 일곱 번까지 하오리이까 22 예수께서 가라
사대 네게 이르노니 일곱 번 뿐 아니라 일흔 번씩 일곱 번이라도 할지
니라

[마 18:35]

너희가 각각 중심으로 형제를 용서하지 아니하면 내 천부께서도 너희에게 이와 같이 하시리라

오늘 주님은 나에게 사울 왕이 지옥에 와 있음을 알게 하여주셨다.
그는 지금 천국에 없다.
그는 다윗을 끝까지 죽이려 하였기 때문에 지옥에 와 있는 것으로

보였다.
그러나 나는 그의 아들 요나단과 그의 손자 므비보셋을 지난번에 천국에서 다윗과 솔로몬과 함께 본 적이 있다. 사람을 끝까지 용서하지 못하면 지옥 간다.
성경은 우리에게 십계명에서 제 6계명 '살인하지 말지니라.' 라고 말씀한다.

[요일 3:15]
그 형제를 미워하는 자마다 살인하는 자니 살인하는 자마다 영생이 그 속에 거하지 아니하는 것을 너희가 아는 바라

즉 이 구절이 미워하는 자는 살인하는 자로서 영생을 얻지 못한다는 것으로 해석이 되어졌다.

[마 5:21-22]
21 옛 사람에게 말한바 살인치 말라 누구든지 살인하면 심판을 받게 되리라 하였다는 것을 너희가 들었으나 22 나는 너희에게 이르노니 형제에게 노하는 자마다 심판을 받게 되고 형제를 대하여 라가라 하는 자는 공회에 잡히게 되고 미련한 놈이라 하는 자는 지옥 불에 들어가게 되리라

즉 형제더러 미련한 놈이라 하는 자는 지옥불에 던져질 것을 예수님은 우리에게 경고하고 계신 것이다.
사울은 다윗을 사실 살인해도 엄청 많이 했다.

그것도 일 년이 아니라 십수 년을 삼천 명의 군사들을 데리고 다니며 죽이려 했다.
시기와 질투로 그리고 결코 그를 용서하지 못했다. 아니 잘못한 것도 없는데 시기와 질투로 그를 죽이려 했던 것이다.

다윗이 블레셋 사람 골리앗을 죽이고 돌아올 때에 여인들이 창화하여 가로되 사울이 죽인 자는 천천이요 다윗이 죽인 자는 만만이라 할 때에 그 이후에 악한 영이 사울에게 들어가 그때부터 그는 그를 죽이려 한 것이다.

[삼상 18:6-12]

6 무리가 돌아올 때 곧 다윗이 블레셋 사람을 죽이고 돌아올 때에 여인들이 이스라엘 모든 성에서 나와서 노래하며 춤추며 소고와 경쇠를 가지고 왕 사울을 환영하는데 7 여인들이 뛰놀며 창화하여 가로되 사울의 죽인 자는 천천이요 다윗은 만만이로다 한지라 8 사울이 이 말에 불쾌하여 심히 노하여 가로되 다윗에게는 만만을 돌리고 내게는 천천만 돌리니 그의 더 얻을 것이 나라 밖에 무엇이냐 하고 9 그 날 후로 사울이 다윗을 주목하였더라 10 그 이튿날 하나님의 부리신 악신이 사울에게 힘있게 내리매 그가 집 가운데서 야료하는 고로 다윗이 평일과 같이 손으로 수금을 타는데 때에 사울의 손에 창이 있는지라 11 그가 스스로 이르기를 내가 다윗을 벽에 박으리라 하고 그 창을 던졌으나 다윗이 그 앞에서 두번 피하였더라 12 여호와께서 사울을 떠나 다윗과 함께 계시므로 사울이 그를 두려워한지라

나는 순간 내가 혹시 잘못 본 것이 아닌가 하는 의심도 들었다.
왜냐하면 다음과 같은 성경 구절들 때문이다.
그는 신접한 자와 박수를 이스라엘 땅에서 멸절하였었다.

[삼상 28:8-9]
8 사울이 다른 옷을 입어 변장하고 두 사람과 함께 갈새 그들이 밤에
그 여인에게 이르러는 사울이 가로되 청하노니 나를 위하여 신접한
술법으로 내가 네게 말하는 사람을 불러올리라 9 여인이 그에게 이르
되 네가 사울의 행한 일 곧 그가 신접한 자와 박수를 이 땅에서 멸절
시켰음을 아나니 네가 어찌하여 내 생명에 올무를 놓아 나를 죽게 하
려느냐

그럴뿐 아니라 하나님의 영이 임한 적이 두 번이나 있었다.

[삼상 10:9-13]
9 그가 사무엘에게서 떠나려고 몸을 돌이킬 때에 하나님이 새 마음
을 주셨고 그 날 그 징조도 다 응하니라 10 그들이 산에 이를 때에 선
지자의 무리가 그를 영접하고 하나님의 신이 사울에게 크게 임하므로
그가 그들 중에서 예언을 하니 11 전에 사울을 알던 모든 사람이 사
울의 선지자들과 함께 예언함을 보고 서로 이르되 기스의 아들의 당
한 일이 무엇이뇨 사울도 선지자들 중에 있느냐 하고 12 그곳의 어떤
사람은 말하여 이르되 그들의 아비가 누구냐 한지라 그러므로 속담이
되어 가로되 사울도 선지자들 중에 있느냐 하더라
13 사울이 예언하기를 마치고 산당으로 가니라

대언하고 또 왕으로 세움 받을 때 하나님의 영이 임하여 암몬을 이겼다.

[삼상 11:1-2]

1 암몬 사람 나하스가 올라와서 길르앗 야베스를 대하여 진 치매 야
베스 모든 사람이 나하스에게 이르되 우리와 언약하자 그리하면 우리
가 너를 섬기리라 2 암몬 사람 나하스가 그들에게 이르되 내가 너희
오른눈을 다 빼어야 너희와 언약하리라 내가 온 이스라엘을 이같이
모욕하리라

[삼상 11:5-8]

5 마침 사울이 밭에서 소를 몰고 오다가 가로되 백성이 무슨 일로 우
느냐 그들이 야베스 사람의 말로 고하니라 6 사울이 이 말을 들을 때
에 하나님의 신에게 크게 감동되매 그 노가 크게 일어나서 7 한 겨리
소를 취하여 각을 뜨고 사자의 손으로 그것을 이스라엘 모든 지경에
두루 보내어 가로되 누구든지 나와서 사울과 사무엘을 좇지 아니하면
그 소들도 이와 같이 하리라 하였더니 여호와의 두려움이 백성에게
임하매 그들이 한 사람 같이 나온지라 8 사울이 베섹에서 그들을 계
수하니 이스라엘 자손이 삼십만이요 유다 사람이 삼만이더라

[삼상 11:11]

이튿날에 사울이 백성을 삼대에 나누고 새벽에 적진 중에 들어가서 날이 더울 때까지 암몬 사람을 치매 남은 자가 다 흩어져서 둘도 함께 한 자가 없었더라

그러므로 이렇게 하나님의 영이 두 번씩이나 임하였던 자가 지옥에 와 있었다는 사실이 놀랍기도 했다.

또한 하나님께서는 그에게 선지자로도 꿈으로도 응답하시기도 하신 것 같다. 왜냐하면 그러하시던 분이 이제 더 이상 안 하신다고 사울이 신접한 여인에게 갔을 때에 그렇게 고백하고 있기 때문이다.

[삼상 28:15]

사무엘이 사울에게 이르되 네가 어찌하여 나를 불러 올려서 나로 분요케 하느냐 사울이 대답하되 나는 심히 군급하니이다 블레셋 사람은 나를 향하여 군대를 일으켰고 하나님은 나를 떠나서 다시는 선지자로도, 꿈으로도 내게 대답지 아니하시기로 나의 행할 일을 배우려고 당신을 불러 올렸나이다

여기서 나의 질문은 그가 지옥에 간 것이냐 성 밖이냐 하는 문제이다.

그러나 내가 본 것은 지옥이었다.
그가 성 밖이 아니라 지옥에 갔을 수밖에 없는 이유를 다음과 같이 생각하여 본다.

1. 하나님은 사울을 버렸다. 두 번 불순종하여
2. 사울은 다윗을 끝까지 죽이려 했다. 살인죄이다. 용서하지 않았

다. 죽는 순간까지.

이 두 가지만 해도 지옥이다. 성 밖이 아니라.
또한 내게 보인 것은 그가 두 눈이 없어지고 뼈만 남아 있었다는 것이다. 성 밖은 그렇지 않다. 모두가 흰 옷을 입고 있고 얼굴은 상함이 없이 다 젊은 얼굴을 가졌다. 그러나 지옥에 비하여 매우 가벼운 벌과 고통이 있다. 그러므로 불 가운데 있었던 사울은 지옥에 있는 것이 확실하다.

하나님을 믿었어도 죄로 인하여 양심이 화인 맞을 정도로 타락하면 하나님이 버리시고 떠나신다. 그러면 그 결국은 지옥인 것이다.

성 밖은 부끄러운 구원을 받는 것이므로 완전히 버림받은 것이 아니다. 그러나 사울의 경우는 하나님께서 그를 완전히 버리신 것으로 보여진다.
그리하여 지금 사울 왕은 지옥에 와 있다.

09 룻기, 사무엘상하, 열왕기상하, 역대상하

사울 왕이 신접한 여인을 찾아간 사건에서 그 여인이 땅에서 불러 올린 신은 사무엘이 아니었다.

2018년 1월 18일

한참을 기도하다가 하나님의 마음 즉 주님의 마음이 느껴지기 시작하였다. 영혼들이 말씀으로 그분의 능력으로 변화되어 그들이 온전히 주의 것이 되기를 원하시는 그러한 주님의 마음이 느껴졌다. 그리고 주님께서 이 세상의 그 어떤 일보다도 이러한 일들이 일어나기를 원하시는 것도 알아졌다. 비록 세상은 사단에 속아 너무나 바쁘게 돌아가고 있지만 말이다.

그러면서 특히 북한의 2,500만 명의 영혼구원에 대한 주님의 마음이 한없이 느껴지면서 드디어 나에게서 울음이 터져 나왔다. 북한의 영혼들에 대한 안타까우신 주님의 마음이 느껴지니 내 마음이 무너져 내리는 것 같았다. 그리고 그 순간 나에게는 주님의 임재하심이 강하게 임하였고 동시에 내 온 몸에서는 힘이 쭉 빠져 버렸다. 또한 바로 그 순간 나는 내 옆에 시온이가 와 있는 것을 알았다. 주여!

나는 시온에게서 재빨리 쌀과자 하나를 오른손에 받아서 입에다가 넣었다. 그리고 그 쌀과자를 씹자마자 벌써 내 앞에 흰 옷 입으신 주님이 나타나셨다. 내 앞에 나타나신 예수님의 모습은 성경에 물 위를 걸어서 오시는 주님의 모습과 같은 모습이었다. 즉 흰 옷자락이 바람에 날리는 듯한 모습을 하고 나타나셨다.

주님은 나를 즉시 연못가로 데리고 가셨다. 나는 두 노트 청색표지의 노트와 황금색깔 표지의 노트 그 두 노트가 연못가에 놓여 있는 벤치에 올려져 있음을 보았다. 주님은 내게 빨리 신을 신기 원하셨다. 이 신은 연못가의 벤치 옆에 놓여진 코가 좀 올라온 꽃신이다. 나는 그 신발을 신고 그 두 노트를 가지고 연못의 물위로 걸어갔다. 주님을 뒤로 두고 말이다. 연못 위를 좀 걸어 들어가니 터널이 나타나는데 그 터널의 뚜껑은 완전 황금으로 두꺼웠다. 문이 황금 장식으로 아름다웠다. 나는 그 문을 앞으로 열고 들어가 닫았다. 나의 모습은 약간 곱슬거리는 단발에 금 면류관을 쓰고 흰 옷 드레스 위에 황금꽃 무늬가 여기저기 놓여 있는 황금 망사로 된 겉옷을 입고 있는 형태인데 참으로 아름다웠다. 나는 내가 왜 요즘에 이렇게 단발머리를 하고 있는지는 잘 모른다. 분명히 나는 긴 머리였었는데 요즘 며칠간 나는 이렇게 단발머리를 하고 있었다. 아니 이 단발이 옷과 면류관과 잘 어울렸다. 긴 머리보다도.
나는 터널 속 물 위에 서 있었다. 내가 걸어서 터널 저쪽 끝으로 가는 것이 아니다. 가만히 서 있으면 터널 속의 바닥의 물이 나를 즉시 저쪽 터널 끝으로 나를 옮겨 놓는다. 할렐루야.
그리고 이 터널 끝을 나오자마자 사무엘의 궁으로 내려가는 언덕 위로 나오게 된다.
나는 이 터널이 이전에는 여호수아의 궁에 바로 들어가게 하였고 이번에는 사무엘의 궁으로 내려가는 언덕 위 터널 끝에 와 있었다. 그리하여 나는 어떤 생각이 드냐면 이 터널은 좀 유동성이 있어서 나를 어느 곳에 데려다 놓아야 하겠다 하면 그 터널 끝이 그곳으로 이동하는 것처럼 보였다. 와우~
하여간 아직 이해가 잘 안 되나 이런 신비한 곳이 바로 천국이라는 사실을 다시 새삼스럽게 느껴졌다.

터널 끝 언덕 위에 발을 디디자 주님이 벌써 그곳에서 나를 기다리고 계셨다.
나는 아직 왜 이렇게 터널을 통하여 이 언덕 위로 와야 하고 주님은 터널을 통과하시지 않고도 바로 이 언덕 위로 오시는지 그 차이를 아직 잘 모르고 있다. 그런데 오늘 나는 이 언덕 위에서 두 노트를 들고 서 있었다. 나는 내가 생각하기를 '내가 이 두 노트를 가지고 이 언덕을 내려가야 하는가?' 하고 생각하고 있는데 주님이 내게 마음으로 말씀하신다. '네가 원한다면 그 두 노트를 천사를 시켜서 가져가게 할 수 있단다.' 나는 이내 '아니에요, 주님, 제가 가져갈게요.' 하면서 주님과 나는 그 언덕을 미끄러지듯이 내려갔다. 그 언덕은 왼쪽으로 굽어졌고 그리하여 굽어진 길을 더 내려가면 사무엘의 아름다운 궁이 놓여 있었다.
크고 아름다운 흰 궁이다. 다만 뾰족뾰족 솟아오른 지붕들 밑 부위는 황금 띠로 장식되어 있듯이 그렇게 장식되어 있었다.

주님과 나 그리고 모세와 사무엘이 사무엘의 궁 정원에 놓여 있는 원탁 테이블에 같이 앉았다. 주님께서는 나보고 이렇게 말씀하신다. 두 노트를 테이블 위에 올려놓으라. 그래서 나는 그 두 노트를 테이블 위에 놓았다.

주님이 말씀하신다.

'그 노트들이 무엇을 말하는가를 알고 있는가?' 하고 나에게 마음으로 물으셨다.

'나는 물론입니다. 밑에 있는 청색 표지의 노트는 제가 구약에 대한 책을 쓸 때에 어떻게 써야 하는지를 말하는 것이고, 그리고 그 위에 놓여진 황금 색깔의 표지 노트는 실제로 그 구약에 대한 내용의 책을 쓸 때에 어떠한 내용이 들어갈 것인가를 말하고 있는 것입니다' 라고 말했다. 그런데 사실 이 노트안의 내용들은 나는 아직 모른다. 나에게 아직 안 밝혀지고 있었다.

주님은 다시 내게 말씀하셨다.

'네가 사무엘에게 물을 것을 물으라' 라고 말씀하셨다.

나는 즉시 사무엘이 영매를 찾아간 구절이 생각났다.

나의 질문은 '그 영매가 불러 올린 사무엘이 정말 지금 내 옆에 와서 앉아 있는 사무엘이었는가?' 하는 것이었다.

나는 내 옆에 있는 사무엘에게 물었다.

'사무엘, 그 영매가 불러 올린 자가 바로 당신이었는가?' 하고 물었다. 그러자 사무엘은 자신은 그 때에 낙원에 올라가 있었다라고 말했고 그 땅에서 올라온 자는 자신을 가장한 사단의 부하 즉 귀신이었다고 말했다.

'와우~, 오 할렐루야. 그랬구나! 그러면 그렇지.....'

어떻게 영매가 죽은 사무엘의 영을 그것도 낙원에 가 있는 사무엘을 부를 수가 있는가? 영매 따위가 말이다.

나는 그 영매가 불러 올린 자가 진짜 사무엘이 아니었다는 것이 정말 이해가 갔다. 그는 죽자마자 낙원에 간 것이다. 주님은 오른편 강도에게 말씀하셨다. 오늘 네가 나와 함께 낙원에 있으리라. 할렐루야. 정말 예수 그리스도를 믿은 자는 즉 메시야를 믿은 자는 죽자마자 즉시 낙원에 올라간다.
그런데 그 영매는 그 사무엘이라는 자가 땅에서 올라오는 것을 보았다라고 말했다. 즉 이것부터가 틀린 것이다.

여기서 성경 구절들을 다시 한번 자세히 보자.

[삼상 28:4-7]
4 블레셋 사람이 모여 수넴에 이르러 진 치매 사울이 온 이스라엘을
모아 길보아에 진 쳤더니 5 사울이 블레셋 사람의 군대를 보고 두려
워서 그 마음이 크게 떨린지라 6 사울이 여호와께 묻자오되 여호와께
서 꿈으로도, 우림으로도, 선지자로도 그에게 대답지 아니하시므로 7
사울이 그 신하들에게 이르되 나를 위하여 신접한 여인을 찾으라 내
가 그리로 가서 그에게 물으리라 그 신하들이 그에게 이르되 보소서
엔돌에 신접한 여인이 있나이다

즉 사울 왕은 하나님께 물어도 답을 안 하시니 반대로 신을 접한 즉 귀신을 접한 신접한 여인을 찾아간 것이다.
이것부터가 틀렸다. 하나님이 아닌 그것도 신접한 여인을 찾아가다니..... 왜 하나님께서 사울 왕에게 답을 안 하셨을까? 그것은 하나님께서 그를 버리셨기 때문이다. 하나님께서 그를 버리신 이

유가 두 가지 정도로 보여진다.
첫째는 하나님의 말씀을 두 번이나 거역하여 그분의 진노를 샀다.
둘째는 다윗을 시기 질투하여 그를 죽이려 하는 것을 멈추지 않았다. 이런 자가 어떻게 하나님의 음성을 들을 수가 있겠는가 하는 것이다. 하나님은 그가 아무리 하나님께 물어도 그 대답을 하실 수가 없는 것이다.

[사 59:1-2]

1 여호와의 손이 짧아 구원치 못하심도 아니요 귀가 둔하여 듣지 못
하심도 아니라 2 오직 너희 죄악이 너희와 너희 하나님 사이를 내었
고 너희 죄가 그 얼굴을 가리워서 너희를 듣지 않으시게 함이니

그리고 이 신접한 여인에게 가서 즉 귀신을 접한 여인에게 가서 하나님의 음성을 듣겠다는 것이다. 이것이 가능한 일인가 하는 것이다.

모세의 율법에 보면 하나님은 신접한 자를 다 죽이라 하셨다.
그런데 사울 왕이 신접한 여인을 찾아가서 하나님의 사람 사무엘의 의견을 구하고자 하였던 것이다. 이것이 맞는 행동인가?

[레 20:27]

남자나 여자가 신접하거나 박수가 되거든 반드시 죽일지니 곧 돌로 그를 치라 그 피가 자기에게로 돌아가리라

그러므로 하나님께서 신접한 자에게 답하실 리가 만무하다.

[삼상 28:8-11]

8 사울이 다른 옷을 입어 변장하고 두 사람과 함께 갈새 그들이 밤에
그 여인에게 이르러는 사울이 가로되 청하노니 나를 위하여 신접한
술법으로 내가 네게 말하는 사람을 불러올리라 9 여인이 그에게 이르
되 네가 사울의 행한 일 곧 그가 신접한 자와 박수를 이 땅에서 멸절
시켰음을 아나니 네가 어찌하여 내 생명에 올무를 놓아 나를 죽게 하
려느냐 10 사울이 여호와로 그에게 맹세하여 가로되 여호와께서 사시
거니와 네가 이 일로는 벌을 당치 아니하리라 11 여인이 가로되 내가
누구를 네게로 불러 올리랴 사울이 가로되 사무엘을 불러 올리라

여기서 사울은 그 신접한 여인을 찾아가서 사무엘을 불러 올려달라고 한다.

신접한 여인이 사무엘을 불러올릴 수가 있을까 하는 것이다.

사무엘은 이미 죽어서 낙원(셋째 하늘)에 가 있는 상태이다. 낙원에 가 있는 사무엘이 귀신을 접한 즉 신접한 여인이 부른다고 하여 호출이 될까 하는 것이다.

낙원이 셋째 하늘이라는 사실은 사도 바울이 한 말에서 알 수 있다.

[고후 12:1-4]

1 무익하나마 내가 부득불 자랑하노니 주의 환상과 계시를 말하리라
2 내가 그리스도 안에 있는 한 사람을 아노니 십 사년 전에 그가 세째
하늘에 이끌려 간 자라 (그가 몸 안에 있었는지 몸 밖에 있었는지 나

는 모르거니와 하나님은 아시느니라) 3 내가 이런 사람을 아노니 (그
가 몸 안에 있었는지 몸 밖에 있었는지 나는 모르거니와 하나님은 아
시느니라) 4 그가 낙원으로 이끌려가서 말할 수 없는 말을 들었으니
사람이 가히 이르지 못할 말이로다

주님은 부자와 거지 나사로의 이야기를 하시면서 둘 다 죽었는데 죽자마자 거지 나사로는 천사에 받들려 아브라함의 품 낙원에 갔고 부자는 음부의 불꽃 가운데 고통을 당하고 있다고 말씀하셨다.

사무엘은 죽자마자 낙원에 갔음이 틀림이 없다. 왜냐하면 지금도 나는 그를 낙원(=천국)에서 만나고 있기 때문이다.

그리고 구약에서 솔로몬도 이렇게 말했다.

[전 3:21]

인생의 혼은 위로 올라가고 짐승의 혼은 아래 곧 땅으로 내려가는 줄을 누가 알랴

그런데 이 신접한 여인은 그를 불러 올린다. 어디서? 땅 속에 있는 그 누구를.....

사무엘은 셋째 하늘 즉 낙원에 가 있는데...

그 다음 성경 세 구절이 그렇게 말하고 있다.

[삼상 28:13]
왕이 그에게 이르되 두려워 말라 네가 무엇을 보았느냐 여인이 사울에게 이르되 내가 신이 땅에서 올라오는 것을 보았나이다

이것을 영어로 보면

The king said to her, "Don't be afraid. What do you see?" The woman said, "I see a spirit coming up out of the ground."[NIV]

즉 한 영이 땅에서부터 올라오는 것을 본다고 했다.
사무엘이 낙원에 있다가 갑자기 땅 속으로 갈리는 만무하다. 즉 이 영은 사단의 부하로 보인다. 즉 일종의 귀신이다. 그런데 이 귀신이 사무엘을 가장하였다.

그 다음 이 신접한 여인은 갑자기 소리를 지르고 말한다.

[삼상 28:12]
여인이 사무엘을 보고 큰 소리로 외치며 사울에게 말하여 가로되 당신이 어찌하여 나를 속이셨나이까 당신이 사울이시니이다

즉 이 땅에서 올라온 귀신은 이 변장하고 신접한 여인에게 나타난 자가 바로 사울 왕이라는 사실을 이 신접한 여인에게 알려준 것이다. 귀신은 다 가르쳐준다.

그리고 이 신접한 여인이 그 땅에서 올라오는 영이 어떻게 생겼는지를 말해준다.

[삼상 28:14]

사울이 그에게 이르되 그 모양이 어떠하냐 그가 가로되 한 노인이 올라 오는데 그가 겉옷을 입었나이다 사울이 그가 사무엘인 줄 알고 그 얼굴을 땅에 대고 절하니라

즉 이 땅에서 올라오는 귀신이 사무엘을 가장하여 보이게 하고 또한 사무엘처럼 말을 하였다.

[삼상 28:15]

사무엘이 사울에게 이르되 네가 어찌하여 나를 불러 올려서 나로 분요케 하느냐 사울이 대답하되 나는 심히 군급하니이다 블레셋 사람은 나를 향하여 군대를 일으켰고 하나님은 나를 떠나서 다시는 선지자로도, 꿈으로도 내게 대답지 아니하시기로 나의 행할 일을 배우려고 당신을 불러 올렸나이다

즉 올라온 자는 사무엘을 가장한 귀신이었다. 그런데 이 귀신이 진짜 자기가 사울에게 사무엘인 것처럼 말하는 것이다.

그리고 오늘 나는 천국에서 주님과 사무엘을 만나 이야기를 나누었는데 내 옆에 앉은 사무엘이 그 땅에서 올라온 자가 자신이 아니었다고 분명히 내게 말했다.

그러므로 사무엘상 28장에서 신접한 여인이 불러 올린 그 영은 사무엘이 아니라 땅에서 올라온 사단의 부하 귀신인 것을 알 수 있는 것이다.

그 다음 사무엘을 가장한 그 귀신은 다음과 같이 말했다.

[삼상 28:16-19]

16 사무엘이 가로되 여호와께서 너를 떠나 네 대적이 되셨거늘 네가
어찌하여 내게 묻느냐 17 여호와께서 나로 말씀하신 대로 네게 행하
사 나라를 네 손에서 떼어 네 이웃 다윗에게 주셨느니라 18 네가 여
호와의 목소리를 순종치 아니하고 그의 진노를 아말렉에게 쏟지 아니
하였으므로 여호와께서 오늘날 이 일을 네게 행하셨고 19 여호와께서
이스라엘을 너와 함께 블레셋 사람의 손에 붙이시리니 내일 너와 네
아들들이 나와 함께 있으리라 여호와께서 또 이스라엘 군대를 블레셋
사람의 손에 붙이시리라

삼상 28장 17절에서
여호와께서 나로 말씀하신 대로 네게 행하사 나라를 네 손에서 떼어 네 이웃 다윗에게 주셨느니라

말한 것처럼 귀신도 이 사실을 잘 알고 있었다.
왜냐하면 사무엘이 그 이전에도 이렇게 사울에게 말했기 때문이다.

[삼상 13:13-14]

13 사무엘이 사울에게 이르되 왕이 망령되이 행하였도다 왕이 왕의
하나님 여호와께서 왕에게 명하신 명령을 지키지 아니하였도다 그리
하였더면 여호와께서 이스라엘 위에 왕의 나라를 영영히 세우셨을 것
이어늘 14 지금은 왕의 나라가 길지 못할 것이라 여호와께서 왕에게
명하신 바를 왕이 지키지 아니하였으므로 여호와께서 그 마음에 맞는
사람을 구하여 그 백성의 지도자를 삼으셨느니라 하고

[삼상 15:17-26]

17 사무엘이 가로되 왕이 스스로 작게 여길 그 때에 이스라엘 지파의
머리가 되지 아니하셨나이까 여호와께서 왕에게 기름을 부어 이스라
엘 왕을 삼으시고 18 또 왕을 길로 보내시며 이르시기를 가서 죄인 아
말렉 사람을 진멸하되 다 없어지기까지 치라 하셨거늘 19 어찌하여
왕이 여호와의 목소리를 청종치 아니하고 탈취하기에만 급하여 여호
와의 악하게 여기시는 것을 행하였나이까 20 사울이 사무엘에게 이
르되 나는 실로 여호와의 목소리를 청종하여 여호와께서 보내신 길로
가서 아말렉 왕 아각을 끌어 왔고 아말렉 사람을 진멸하였으나 21 다
만 백성이 그 마땅히 멸할 것 중에서 가장 좋은 것으로 길갈에서 당신
의 하나님 여호와께 제사하려고 양과 소를 취하였나이다 22 사무엘이
가로되 여호와께서 번제와 다른 제사를 그 목소리 순종하는 것을 좋
아하심 같이 좋아하시겠나이까 순종이 제사보다 낫고 듣는것이 수양
의 기름보다 나으니 23 이는 거역하는 것은 사술의 죄와 같고 완고한
것은 사신 우상에게 절하는 죄와 같음이라 왕이 여호와의 말씀을 버
렸으므로 여호와께서도 왕을 버려 왕이 되지 못하게 하셨나이다 24

사울이 사무엘에게 이르되 내가 범죄하였나이다 내가 여호와의 명령과 당신의 말씀을 어긴 것은 내가 백성을 두려워하여 그 말을 청종하였음이니이다 25 청하오니 지금 내 죄를 사하고 나와 함께 돌아가서 나로 여호와께 경배하게 하소서 26 사무엘이 사울에게 이르되 나는 왕과 함께 돌아가지 아니하리니 이는 왕이 여호와의 말씀을 버렸으므로 여호와께서 왕을 버려 이스라엘 왕이 되지 못하게 하셨음이니이다 하고

즉 사무엘이 말한 것을 귀신이 다 알고 있는 것이다.

나에게 문제가 되는 것은 사무엘상 28장 19절 말씀이었다.

[삼상 28:19]
여호와께서 이스라엘을 너와 함께 블레셋 사람의 손에 붙이시리니 내일 너와 네 아들들이 나와 함께 있으리라 여호와께서 또 이스라엘 군대를 블레셋 사람의 손에 붙이시리라

나는 이 귀신이 내일 사울과 그 세 아들이 다 죽을 것을 어떻게 알고 있었는가 하는 것이었다.

엘리 대제사장이 그 아들들의 죄악을 알고도 다스리지 않으니 하나님의 저주가 그 집에 임하여 블레셋과의 싸움에서 두 아들이 다 죽고 만다. 두 아들이 죽었으며 또 하나님의 궤가 블레셋 진영에 빼앗겼다는 소식을 듣고 90세가 넘은 엘리 대 제사장은 의자에서

자빠져서 목이 부러져 죽었다. 그리고 이 모든 소식을 전해 들은 며느리가 갑자기 구푸려 아기를 해산하고 죽은 것이다.

[삼상 4:10-13]

10 여호와께서 임하여 서서 전과 같이 사무엘아 사무엘아 부르시는지
라 사무엘이 가로되 말씀하옵소서 주의 종이 듣겠나이다 11 여호와께
서 사무엘에게 이르시되 보라 내가 이스라엘 중에 한 일을 행하리니
그것을 듣는 자마다 두 귀가 울리리라 12 내가 엘리의 집에 대하여 말
한 것을 처음부터 끝까지 그 날에 그에게 다 이루리라 13 내가 그 집
을 영영토록 심판하겠다고 그에게 이른 것은 그의 아는 죄악을 인함
이니 이는 그가 자기 아들들이 저주를 자청하되 금하지 아니하였음이
니라

[삼상 4:17-22]

17 소식을 전하는 자가 대답하여 가로되 이스라엘이 블레셋 사람 앞
에서 도망하였고 백성 중에는 큰 살륙이 있었고 당신의 두 아들 홉니
와 비느하스도 죽임을 당하였고 하나님의 궤는 빼앗겼나이다 18 하
나님의 궤를 말할 때에 엘리가 자기 의자에서 자빠져 문 곁에서 목이
부러져 죽었으니 나이 많고 비둔한 연고라 그가 이스라엘 사사가 된
지 사십년이었더라 19 그의 며느리 비느하스의 아내가 잉태하여 산기
가 가까왔더니 하나님의 궤 빼앗긴 것과 그 시부와 남편의 죽은 소문
을 듣고 갑자기 아파서 몸을 구푸려 해산하고 20 죽어갈 때에 곁에 섰
던 여인들이 그에게 이르되 두려워 말라 네가 아들을 낳았다 하되 그
가 대답지도 아니하며 관념치도 아니하고 21 이르기를 영광이 이스라

엘에서 떠났다 하고 아이 이름을 이가봇이라 하였으니 하나님의 궤가 빼앗겼고 그 시부와 남편이 죽었음을 인함이며 22 또 이르기를 하나님의 궤를 빼앗겼으므로 영광이 이스라엘에서 떠났다 하였더라

[롬 12:19]

내 사랑하는 자들아 너희가 친히 원수를 갚지 말고 진노하심에 맡기라 기록되었으되 원수 갚는 것이 내게 있으니 내가 갚으리라고 주께서 말씀하시니라

이 사무엘을 가장한 귀신은 사울 왕이 그의 아들들과 함께 내일 자기와 함께 있으리라 말한다.

우리가 알듯이 아브라함, 이삭, 야곱, 요셉, 모세 등등 이들은 다 낙원(소위 우리가 말하는 천국)에 있다. 그리고 사무엘도 낙원에 갔다. 그런데 사울이 낙원에 간다? 아니다.
사울은 지금 지옥에 있다. 하나님은 그를 버렸다. 하나님 앞에 불순종한 그가 사무엘이 간 곳에 간다? 아브라함이 있는 낙원에 간다? 말이 안 된다.

그는 그곳에 갈 존재가 아니라 지옥에 갈 존재이다. 왜냐하면 그는 하나님 앞에 불순종을 두 번씩이나 하여 버림을 받았을뿐 아니라 죄없는 다윗을 죽이려고 십 수년을 뽑고 뽑은 군사 3000명을 데리고 쫓아다녔다. 그는 회개함 없이 블레셋과의 전쟁에서 죽었다. 그러므로 그는 낙원에 가지 못했다. 결국 그는 음부인 지옥에 떨어진

것이다.

그런데 여기 본문에서 사무엘을 가장한 귀신이 내일 네가 나와 함께 있으리라 한 것은 그렇다. 음부 즉 지옥을 말하는 것이다. 즉 이 귀신은 음부에 있는 귀신이다. 그러므로 그 신접한 여인이 음부에서 사무엘을 가장한 귀신을 불러올린 것이 맞는 것이다.

그리고 그는 실제로 그 다음날 블레셋과의 전쟁에서 세 아들과 함께 죽었다.

[삼상 31:1–5]

1 블레셋 사람이 이스라엘을 치매 이스라엘 사람들이 블레셋 사람 앞에서 도망하여 길보아 산에서 엎드러져 죽으니라 2 블레셋 사람들이 사울과 그 아들들을 쫓아 미쳐서 사울의 아들 요나단과 아비나답과 말기수아를 죽이니라 3 사울이 패전하매 활 쏘는 자가 따라 미치니 사울이 그 활 쏘는 자를 인하여 중상한지라 4 그가 병기 든 자에게 이르되 네 칼을 빼어 나를 찌르라 할례 없는 자들이 와서 나를 찌르고 모욕할까 두려워하노라 하나 병기든 자가 심히 두려워하여 즐겨 행치 아니하는지라 이에 사울이 자기 칼을 취하고 그 위에 엎드러지매 5 병기 든 자가 사울의 죽음을 보고 자기도 자기 칼 위에 엎드러져 그와 함께 죽으니라

그러면 실제로 그 땅에서 올라온 귀신이 사울과 그 아들들이 그 다음날 블레셋과의 전쟁에서 죽을 것이라는 장래 일을 어떻게 알고

있었는가 하는 것이었다.

나는 이것이 풀리지 않았다.

왜냐하면 장래 일은 오직 성령 하나님만이 아시는 문제라고 생각했기 때문이다.

[요 16:13]
그러하나 진리의 성령이 오시면 그가 너희를 모든 진리 가운데로 인도하시리니 그가 자의로 말하지 않고 오직 듣는 것을 말하시며 장래 일을 너희에게 알리시리라

그러나 이 모든 것이 풀리지 않고 그대로 내려왔다. 그런데 그 다음날 이 문제가 풀렸다.

10 룻기, 사무엘상하, 열왕기상하, 역대상하

지상에서 안 풀리던 것이 천상에서 깨달아지다. – 사무엘상 28장 19절에서 영매가 불러 올린 귀신이 장래 일을 알고 있는 이유가 알아지다.

2018년 1월 22일

[삼상 28:19]

여호와께서 이스라엘을 너와 함께 블레셋 사람의 손에 붙이시리니 내일 너와 네 아들들이 나와 함께 있으리라 여호와께서 또 이스라엘 군대를 블레셋 사람의 손에 붙이시리라

오늘은 우리 교회에서 천국지옥 간증집회가 있는 날이었다. 나의 천국지옥을 본 것에 대한 간증을 한 시간 한 후에 각자의 기도하는 시간에 하나님께서 나를 천국에 올라가게 하신 것이다. 나를 수레 바깥에서 수호하는 천사가 나에게 이렇게 말하는 것이 알아졌다. 즉 '무엇이 모잘라요. 모잘라요' 하고 말이다. 나는 그 말이 무슨 말일까 하고 궁금하였고 천사에게 이런 말을 듣는 것이 처음이므로 혹 내가 잘못 들은 것은 아닐까 하고 의심을 하고 있는데 그 천사가 다시 말했다.

'주인님 다 준비되어 있습니다.' 빨리 수레를 타라는 것이다. 나

는 혹 저 천사가 농담을 한 것은 아닐까? 도대체 무엇이 모자란다는 말인가? 천국에도 모자란 것이 있다는 말인가? 나는 도무지 이해가 가지 않았다.

어찌하였든 나는 수레를 탔는데 이 수레는 많은 과정을 생략하듯이 순식간에 나를 연못가에 내려놓았다. 나는 내가 내릴 때에 보니까 곱슬거리는 단발 머리에 그리고 그 머리에는 다이아몬드 면류관을 쓰고 내 옷 전체가 폭신폭신한 병아리 색깔이 나는 옷을 아래위로 입고 있었다. 아니 드레스가 그런 형태였다. 나는 왜 내가 오늘 이런 드레스를 입고 있을까 하고 궁금해 하였다.

내가 벤치에 앉자 주님께서는 대야에 있는 생명수로 나의 발과 손 얼굴을 씻어 주셨다. 그리고 한 천사가 긴 항아리에 생명수를 담아와서 나의 머리 위에 부었다. 그러자 나는 위로부터 아래까지 다 씻겨 내려갔다.

그러자 내 옷이 변하는데 머리에는 황금 면류관으로 변하였고 그리고 내가 입은 옷은 하얀 아름다운 드레스로 변하였다. 그리고는 내게 황금으로 된 망사로 된 겉옷이 입혀졌다. 그곳에는 황금 꽃들이 군데군데 수놓아져 있었다. 이렇게 입은 나는 아름다워 보였다. 그러고서는 나는 벤치 옆에 놓여 있는 빨간 꽃신 코가 위로 솟은 그 신발을 신고 연못 안으로 걸어 들어갔다. 오늘은 뭐든지 속히 속히 빠르게 진행되는 것 같았다. 순식간에 나는 터널을 통하여 사무엘의 궁으로 내려가는 언덕 위에 도착하여 있었다. 물론 주님께서는 연못가에서 나를 맞아 주시다가 연못의 터널을 통하지 아니하시고 직접 그곳으로 오셔서 나를 기다리고 계셨다.

주님과 나는 쏜살같이 사무엘의 정원에 도달하여 그 정원에 놓여 있는 원탁 테이블에 앉았다. 주님과 모세가 저편에 그리고 이편에는 나와 사무엘이 앉았다.
모세는 준수하게 잘 생긴 얼굴에 약간 사각형 모양이고 옷은 아래위로 하늘색 옷을 입고 앉아 있었다. 사무엘은 하얀 머리에 얼굴은 약간 위쪽이 큰 달걀형으로 눈은 쌍커풀이 진 아름다운 청년이라고 할 수 있다. 그리고 그 원탁 테이블 위에 나의 왼쪽으로 두 노트가 놓여 있는 것이 보였다. 하나는 청색 표지의 노트, 또 하나는 황금 색깔의 노트였다.

나는 속히 사무엘에게 질문하였다. 그 질문은 아니 땅에서 올라온 귀신이 어떻게 성령께서 가르쳐 주시는 장래 일을 알고 있었을까 하는 내용이었고 그 장래 일을 알고 있었다면 그 영매가 불러 올린 자가 귀신이 아닐 수도 있다라고 생각했던 구절이었다.

즉 내게 풀리지 않았던 구절은 바로 사무엘상 28장 19절이었다.

[삼상 28:19]

여호와께서 이스라엘을 너와 함께 블레셋 사람의 손에 붙이시리니 내일 너와 네 아들들이 나와 함께 있으리라 여호와께서 또 이스라엘 군대를 블레셋 사람의 손에 붙이시리라

여기에서 나의 의문은 이러한 것이었다. 그 영매가 땅에서부터 불러올려진 자가 진짜 사무엘이 아니었다면 그가 귀신이었을 텐데

왜냐하면 사무엘은 자신은 그 때에 낙원(셋째 하늘)에 있었다고 했고 또한 나에게 말하기를 그 땅에서 올라온 자가 자신이 아니라고 나에게 말했기 때문이다.
그렇다면 분명히 그 땅에서 불려 올려진 자가 귀신이라면 이 귀신이 어찌하여 위와 같은 사무엘상 28장의 19절에서처럼 장래 일을 알 수 있는가 하는 것이다.

나는 그것을 사무엘에게 물었다. 나는 이것이 풀려야 한다고 했다. 그리하였더니 그곳은 주님과 모세가 앉아있는 자리였다. 물론 내 옆에는 사무엘이 앉아 있었다. 이 때에 주님께서는 다음을 생각나게 하여 주셨다. 그런데 그것이 답이었다. 그것은 욥기서에 보면 하나님 앞에 사단이 와서 서는데 그는 욥을 해칠 여러 가지 방법을 하나님께 허락을 받아서 행하였던 것이 생각이 났다.
'오호라 바로 이런 것이었구나!' 알아진 것이다.
즉 사단은 하나님에게 욥의 재물을 앗아갈 허락을 받은 것이다. 그리고 지상에 내려와서 욥의 재산을 하루아침에 앗아가 버렸다. 그리고 또 하나님에게 허락을 받아서 욥의 열 아들딸을 다 하루아침에 죽게 했다. 또 그 다음은 욥의 몸을 칠 허락을 받아 내려와서 욥에게 전신에 욕창이 머리 끝에서부터 발 끝까지 나게 하였다. 바로 이러한 사건이 생각나는 것이었다.

할렐루야! 그렇구나! 그래서 그 땅에서 올라온 이 귀신은 내일 블레셋이 이스라엘을 쳐들어와서 이스라엘을 쳐서 이기며 또한 그 전쟁에서 사울과 그 아들들이 죽을 것을 알고 있었는데 그것은 그

일이 일어나기 전에 하늘에서 사단이 하나님으로부터 그 모든 것을 허락을 받은 것이었다. 할렐루야. 나는 그 순간 그렇게 해석이 되어지면서 그렇게 궁금하던 모든 것이 풀려졌다.
와우~ 정말 그렇다. 그 영매가 땅에서 불러 올린 그 귀신이 어떻게 장래 일을 알고 있었는가 하면 하나님으로부터 그것을 허락받았던 것이다. 그리하여 사울에게 너는 내일 너의 아들들과 함께 죽어서 나와 함께 있으리라고 말한 것을 미리 알고 말한 것이라는 것이 알아졌다. 할렐루야.

나는 어제 사무엘상 28장에서 사울이 신접한 여인을 찾아가서 땅으로부터 불러 올린 자가 사무엘이 아니라는 것을 알게 되었다. 그런데 위 성경 구절 하나가 풀리지 않았던 것이다. 그런데 그것을 아시고 주님께서는 오늘 나에게 이렇게 천상에서 깨닫게 하여 주셨다.

아하~ 이제야 나는 수레 바깥에서 나를 수호하는 천사가 나를 보자마자 주인님 '하나가 모잘라요 하나가 부족해요' 한 말이 이제야 이해가 갔다. 나는 그가 웃으면서 그렇게 말하기에 농담하는 줄 알았다. 그런데 그것이 아니었고 바로 이것을 말하는 것이었다.
와우~ 나는 다시 한번 놀랬다. 어찌 그 천사가 이렇게까지 다 알고 있을까 하는 것이다. 참으로 묘한 일이었다.

11 룻기, 사무엘상하, 열왕기상하, 역대상하

미국 동부와 중부 집회 후 처음으로 천국에 올라가다.

2018년 2월 16일

미국 동부와 중부에서 집회를 마치고 돌아와서 이번에 처음으로 천국을 갔다 온 것을 적는다.

어디에 집회를 다녀오면 기도가 많이 쌓아져야 천국이 열린다. 왜냐하면 집회 기간 때에는 기도할 시간이 많이 나지 않고 아무래도 세상의 때가 나에게 많이 묻어 있기 때문이다. 이것을 씻으려면 정말 피나는 노력이 또 필요하다. 집회 갔다온 시간만큼 기도하면서 그 시간이 흘러야 내가 주님 앞에 나름대로 정결하게 되는 것 같다. 그제서야 하나님께서 나에게 천국을 열어주시곤 하셨다.

오늘 나를 데리러 온 말들이 열 마리였다. 나를 수레 바깥에서 나를 수호하는 천사 (이 천사는 남성 천사처럼 보인다)가 나에게 '주인님' 하고 부르는데 오늘은 머리에 머리띠 같이 생긴 모자를 쓰고 있었다. 그는 하얀 옷을 아래 위로 입고 있었다.

그리고 그는 나에게 이렇게 말했다.

"다 있어요"

무엇이 다 있다는 말인지는 몰라도 그 말은 나를 안심케 하여주었다. 모자라는 것 없이 다 있다는 말이다.

말을 모는 천사도 아름다워 보였고(이 천사는 여성 천사처럼 보인다) 그도 그러한 띠같이 생긴 모자를 쓰고 있었다.

또한 열 마리의 말들도 머리에 그러한 모자를 쓰고 있었다.

참으로 다 한가지로 보였다. 말들은 오른편에서부터 온유, 충성, 사랑, 지혜, 인내, 승리, 소망, 믿음, 겸손, 찬양이 서 있었다. 정확히 열 마리이다. 그들은 나를 반기고 있었고 수레는 상아색 보석으로 된 큰 수레가 왔다. 나는 그 수레를 즉시 올라탔다. 중앙의 테이블에는 큰 책이 하나 놓여 있었는데 아무리 봐도 그 책껍질이 쑥색이었다.

'아니, 구약에 대한 책의 껍질색깔이 쑥색이란 말인가?' 하는 생각이 스쳐지나갔다. 천국에는 쑥색도 많이 보였었다.

마리아의 정원이 아름다운 쑥색이었고 또한 마리아가 한번은 쑥색의 옷을 아래 위로 입었던 것을 보았고 또한 여호수아가 이 쑥색의 옷을 아래 위로 입고 있었다.

그런데 구약에 대한 책을 내가 써야 하는데 그 책의 표지 색깔이 쑥색이 되어야 한다는 것은 아직 나에게 확실하지 않았다.

나는 수레 안의 내 자리에 와서 앉았다. 내 앞에 놓여 있는 다이닝 테이블 위에는 반질반질한 밤색의 밤 껍질이 있는 채로 밤 하나가 놓여져 있었다.

이 밤의 껍질이 저절로 벗겨지면서 나는 그 껍질 안의 생밤을 입에 넣었다.

그러는 사이 수레는 즉시 연못가에 도착하였다.

거기서 주님은 나를 맞아주셨고 그 분은 오늘따라 더욱 거룩하시며 잘생기시고 얼굴이 약간 길어 보였다.
그런데 나는 주님을 보자마다 그 발 앞에 엎어졌다. 주여!
그리고 나는 그분의 구멍이 나 있는 발을 붙들고 엉엉 울었다.
나는 주님께 말했다. "주님 날 버리지 말아주세요…."
얼마나 오랜만에 그 분을 뵈었으면 나는 꼭 그분이 나를 버린 것같이 느껴졌다. 나는 이렇게 주님을 오늘 만난 것이 너무 좋아서 누가 보든 말든 나는 그 분을 붙들고 퍼질게 앉아서 엉엉~ 울었다.
그러자 주님은 이렇게 말씀하셨다.
'아니야 아니야 내가 너를 버린 것이 아니야' 라고 하셨다.
그러자 그 연못가 주위로 흰 옷 입은 날개 달린 천사들이 가득 모였다.
그 수는 셀 수 없을 정도로 많아 보였다. 그들은 다 긴 황금 나팔을 가지고 있었고 그것을 불면서 나를 환영하여 주었다.
즉 내가 미국 동부와 중부 집회를 다녀온 것을 매우 기뻐하여 주는 것이었다.
그래서 그렇게 천사들이 동원되어 나를 천국에서 환영하여 주는 것이었다.
'와우~'

그러나 나는 주님께 '주님 저는 집회 동안에 주님을 이렇게 한 번도 못 뵈었어요' 라고 말씀드렸다.
그 이유는 집회 기간 동안은 기도할 시간도 없으므로 자연히 천국으로 불려 올라가지 못하였다. 나는 집회와 집회준비로 너무 바빴

다. 주님은 말씀하셨다.
'나도 안다. 그러나 나는 너와 함께 있었어. 너는 모르겠니?' 라고 하신다.
그렇다. 집회 기간 동안 내가 천국에 올라오지 못하였다 할지라도 주님은 나와 함께 계셨음을 나는 알고 있었다. 그런데 나는 이렇게 올라와서 뵙지 못한 것이 못내 안타까와 지금 발을 붙들고 울고 있는 것이었다. 나는 주님 앞에서 천사들 앞에서 체면이고 뭐고 없었다. 그냥 퍼질게 앉아서 엉엉~ 울었다.
천사들이 그렇게 나를 환영하여 주고서는 사라지는 것이 보였다.
주님은 우는 나를 벤치에 앉히셨다.
그리고 생명수 물이 담긴 황금대야에 내 발을 담그시고
'나는 네 발을 씻기는 것이 얼마나 즐거운지 모른단다' 라고 하셨다.
그리고 그 분의 무릎위에는 수건이 놓여 있는 것이 보였다.
주님께서는 내 발을 다 씻기고서는 내 손도 달라 하셨다.
나는 내 눈에서 계속 눈물이 흐르고 울고 있었다.
손을 다 씻기시자 천사들이 항아리에 생명수를 담아 가지고 와서 내 머리 위로 부었다. 나는 온 몸이 씻겨져 내려감을 느꼈다.
그리고서는 나는 주님께 말했다.
'주님, 나는 어디고 안 갈래요. 주님하고만 있을래요. 나 사무엘집에 안 갈래요' 라고 하면서 떼를 쓰듯이 말했다.
그랬더니 주님께서는 나에게 말씀하시기를 '사라야 사무엘집에 가는 것이 바로 내가 너와 함께 있는 것이다' 라고. 그래 맞다.
할렐루야.

그래서 나는 일어나서 벤치 옆에 놓여진 꽃신을 신었다.
꽃신을 신음은 연못 위를 걸어 들어가기 위함이다.
나는 그 꽃신을 신고 주님을 뒤로 두고 연못 위를 걸어 들어갔다.
두 터널이 연못 중앙에 나타났는데 나는 우편 터널의 뚜껑을 열고 그 안으로 들어갔다. 터널 바닥은 물이었다. 그 물은 나를 즉시 저쪽 터널 끝으로 인도하였다. 즉 나는 물에 가만히 서있고 내 발 밑의 물이 나를 움직여서 저쪽 터널 끝에까지 나를 옮긴 것이다. 그리고서 내가 터널 바깥으로 나오자마자 나는 어느 언덕 위에 내려졌는데 그곳에는 벌써 주님이 그 언덕 위에 이미 와 계셨다.
나의 모습을 보니 참으로 아름다웠다. 머리에 보석으로 된 하늘색 면류관을 쓰고 있었고 옷은 흰 드레스를 입고 있었는데 참으로 날씬하여 보이면서 아름다웠고 기품이 있었고 또 거룩하게도 보였다.
주님과 나는 그 언덕을 미끄러지듯이 내려가 사무엘의 궁 현관에 이르렀는데 흰 머리를 한 사무엘이 나와 있었다.
사무엘은 젊은 청년으로 키가 크고 야윈듯한 모습이었으며 눈은 크고 쌍커풀이 져 있었다. 그리고 그 옆에는 모세가 보였는데 모세는 전체적으로 아담 사이즈이고 얼굴은 약간 사각형 모양으로 각이 져 있다할 수 있고 그리고 아래 위로 하늘색 옷을 입고 있었다.
사무엘은 흰색 옷을 아래 위로 입고 있었는데 소매가 긴 옷에 손목 끝 부위에는 황금색 띠가 두르듯이 소매 끝을 장식하고 있었다. 그런데 이러한 모양은 사실 그의 궁이 이러한 모습이었다. 지붕의 처마 밑에는 다 이렇게 황금 색의 띠가 두르듯이 장식되어 있었다.
궁의 지붕이 그랬듯이 사무엘이 그렇게 비슷한 장식을 한 옷을 입고 있었다는 것이다.
주님과 나, 그리고 모세와 사무엘은 정원에서 원탁 테이블을 가운데 놓고 앉았다.
그 테이블 위에는 두 권의 공책이 포개져서 놓여 있었는데 밑에는 황금색으로 된 공책이었고 그 위로는 청색으로 된 공책이 놓여 있었다.
이전에 주님께서는 나에게 청색 표지로 된 노트는 구약을 어떻게 써야 하나를 말해주는 매뉴얼이고 그 황금색 표지로 된 노트는 내가 써야 하는 그 구약이라는 책에 들어갈 내용이라고 하셨다 (참조: 7. 천국에서 청색 표지의 노트와 황금색 표지의 노트를 보다. 그 안의 내용들이 무엇을 말하는지 알게 되다. 1/12/18)

그런데 사무엘과 모세가 갑자기 미소를 지으면서 웃는 것이었다.
그것은 '나는 주님과 함께 있는 것이 너무 좋아요' 하면서 두 손을 모으듯이 주님께 마음으로 말하고 있는데 이들이 벌써 내 마음을 다 알고 웃는 것이었다.
그러자 주님께서 내게 '누구를 부를까?' 라고 말씀하셨다.
그래서 나는 갑자기 '요나단요' 했다.
그랬더니 거기에 요나단이 나타난 것이다.
요나단은 키가 큰 편이고 야윈 편으로 쌍커풀이 안졌으나 매우 또렷한 두 눈으로 그런대로 잘생긴 얼굴이었다. 못생긴 편은 전혀 아니었다.
이전에 말했지만 다윗은 더 잘생겼다. 그러나 키는 요나단보다 안 크다.

이제 생각하니 성경에서 사울 왕이 다른 사람보다 어깨 위가 더 크다 하였다.
요나단이 사울 왕의 아들이므로 키가 큰 것이 이해가 되어졌다.

그리고서는 나는 그 이후의 일들이 전혀 기억이 안 난다. 분명 주님과 주고받은 이야기가 많이 있었다. 그런데도 지상에 오니 전혀 기억이 안 나는 것이었다.
이러한 경우가 나에게 여러 번 있었다. 천국에서는 말을 많이 주고받았는데 지상에 오면 그것이 하나도 생각이 안 나는 경우 말이다.
이러한 경우에 나는 생각하기를 주님께서 일부러 내 기억을 지우시는 것으로 판단되었다.

12 룻기, 사무엘상하, 열왕기상하, 역대상하

주님이 나와 함께 시간을 보내시다. 천상에서 요나단을 만나다.

2018년 2월 19일

아침에 기도하면서 '북한의 동포들이 빨리 해방받아 복음을 듣고 그 영혼들이 구원을 받아야 하는데.....' 하면서 나의 영이 신음하며서 기도하였다. 그러자 갑자기 주님의 임재가 임하였고 이미 내 몸에 힘이 쭉 빠져버렸다.

그러고서 계속 앉아서 기도하고 있는데 나를 천국으로 데리고 갈 수레가 왔다. 나를 수레 바깥에서 인도하는 천사가 나에게 '주인님' 하고 부른다.

그리고 어제는 피리를 입으로 불더니 오늘은 그냥 손에 쥐고 있는 것이 보였다. 나를 데리러 오는 말이 열 마리 말인데 그중에 한 마리는 초콜렛 색깔의 말이고 나머지는 다 흰 말들이다. 말들이 끄는 수레를 모는 천사도 보였고 수레가 오늘은 아주 크게 느껴졌다. 나는 즉시 그 수레에 올라탔다. 그리고 수레로 올라가는 계단이 2-3개 보였다. 수레 안의 중앙에 있는 낮은 테이블 위에는 여전히 쑥색깔의 표지를 가진 두꺼운 책 하나가 보였다.

나는 내가 앉는 자리로 왔다. 내 앞에는 보석 그릇에 비스켓 같은 것이 하나 놓여 있었다. 나는 그것을 입에 넣었다.
그러자 수레는 즉시 출발하여 나를 연못가에 내려놓았다. 주님은 그 곳에서 나를 맞아주셨다. 수레에서 내리는 나의 모습을 보니 단발에 황금 면류관을 쓰고 있었고 옷은 병아리 색깔의 드레스를 입고 있었다.

'어찌 내가 이러한 노란색을 입고 있을까?' 하는 생각을 했다.
나는 주님을 보자마자 내 눈에는 닭똥 같은 눈물들이 맺히면서 그 분의 발아래에 엎어져서 울기 시작했다. 나는 그분이 무척 그립기도 했고 그리고 그 분의 구멍 뚫린 발을 보면 이렇게 눈물이 터진다. 주님께서는 나를 벤치에 앉히시고서는 내게 손바닥을 펴셔서 그 손바닥에 구슬같이 생긴 하얀 것이 두 개가 있었는데 나를 보고 그것들을 먹으라 하셨다. 나는 즉시 알았다. 아하~ 주님께서 내가 지금 감기 기운이 있어서 머리도 약간 아파오고 하는 것을 아시고 지금 이것을 내게 먹이신다는 것을 알았다. 나는 그 두 개의 하얀 구슬같은 것을 입에 넣었다. 그것들은 달았고 입에서는 즉시 녹아내렸다.
나는 그제서야 내가 왜 병아리 색깔의 옷을 입고 있었는지가 알아졌다. 내가 지상에서 몸이 좀 허약하여지거나 혹은 아프면 이렇게 천상에서 주님께서 나에게 병아리 색깔의 옷을 입히신 것이 여러번 있었다. 그러나 나는 잘 모른다. 왜 내가 지상에서 아프면 이렇게 천상에서 병아리 색깔의 드레스를 입히시는 지를.....
나는 주님께 떼를 쓰듯이 말했다. '주님, 나는 주님과 함께 있고 싶어요' 라고 마음으로 말했다. 그리고 나는 주님과 함께 춤을 추고 싶다고 했다. 그 즉시 나는 주님과 함께 빙판에서 춤을 추고 있

었다. 와우~
나의 모습은 아이스 스케이팅을 할 때에 신는 신발을 신고 있었고 그리고 발레복을 입은 채로 그리고 나의 머리는 뒤로 한군데로 묶은 모습으로 주님과 함께 서로 한 손으로 잡고 춤을 추고 있었다.
주님은 턱수염이 있으신 잘 생기신 젊은 얼굴로 옷은 아래 위로 검정색 비슷한 몸에 달라붙은 옷을 입으셨고 빙판 위에서 나와 함께 춤을 추시는 것이었다. 물론 주님도 아이스 스케이팅 신을 신으셨다. 와우~
감탄사가 절로 나왔다.
나와 주님은 춤을 너무 잘 추는 것이었다.
주님께서는 나를 아주 가볍게 공중에 던지시고 다시 받으시는데 나는 공중에서 몇 바퀴를 빙그르르 돌면서 내려앉았다.
와우~, 도저히 지상에서는 상상할 수 없는 불가능한 공중에서의 여러 번의 회전이었고 나는 공중에서 돌면서도 '아하~ 여기가 바로 천국이 맞구나 내가 공중에서 이렇게 여러 번 도는 것을 보니…' 하면서 나는 감탄에 감탄을 하였다.

그렇게 실컷 주님과 함께 춤을 추다가 나는 다시 연못가로 가기 싫어서 아니 주님과 더 있고 싶어서 나는 '주님, 유리 바다에서 보트를 타고 싶어요'라고 했다. 즉 그것을 마음으로 전달한 것이다.
그리하였더니 주님과 나는 어느새 유리 바다 위의 하얗고 둥글고 푹신하게 생긴 넓은 보트에 타고 있었다.
주님은 저쪽에 등을 보트에 기대어 앉으시고 나는 이쪽에 등을 보트에 기대고 앉았다. 그런데 유리 바다에서 주황색과 금빛 색깔이 나는 큰 붕어(길이가 약 60cm 정도는 되어 보이는)가 주님과 내가 앉은 보트 안으로 뛰어 날아 들어왔다. 그리고서는 중앙에 착륙하는 것이었다.
나는 그것을 보고 웃으면서 '주님, 얘 이름이 뭐예요?' 라고 물었다. 그랬더니 주님께서는 '글쎄~' 하시면서 웃으셨다. 그래서 나는 내가 이름을 붙여도 될 것 같았다. 그런데 그 붕어가 보트 한가운데에서 하는 말이 '나는 기뻐요 나는 기뻐요.' 라고 하는 것이었다. 그러다가 자기가 날아 들어온 반대편으로 뛰어 날아가서 물속으로 다시 들어갔다. 나는 웃었다. 기뻤다. 감사했다.

그러자 주님과 나는 또 즉시 연못가로 와 있는 것이었다.
나는 내 눈에 눈물이 고였다. 왜냐하면 주님께서 이렇게 나와 함께 시간을 보내어 주신 것이 너무 감사했기 때문이었다.
나는 자진하여 벤치 옆에 놓여 있는 꽃신을 신었다. 연못 위로 걸어 들어가기 위해서였다. 오늘의 꽃신은 거의 항상 모양은 같은데 색깔과 장식 무늬가 매번 달랐다. 오늘은 하얀 색깔의 바탕에 빨간색의 장식이 있는 꽃신이었다.
나는 그 꽃신을 신고 연못 위로 약간의 드레스를 드는 척하면서 걸어 들어갔다.
그리고서는 오른편의 터널의 뚜껑을 열고 그 안으로 들어섰다.
그리고 즉시 나는 건너편의 터널 끝으로 운반되어 나오니 언덕 위였다. 그 언덕은 사무엘의 집으로 내려가는 언덕이었다. 사무엘의 집은 지평선에서 약 30m 정도 아래로 있었다.
그 언덕에는 주님이 벌써 와 계셨다.

주님의 옷차림은 하얀 옷에 소매 끝에 황금띠 장식이 있는 헐렁한 겉옷을 입고 계셨다.
오우~ 오늘 주님께서는 사무엘의 궁의 지붕의 처마 장식처럼 소매 끝에 황금띠가 둘린 하얀 옷을 입고 계셨다.

주님과 나는 즉시 사무엘의 궁에 도착하였다.
원탁 테이블에 주님과 나 그리고 모세와 사무엘이 와서 앉았다.
그리고서는 요나단이 와서 내 오른편에 앉았다.
그 다음은 아니나 다를까 다윗이 와서 내 왼편에 앉았다.
요나단의 생김새는 어제도 말했지만 쌍커풀이 없는 야윈 몸에다가 키가 큰 편이다.
키가 큰 것은 사울을 닮은 것 같다. 그는 하얀 옷을 아래 위로 입고 나타났다. 그러나 다윗은 요나단보다 더 잘생기고 얼굴이 달걀형이며 아담 사이즈이다. 눈은 속쌍커풀이 있는 듯 이쁘다. 다윗은 오늘은 턱수염을 달고 나타났다.
옷은 아이보리 색깔에 황금 동전같이 생긴 무늬들이 군데군데 있는 옷을 아래 위로 입고 나타났다. 이전에 다윗이 입고 나타났던 옷이다.
나는 우선 내 마음으로 다윗에게 말했다.
'얼마나 힘들었냐고?.....'
즉 사울 왕이 다윗을 십수 년 죽이려고 쫓아다닌 것에 대하여 나는 동정심이 일어나면서 내 눈에 눈물이 고였다.
그러자 다윗의 눈에도 눈물이 그윽히 고이는 것이 보였다.
그리고 그는 내가 질문한 것에 대하여 한마디로 대답하였다.

'주님이 함께 하셨습니다.' 라고
자신에게는 주님밖에 없었다고.
할렐루야. 그가 그러한 죽음의 위험을 모두 이겨낸 키 워드가 '예수님' 이었다. 그는 예수님으로 그 모든 것을 이겨낼 수 있었다.

나는 오늘 요나단과 얘기하고 싶었다.
다윗과는 앞으로 할 이야기가 많아서 먼저 요나단과 이야기를 끝내고 싶었다.
나는 요나단에게 물었다.
'요나단, 성경을 보면 요나단이 다윗을 보자마자 마음이 연락되어 그를 생명처럼 사랑하였다' 고 되어 있는데 이것이 어떻게 된 것이냐고 물었다.

[삼상 17:57-58]

57 다윗이 블레셋 사람을 죽이고 돌아올 때에 블레셋 사람의 머리가
그 손에 있는 채 아브넬이 그를 사울의 앞으로 인도하니 58 사울이 그
에게 묻되 소년이여 누구의 아들이뇨 다윗이 대답하되 나는 주의 종
베들레헴 사람 이새의 아들이니이다

[삼상 18:1-4]

1 다윗이 사울에게 말하기를 마치매 요나단의 마음이 다윗의 마음과
연락되어 요나단이 그를 자기 생명 같이 사랑하니라 2 그 날에 사울
은 다윗을 머무르게 하고 그 아비의 집으로 다시 돌아가기를 허락지

아니하였고 3 요나단은 다윗을 자기 생명 같이 사랑하여 더불어 언약을 맺었으며 4 요나단이 자기의 입었던 겉옷을 벗어 다윗에게 주었고 그 군복과 칼과 활과 띠도 그리하였더라

그리하였더니 요나단이 이렇게 말했다.
내가 다윗을 볼 때에 하나님께서는 자신에게 가르쳐 주었다고 한다. 즉 성령 하나님께서 자신에게 이스라엘의 2대 왕이 다윗이 될 것이고 자신은 그를 섬겨야 한다는 것을 알게 하여 주셨다는 것이다. 그리하여 그는 즉시 하나님의 뜻을 순간적으로 안 이상 그 이후로는 다윗을 자신의 생명처럼 사랑하게 되었다는 것이다.
와우~, 할렐루야.
맞다. 하나님께서 그에게 직접 알게 하여 주고 가르쳐 주셨으면 우리 인간은 하나님의 말씀에 순종하게 되어 있는 것이다.

그리고 나는 요나단에게 그 다음 질문을 했다.
아버지가 폭정을 했는데 폭정이란 아무 잘못도 없는 다윗을 죽이려고 했다는 것도.

[삼상 18:7-12]

7 여인들이 뛰놀며 창화하여 가로되 사울의 죽인 자는 천천이요 다윗
은 만만이로다 한지라 8 사울이 이 말에 불쾌하여 심히 노하여 가로
되 다윗에게는 만만을 돌리고 내게는 천천만 돌리니 그의 더 얻을 것
이 나라 밖에 무엇이냐 하고 9 그 날 후로 사울이 다윗을 주목하였더
라 10 그 이튿날 하나님의 부리신 악신이 사울에게 힘있게 내리매 그

가 집 가운데서 야료하는 고로 다윗이 평일과 같이 손으로 수금을 타
는데 때에 사울의 손에 창이 있는지라 11 그가 스스로 이르기를 내가
다윗을 벽에 박으리라 하고 그 창을 던졌으나 다윗이 그 앞에서 두번
피하였더라 12 여호와께서 사울을 떠나 다윗과 함께 계시므로 사울이
그를 두려워한지라

그것도 폭정이고 또한 다윗에게 물과 떡과 칼을 준 제사장 아히멜렉과 그 외 85인의 제사장들을 한꺼번에 죽이고 그리고 그 마을 놉의 모든 사람을 죽였는데 이러한 것들이 사울 왕의 폭정인 것이다. 나의 질문은 요나단이 그렇게 아버지가 하는 것을 보았을 때에 어찌 그러한 것을 그냥 볼 수가 있었는가 하는 것이다.

[삼상 22:9-19]

9 때에 에돔 사람 도엑이 사울의 신하 중에 섰더니 대답하여 가로되
이새의 아들이 놉에 와서 아히둡의 아들 아히멜렉에게 이른 것을 내
가 보았었는데 10 아히멜렉이 그를 위하여 여호와께 묻고 그에게 식
물도 주고 블레셋 사람 골리앗의 칼도 주더이다 11 왕이 보내어 아히
둡의 아들 제사장 아히멜렉과 그 아비의 온 집 곧 놉에 있는 제사장들
을 부르매 그들이 다 왕께 이른지라 12 사울이 가로되 너 아히둡의 아
들아 들으라 대답하되 내 주여 내가 여기 있나이다 13 사울이 그에게
이르되 네가 어찌하여 이새의 아들과 공모하여 나를 대적하여 그에
게 떡과 칼을 주고 그를 위하여 하나님께 물어서 그로 오늘이라도 매
복하였다가 나를 치게 하려 하였느뇨 14 아히멜렉이 왕에게 대답하
여 가로되 왕의 모든 신하 중에 다윗 같이 충실한 자가 누구인지요 그

는 왕의 사위도 되고 왕의 모신도 되고 왕실에서 존귀한 자가 아니니
이까 15 내가 그를 위하여 하나님께 물은 것이 오늘이 처음이니이까
결단코 아니니이다 원컨대 왕은 종과 종의 아비의 온 집에 아무 것도
돌리지 마옵소서 왕의 종은 이 모든 일의 대소간에 아는 것이 없나이
다 16 왕이 가로되 아히멜렉아 네가 반드시 죽을 것이요 네 아비의 온
집도 그러하리라 하고 17 왕이 좌우의 시위자에게 이르되 돌이켜 가
서 여호와의 제사장들을 죽이라 그들도 다윗과 합력하였고 또 그들이
다윗의 도망한 것을 알고도 내게 고발치 아니하였음이니라 하나 왕의
신하들이 손을 들어 여호와의 제사장들 죽이기를 싫어한지라 18 왕이
도엑에게 이르되 너는 돌이켜 제사장들을 죽이라 하매 에돔 사람 도
엑이 돌이켜 제사장들을 쳐서 그 날에 세마포 에봇 입은자 팔십 오인
을 죽였고 19 제사장들의 성읍 놉의 남녀와 아이들과 젖먹는 자들과
소와 나귀와 양을 칼로 쳤더라

그랬더니 요나단이 이렇게 말했다.
'저는 그 모든 것을 하나님께 맡겼습니다. 그리고 나는 다윗이 제2대 왕으로 왕위에 오를 것을 알고 있었어요.' 라고 대답했다.

그래서 자신은 하나님께서 아버지의 시대를 끝내시기를 기다렸다고 말했다.
결국 성경을 보면 하나님께서 사울이 왕위에 오른 지 약 40년 만에 그와 세 아들이 블레셋과의 싸움에서 그 전쟁터에서 하루아침에 다 죽게 하는 것으로 끝을 내신 것을 알 수 있다.

[삼상 31:1-6]

1 블레셋 사람이 이스라엘을 치매 이스라엘 사람들이 블레셋 사람 앞
에서 도망하여 길보아 산에서 엎드러져 죽으니라 2 블레셋 사람들
이 사울과 그 아들들을 쫓아 미쳐서 사울의 아들 요나단과 아비나답
과 말기수아를 죽이니라 3 사울이 패전하매 활 쏘는 자가 따라 미치
니 사울이 그 활 쏘는 자를 인하여 중상한지라 4 그가 병기 든 자에게
이르되 네 칼을 빼어 나를 찌르라 할례 없는 자들이 와서 나를 찌르고
모욕할까 두려워하노라 하나 병기든 자가 심히 두려워하여 즐겨 행치
아니하는지라 이에 사울이 자기 칼을 취하고 그 위에 엎드러지매 5
병기 든 자가 사울의 죽음을 보고 자기도 자기 칼 위에 엎드러져 그와
함께 죽으니라 6 사울과 그 세 아들과 병기 든 자와 그의 모든 사람이
다 그 날에 함께 죽었더라

나는 내가 여기까지 질문하여야 함을 알았다.
그리고 나는 내려왔다.

13 룻기, 사무엘상하, 열왕기상하, 역대상하

다윗의 아내였던 아비가일은 천국에서 다윗의 궁 안 즉 천국 성 안에서 왕권을 가지고 있으나 다윗의 첫 아내였던 미갈은 성 밖에 쫓겨나 있다.

2018년 2월 20일

아침 시간에 기도한 후에 천국에 올라가게 되었다.

수레 바깥의 천사가 '주인님 슬퍼요' 라고 한다.

'왜일까? 무슨 일인데 슬프다고 하는 것일까?'

나는 수레를 타고 즉시 천국에 올라갔는데 연못가에 내렸다.

내가 탔던 수레는 거의 직사각형 모양의 너무나 아름답고 수려한 황금색의 수레였다. 어쩌면 그렇게 아름다울 수가 없어 보였다. 수레의 황금색도 이 세상에서 보는 황금색이 아니라 약간 상아색을 띤 옅은 색깔의 황금색이었다.

나는 수레에서 내리는데 오늘따라 너무나 수려한 드레스를 입었는데 전체가 다 반짝이는 백금색 드레스였다. 또 머리에는 백금으로 된 면류관을 썼는데 거기에는 다이아몬드 같은 큰 보석이 중앙에 하나 위쪽으로 뾰족이 달려있는 면류관으로 아름답고 아름다웠다.

'와우~ 오늘 나는 왜 이렇게 빛이 나지?' 하면서 내리는데 주님은 저 하늘에서 내려오고 계셨다. '아니 주님이 하늘에서...' 그런데 주님은 갈색의 사슴이 끄는 마차에 타고 계셨다. 지붕이 없는 마차였다. 주님께서 나를 보고 그 마차를 타라고 하셨다. 나는 즉시 그 마차를 올라탔다. 그리고 주님 옆에 나란히 앉았다. 마차는 다시 하늘로 올라가서 공중으로 나르다가 오색찬란한 구름띠 같이 생긴 곳 위로 달리기 시작하였다.

즉 공중에 오색찬란한 구름띠 같이 생긴 길이 나 있었다.

왼쪽부터 빨강색, 주황색, 흰색, 파란색, 보라색 이렇게 5가지 색깔이 보였다.

이 오색찬란한 구름 길이 가다가 두 갈래 길로 나뉘었다. 그 두 갈래길 중에서 오른편 길로 사슴이 끄는 마차가 달렸다. 그러더니 결국 도착한 곳은 성부 하나님께서 계신 궁이었다.

그 궁에 왔다는 생각을 하는 순간 나는 어느새 주님과 함께 궁 안에 서 있었는데, 주님과 내가 선 곳은 주님과 내가 이 궁에 오면 늘 서는 그 장소였다. 그 곳은 성부 하나님이 계신 보좌 앞에서 약 100m 정도 떨어진 곳으로 내가 서 있었고 늘 그랬듯이 주님이 내 오른편에 서 계셨다.

언제 잡고 있었는지는 모르겠으나 주님과 나는 손을 잡고 있었는데 그 잡고 있던 손을 놓았다. 왜냐하면 성부 하나님이 계신 곳에서는 내가 차렷 자세가 된 것이다. 나는 어쩐지 조금 경직되어 있었다. 내 앞쪽으로 왼쪽에 조그마한 흰 테이블이 놓여 있었고 그 위에는 공책 두 개가 포개어져 놓여 있었다. 청색 표지의 노트가 위에 그리고 황금색 표지의 노트가 아래에 놓여 있었다. 와우~

나는 놀라왔다. 이전에 그 작은 흰 테이블 위에는 늘 '계시록을 풀이한 책'(이 책은 천국에서 하나님께서 나에게 주시는 책이었다. 내가 계시록을 이해할 수 있도록 하는 책이었다)이 놓여 있었다. 그런데 이제는 다른 책이 놓여 있는 것이었다.

나는 선 자리에서 한 없이 눈물을 흘리고 있었다. 나는 내가 왜 우는지도 몰랐다. 그냥 눈물이 흘러내렸다. 성부 하나님께 미안하고 죄송해서 나오는 눈물이 아닌가 하는 생각이 들었다. 성부 하나님 앞에서는 그냥 그저 눈물이 나왔다. 성부 하나님의 뜻을 내가 다 받들어 이행하지 못하여 나오는 눈물 같은 것이었다.

그러자 저 앞에서 성부 하나님의 음성이 흘러나왔다.

"사라야"

"네"

"나는 너를 사랑한다."

'와우~, 성부 하나님이 나를 사랑한다고 하시다니…'

나는 울다가 내 뼛속까지 기쁨이 차오르는 것을 느꼈다. 그리고 울던 얼굴이 갑자기 밝아졌고 내 얼굴에는 미소가 떠올랐다.

그리고 나는 너무 좋아서 소리 없이 웃었다.

그 때 옆에 계신 주님이 내 오른 손을 꼭 잡아 주셨다. 나의 기쁨을 알고 계셨던 것이다. 그러나 나는 그렇게 기뻐하다가 다시 울기 시작하였다.

이번에는 너무 감사하여서 울었다.

'나 같은 존재를 무엇이라고 성부 하나님이 나를 사랑한다고 말씀하여 주시다니…'

주여!

나는 성부 하나님 앞에서 울다가 웃고 또 울고…

그러다가 주님과 나는 즉시 다시 연못가로 와 있었다.
주님이 말씀하신다.
"나를 슬프게 하지 말라"
아니 그 순간 아까 수레 바깥에서 수호천사가 '주인님, 슬퍼요' 하는 것이 생각났다.
그런데 주님께서 내게 '나를 슬프게 하지 말라' 고 하신 것이었다. 와우~. 나는 놀라워했다. 그 천사가 이미 알고 있었다. 나는 예수님께서 말씀하신 그 의미가 즉시 알아졌는데 그것은 내가 주님의 일을 과감히 해야 한다는 것이었다. 즉 내가 주님의 일을 할 때에 자신 있게 용기 있게 과감하게 하지 않는다는 뜻이었다.
'오 마이 갓! 아하~ 그래서 주님이 슬프다고 하시는구나! 그리고 수레 바깥에서 나를 수호하는 그 천사도 나를 보자마자 '슬퍼요' 라고 말한 것이었다. 이렇게 하여 나는 주님이 내게 슬프다고 하신 메시지를 들은 것이다.

그런 후에 나는 내가 자발적으로 연못가의 벤치 옆에 놓여 있는 꽃신발을 신었다. 연못 위를 걸어 들어가기 위해서이다. 오늘 꽃신은 흰색 바탕에 노란색의 무늬가 있는 꽃신이었다. 이 꽃신은 그 색깔이나 무늬가 내가 신을 때마다 매번 바뀌었다.
나는 그 준비된 꽃 신발을 신고 연못 위로 걸어 들어갔다.
그 터널 안의 물은 나를 움직여서 나를 즉시 터널 저쪽의 바깥에 도착하게 하였다.
내가 나온 곳은 언덕이었는데 그 언덕에서 주님은 이미 나를 기다리고 계셨다. 분명히 연못가에서는 내가 먼저 꽃신을 신고 연못 위 터널로 들어갔고 주님은 연못가에 계셨는데 그런데 이미 주님께서는 나보다 먼저 이 언덕에 와 계신 것이었다. 나는 주님과 함께 사무엘의 집에 도착하였다. 사무엘의 집은 이 언덕 밑에 하얗고 뾰족한 지붕들의 처마 밑이 황금으로 된 테두리를 한 큰 궁이었다.
사무엘의 집 정원에 주님과 나, 모세와 사무엘이 앉았다.

그러자 요나단과 다윗이 도착했다.
오늘따라 다윗은 턱수염에 로마 군인 같은 짧은 옷을 입고 나타났다. 우리는 모두 즉시 궁 안에 있는 큰 원탁 테이블에 앉았다.
정원에서 궁 안으로 즉시 옮겨진 것이다.
이렇게 순식간에 일어나는 것은 천국에서 비일비재하다.

.
나는 다윗에게 질문을 시작하였다.
십수 년간 사울 왕에게 쫓겨다니면서 도망자 생활할 때에 아내 미갈이 같이 있었는가? 라고 물었다. 이때 다윗은 아니라고 했다. 거의 그럴만한 여유가 없었다고 했다. 도망자의 삶에다가 그는 홀몸이 아닌 딸린 식구들이 600명이었다. 그것도 자신의 아버지와 어머니 포함하여...

그의 주위에 모인 자들은

[삼상 22:1-2]

1 그러므로 다윗이 그곳을 떠나 아둘람 굴로 도망하매 그 형제와 아비의 온 집이 듣고는 그리로 내려가서 그에게 이르렀고 2 환난 당한

모든 자와 빚진 자와 마음이 원통한 자가 다 그에게로 모였고 그는 그 장관이 되었는데 그와 함께 한 자가 사백명 가량 이었더라

그 이후에 200명이 더 모여서 다윗과 함께한 자들이 600명이었다.

[삼상 23:13]

다윗과 그의 사람 육백명 가량이 일어나 그일라를 떠나서 갈 수 있는 곳으로 갔더니 다윗이 그일라에서 피한 것을 혹이 사울에게 고하매 사울이 가기를 그치니라

사실 천국에서 이렇게 다윗을 십수 년 따라다닌 이 몇백 명이 천국에 다윗의 집에 많이 와 있다는 사실이다.
다윗은 도망자 생활 하반기에 나발의 아내였던 하나님의 여자 아비가일을 맞이한 후에 또한 이스르엘 아히노암이라는 여인을 아내로 맞이했다.

[삼상 25:39-43]

39 다윗이 나발의 죽었다 함을 듣고 가로되 나발에게 당한 나의 욕을
신설하사 종으로 악한 일을 하지 않게 하신 여호와를 찬송할지로다
여호와께서 나발의 악행을 그 머리에 돌리셨도다 하니라 다윗이 아비
가일로 자기 아내를 삼으려고 보내어 그에게 말하게 하매 40 다윗의
사환들이 갈멜에 가서 아비가일에게 이르러 그에게 일러 가로되 다윗
이 당신을 아내로 삼고자 하여 우리를 당신께 보내더이다 41 그가 일

어나 몸을 굽혀 얼굴을 땅에 대고 가로되 내 주의 여종은 내 주의 사
환들의 발 씻길 종이니이다 하고 42 급히 일어나서 나귀를 타고 따르
는 처녀 다섯과 함께 다윗의 사자들을 따라가서 다윗의 아내가 되니
라 43 다윗이 또 이스르엘 아히노암을 취하였더니 그들 두 사람이 자
기 아내가 되니라

그러면 나는 또 물었다.

이전에 내가 천국에서 다윗의 집에 갔었는데 거기에는 아비가일이 있었다. 나는 다윗에게 왜 미갈이 아니고 아비가일이 그 궁에 있었는가를 물어보았다.

그리하였더니 다윗은 나에게 이렇게 알게 하여주었다.

'미갈은 하나님을 경외하는 여자가 아니었다.'는 것이다.

오~, 주여!

이 말은 아비가일은 하나님을 경외하는 여자였기 때문에 그의 아내들 중에서 특별히 그의 궁에 있다는 것이었다. 아비가일이 얼마나 하나님을 경외하는 여자였는지는 성경에 잘 나타나 있다.

다음은 아비가일이 다윗에게 한 말이다.

[삼상 25:23-34]

23 아비가일이 다윗을 보고 급히 나귀에서 내려 다윗의 앞에 엎드려
그 얼굴을 땅에 대니라 24 그가 다윗의 발에 엎드려 가로되 내 주여
청컨대 이 죄악을 나 곧 내게로 돌리시고 여종으로 주의 귀에 말하게

하시고 이 여종의 말을 들으소서 25 원하옵나니 내 주는 이 불량한 사
람 나발을 개의치 마옵소서 그 이름이 그에게 적당하니 그 이름이 나
발이라 그는 미련한 자니이다 여종은 내 주의 보내신 소년들을 보지
못하였나이다 26 내 주여 여호와께서 사시고 내 주도 살아계시거니
와 내 주의 손으로 피를 흘려 친히 보수하시는 일을 여호와께서 막으
셨으니 내 주의 원수들과 내 주를 해하려 하는 자들은 나발과 같이 되
기를 원하나이다 27 여종이 내 주에게 가져온 이 예물로 내 주를 좇
는 이 소년들에게 주게 하시고 28 주의 여종의 허물을 사하여 주옵소
서 여호와께서 반드시 내 주를 위하여 든든한 집을 세우시리니 이는
내 주께서 여호와의 싸움을 싸우심이요 내 주의 일생에 내 주에게서
악한 일을 찾을 수 없음이니이다 29 사람이 일어나서 내 주를 쫓아 내
주의 생명을 찾을지라도 내 주의 생명은 내 주의 하나님 여호와와 함
께 생명싸개 속에 싸였을 것이요 내 주의 원수들의 생명은 물매로 던
지듯 여호와께서 그것을 던지시리이다 30 여호와께서 내 주에 대하
여 하신 말씀대로 모든 선을 내 주에게 행하사 내 주를 이스라엘의 지
도자로 세우신 때에 31 내 주께서 무죄한 피를 흘리셨다든지 내 주께
서 친히 보수하셨다든지 함을 인하여 슬퍼하실 것도 없고 내 주의 마
음에 걸리는 것도 없으시리니 다만 여호와께서 내 주를 후대하신 때
에 원컨대 내 주의 여종을 생각하소서 32 다윗이 아비가일에게 이르
되 오늘날 너를 보내어 나를 영접케 하신 이스라엘의 하나님 여호와
를 찬송할지로다 33 또 네 지혜를 칭찬할지며 또 네게 복이 있을지로
다 오늘날 내가 피를 흘릴 것과 친히 보수하는 것을 네가 막았느니라
34 나를 막아 너를 해하지 않게 하신 이스라엘의 하나님 여호와의 사
심으로 맹세하노니 네가 급히 와서 나를 영접지 아니하였더면 밝는

아침에는 과연 나발에게 한 남자도 남겨두지 아니하였으리라

그런 후에 나발이 죽고 그래서 다윗은 아비가일을 자신의 아내로 맞아 들였다.

반면에 미갈은 하나님을 경외하는 여자가 아니었음이 분명한 것이 그녀는 하나님의 궤 앞에서 춤추는 다윗을 업신여겨 다음과 같이 말했다.

[삼하 6:16]

여호와의 궤가 다윗성으로 들어올 때에 사울의 딸 미갈이 창으로 내다보다가 다윗 왕이 여호와 앞에서 뛰놀며 춤추는 것을 보고 심중에 저를 업신여기니라

우리 하나님은 우리의 심장과 폐부를 살피시는 하나님이시다.

[렘 17:10]

나 여호와는 심장을 살피며 폐부를 시험하고 각각 그 행위와 그 행실대로 보응하나니

[삼하 6:20-23]

20 다윗이 자기의 가족에게 축복하려 돌아오매 사울의 딸 미갈이 나와서 다윗을 맞으며 가로되 이스라엘 왕이 오늘날 어떻게 영화로우신지 방탕한 자가 염치없이 자기의 몸을 드러내는 것처럼 오늘날 그 신

복의 계집종의 눈 앞에서 몸을 드러내셨도다 21 다윗이 미갈에게 이
르되 이는 여호와 앞에서 한 것이니라 저가 네 아비와 그 온 집을 버
리시고 나를 택하사 나로 여호와의 백성 이스라엘의 주권자를 삼으셨
으니 내가 여호와 앞에서 뛰놀리라 22 내가 이보다 더 낮아져서 스스
로 천하게 보일지라도 네가 말한바 계집종에게는 내가 높임을 받으리
라 한지라 23 그러므로 사울의 딸 미갈이 죽는 날까지 자식이 없으니
라

그리하여 미갈은 평생 자식이 없었다.
즉 하나님의 축복이 없었던 것이다.

나는 그러면 '미갈이 어디에 있는가' 하는 질문을 주님께 하였다. 그러자 나는 미갈이 지금 이 낙원 즉 천국, 특히 성 안에 없다는 것이 알아졌다. **그런 순간에 내 눈에는 그녀의 모습이 보였다.** 젊은 여자의 모습인데 머리는 짙은 갈색의 생머리 같았고 그 머리가 약간 한쪽 얼굴을 덮듯이 내려와 있었다. 길이는 정확히 머리 정수리에서 귀 아랫볼 정도까지 내려와 있었다. 꼭 커트한 머리 같았다. **그녀가 흰 옷을 입고 손이 뒤로 묶인 채 앉은 자세에서 입으로 흙바닥 같은 곳에서 뭔가를 오른편에서 왼편으로 옮기고 있는 것이 보였다. 나는 '미갈이 왜 저러고 있는가' 하는 질문을 내 안에 가졌더니 그가 하나님은 알았으나 입으로 남에게 상처주는 일을 하여서 그렇다는 것이 알아졌다.** 그 때 나는 다윗이 하나님 앞에서 춤추다가 옷이 내려간 것을 미갈이 보았을 때 그가 마음으로 업신여겨서 했던 말이 생각났다.

[삼하 6:20]

다윗이 자기의 가족에게 축복하러 돌아오매 사울의 딸 미갈이 나와서 다윗을 맞으며 가로되 이스라엘 왕이 오늘날 어떻게 영화로우신지 방탕한 자가 염치 없이 자기의 몸을 드러내는 것처럼 오늘날 그 신복의 계집종의 눈 앞에서 몸을 드러내셨도다

즉 예수님은 우리에게 다음과 같이 말씀하심이 정말로 진실이다.

[마 12:36-37]

36 내가 너희에게 이르노니 사람이 무슨 무익한 말을 하든지 심판날에 이에 대하여 심문을 받으리니 37 네 말로 의롭다 함을 받고 네 말로 정죄함을 받으리라

즉 하나님을 경외하는 자는 결코 말을 함부로 하여 남에게 상처를 주지 아니한다. 그러므로 그러한 말이 나오게 된 경위가 '업신여겼다' 라고 되어 있다.
하나님이 좋아서 춤을 추는 다윗을 업신여기는 것은 하나님을 업신여기는 것과 같은 것이다. 이것은 정말로 단적으로 미갈은 하나님을 경외하는 여자가 아니라는 것을 말해 준다.

그리하여 **미갈은 이기지 못하는 자에 속하여** 지금 성 밖에 있는 것이다.

[갈 5:19-21]

19 육체의 일은 현저하니 곧 음행과 더러운 것과 호색과 20 우상 숭
배와 술수와 원수를 맺는 것과 분쟁과 시기와 분냄과 당 짓는 것과 분
리함과 이단과 21 투기와 술 취함과 방탕함과 또 그와 같은 것들이라
전에 너희에게 경계한 것같이 경계하노니 이런 일을 하는 자들은 하
나님의 나라를 유업으로 받지 못할 것이요

즉 하나님을 알면서도 육체의 일을 하고 살았던 미갈은 지금 성 밖에 있는 것이다.
미갈은 지금 성 안에 있지 못하고 성 밖에 있다. 그녀가 성 밖에 있는 이유는 다윗이 하나님의 궤를 모셔오는 것이 너무 좋아서 춤을 출 때에 그 바지가 내려왔다 하여 그를 책망하는 신앙을 가지고 있었기 때문이다.

우리 같으면 다윗이 하나님의 궤를 모셔오는 것에 대하여 얼마나 기뻤으면 바지가 내려오도록 춤을 추었을까 하고 부러워할 만도 한데 미갈은 그러한 마음이 아니라 오히려 그를 책망하였던 것이다. 이것은 미갈이 하나님의 궤를 다윗이 모셔오는 것에 대하여도 과연 기뻐하였을까 하는 의심마저 들게 한다. 즉 하나님을 경외하는 마음이 없었다고 봄이 옳다.

즉 미갈은 하나님을 먼저 생각하고 하나님의 의를 구하는 것보다 자신의 체면과 사람들이 자신을 어떻게 보는가 하는 것에 더 관심이 많았던 것이다.
하나님의 의를 먼저 구하는 자는 사람의 눈보다 하나님의 눈을 더

의식하게 되어 있다.

하나님을 기쁘게 하고자 하는 자, 즉 하나님의 뜻을 행하고자 하는 자는 사람들의 시선보다 하나님의 시선에 더 집중이 되어 있는 자인 것이다. 즉 사람들이 나를 어떻게 생각할까가 아니라 하나님께서 나를 어떻게 생각할까가 더 큰 것이다.
그리하여 하나님보다 사람들이 나를 어떻게 생각할까에 더 관심이 있는 자는 다 성 밖인 것이다.

[갈 1:10]

이제 내가 사람들에게 좋게 하랴 하나님께 좋게 하랴 사람들에게 기쁨을 구하랴 내가 지금까지 사람의 기쁨을 구하는 것이었더면 그리스도의 종이 아니니라

즉 하나님보다 사람들의 시선을 더 의식하는 자는 분명 그리스도의 종이 아니다. 결국 이들은 예수를 믿어서 영원한 불 못은 면한다 할지라도 천국에서 성 안이 아니라 성 밖에 처하게 될 것이다.

[계 22:14-15]

14 그 두루마기를 빠는 자들은 복이 있으니 이는 저희가 생명 나무에 나아가며 문들을 통하여 성에 들어갈 권세를 얻으려 함이로다 15 개들과 술객들과 행음자들과 살인자들과 우상 숭배자들과 및 거짓말을 좋아하며 지어내는 자마다 성 밖에 있으리라

그리고 참으로 하나님을 경외하였던 아비가일은 현재 천국에서 다윗의 집에서 같이 있는 것이다. 다윗이 왕권을 가지고 있으므로 같이 있는 아비가일도 왕권을 가지고 있는 것으로 보인다.

나는 이 지상에서 다윗의 아내였던 아비가일, 밧세바, 그리고 미갈의 영원한 곳에서 처한 심판을 보고 깨닫게 된 것은 성경은 너무 정확하다는 것이다. 아니 우리가 여기서 사는 삶이 그대로 위에서 심판을 받게 되는 것이 너무 정확하다는 것에 참으로 무섭고 놀랍게 느껴졌다. 와우~ 이게 사실이구나...

여기서의 우리의 삶이 정확하게 저 하늘나라에서 그대로 심판을 받는다는 사실 앞에 더욱 더 조심스러워지고 또 더욱 더 경건하게 되는 것을 느끼게 되었다.

안타깝게도 롯이 미지근한 신앙생활을 하다가 돈을 좋아하여 성 밖에 쫓겨난 것처럼 미갈도 하나님 앞에 춤추는 다윗을 조롱하고 업신여긴 죄로 그녀는 예루살렘 성 안이 아니라 성 밖에 쫓겨나 있다는 사실 앞에 참으로 머리가 수그러졌다.

또한 놀라운 것이 다윗의 성 안에는 솔로몬의 어머니 밧세바가 있는 것이 아니고 아비가일이 있다는 사실 앞에 나는 다시 새롭게 다짐하는 마음을 가지고 이 땅 위에서의 신앙생활을 잘 해야겠다는 생각을 한 것이다.

우리가 여기서 아비가일과 같은 삶을 살지 아니하면 우리는 결코 천국에서 왕권을 가지지 못할 것이며 또한 밧세바와 아비가일 같이 이기는 자의 삶을 살지 아니하면

결코 우리는 성 안으로 들어갈 수 없다는 사실 앞에 더욱 고개가 수그러지는 것을 말하지 않을 수가 없는 것이다.

14 룻기, 사무엘상하, 열왕기상하, 역대상하

주님께서 구약은 지옥편(600P)의 약 3배 정도의 두께임을 보여주시다.

2018년 2월 21일

아침에 기도하다가 천국을 올라가게 되었다. 여러 시간 기도하는 중에 한국 전쟁에 대한 중보 기도에 들어가자마자 내 몸에 힘이 쭉 빠지면서 하나님의 임재가 느껴졌다. 그만큼 하나님께서 이러한 기도를 기뻐 받으신다는 것이 알아졌다.

나는 얼른 천사 시온의 이름을 불렀다. 천사 시온이가 옆에 왔다. 그런데 내 몸은 손가락 하나 움직일 수 없을 정도로 힘이 쭈욱 빠진 상태였다.

하나님의 임재로 축 늘어진 상태다. 그러자 시온이가 핀셋으로 하얀 쌀과자 같은 것을 내 입에다가 바로 넣어주었다.

그러자 내 앞에 즉시 주님이 보였다. 주님이 나를 보고 '일어서라' 하셨다. 이러한 경우는 나의 영을 보고 하시는 말씀이다. 나의 육체는 전혀 힘이 없어 일어설 수가 없기 때문이다.

그래서 나는 주님께서 올라오라는 곳으로 내 영이 나가는데 보니까 껑충껑충 뛰는 어린아이의 모습이었다. 단발 머리에 옷은 무릎까지 오는 하얀 원피스를 입은 아이의 모습이었다. 그리고 주님과 나는 금방 주님과 황금 계단을 같이 걸어 올라가고 있었는데 (이 황금 계단은 주님 보좌가 있는 곳으로 올라가는 계단이다.) 곧 다시 모세의 궁으로 올라가는 큰 계단에 와 있었다. 순식간에 이동한 것이다. 모세의 궁으로 올라가는 계단은 하얗고 넓으며 여러 계단을 올라가면 하나의 넓은 계단이 나타나고 또 여러 계단이 시작되고 또 하나의 넓은 계단이 나타나는 형태를 반복하면서, 전체적으로 곡선을 그리면서 놓여진 계단이었다. 나는 즉시 주님께서는 나를 데리고 모세의 궁으로 가시는구나! 알았다. 모세의 궁으로 올라갈 때에 나의 모습은 아이의 모습에서 다시 처녀의 모습으로 바뀌어져 있었다. 다이아몬드 면류관에 하얀 긴 드레스를 입었다. 아름다워 보였다. 그리고 내 가슴에는 두 노트를 가지고 있었는데 하나는 청색 표지의 노트와 하나는 황금색 표지의 노트였다.

모세의 궁 안에서 모세는 아래위로 하늘색의 옷을 입고 우리를 기다리고 있었다.

모세는 오늘따라 그 얼굴이 정말 또렷이 잘 보였는데 그 얼굴이 그런대로 잘생긴 얼굴이다. 그러나 얼굴의 특징은 전체적인 얼굴 모양이 약간 사각이 진 듯한 얼굴이었다. 그리고 키는 아담 사이즈이다. 이렇게 젊은 모세의 얼굴을 보면 조금 우스운 생각이 든다. 왜냐하면 우리는 보통 모세가 나이 많은 할아버지라고 생각하기 때문인데 그는 성경에 80살부터 사역을 시작하였으니 말이다. 그런데 여기 천국에서는 젊은 청년이니 모세의 젊은 모습을 보고서 약간 우스운 생각이 드는 것은 당연한 일이다.

주님과 모세 그리고 나는 긴 테이블에 앉았다. 주님은 테이블 머리에 앉으셨고 테이블을 가운데 두고 모세와 나는 마주 앉았는데 모세는 주님의 오른편에 그리고 나는 왼편에 앉았다.
그리고 내 앞에는 성경책이 놓여진 것이 아니라 그 두 공책이 놓여져 있었다. 나의 왼편으로 청색의 노트가 오른편에는 황금색의 노트가 나란히 놓여 있었다. 내가 언제 그곳에 놓았는지 놓여져 있었다. 분명히 내 가슴에 안고 있었는데 언제 테이블 위에 놓았는지 그곳에 놓여있는 것이었다. 이러한 곳이 천국이다.
주님은 내게 청색노트 안의 첫 페이지를 보게 하셨는데 그 책의 차례가 아래로 1, 2, 3, 4,... 등등 쭉 적혀 있었으나 글씨 하나하나가 또렷이 보이지는 않았다.
그리고 황금색 표지의 노트도 그 첫 페이지를 보게 하셨는데 그곳에는 위에 크게 붓글씨처럼 여호수아라고 적혀 있었다. 즉 여호수아 책에 대한 내용이 시작되는 것을 알게 하여 주셨다. 그러자 모세가 주님께 눈짓으로 말을 하는 것이 알아졌다.
'주님, 아직 아니지요?'
즉 내가 그 책들의 내용을 지금 알 단계가 아니라는 것을 말하고 있는 것이었다. 아직 그 노트 안의 내용들이 내게 알려질 시기가 아니다는 것을 말하고 있었다. 그러자 주님께서 '그렇다' 라고 말씀하시는 것이 알아졌다. 그리고 갑자기 그 테이블 위에는 아주 두꺼운 쑥색 표지의 책이 놓여졌다. **내가 보기는 그 두께가 내가 쓴 지옥편의 약 3배 정도는 두꺼워 보였다.**
지옥편이 약 600페이지이니까 3배이면 약 1800페이지를 말한다. 그 정도로 두꺼워 보였다. 나는 그 순간 내가 구약에 대하여 써야 하는 것이 1800페이지 정도 된다는 것이 알아졌다.
'와우~, 언제 저것을 다 쓰나?' 하는 걱정이 내게 생겼다.

그러자 내 마음을 알고 모세가 나에게 말했다.

"믿으세요. 주님이 도와주실 것입니다."

할렐루야. 그렇다. 주님이 도와주신다면 나는 못할 것이 없다고 생각했다.

'할렐루야. 감사합니다. 주님'

그러고 나서 주님은 내 오른손을 그 두꺼운 쑥색의 책 위에 올려놓게 하셨다. 내 손바닥에는 주님처럼 구멍이 뚫려 있다. 그리고 주님께서는 모세의 오른손을 내 손위에 올려놓게 하셨는데 모세의 손바닥에는 구멍이 없다(이 이유에 대하여서는 이전에 언급한 적이 있다).

그리고 예수님께서 자신의 구멍 뚫린 오른손을 그 위에 올려놓으셨다. 즉 이 책을 놓고 나, 모세, 그리고 주님 이렇게 세 개의 오른손들을 올려놓고 기도하시는 것이었다. 이 책이 잘 쓰여지기를 그리고 잘 끝마쳐지기를 기도하시는 것이었다. 나는 그 순간이 매우 엄숙하여 보였다.

그런 후에 주님은 내게 알게 하셨다. **'사라가 이것을 끝내게 될 것이다.'**

'할렐루야. 주님 감사합니다. 이 부족한 저를 사용하여 주시다니요.'

그런데 조금은 걱정이 되었다.

1800페이지는 아마도 여러 권으로 나뉘어져야 할 것 같았다.

전체 1800페이지 정도의 구약에 관한 한 권이지만 구약에 대하여 이 페이지를 나누어서 여러 권으로 만들어야 할 것 같았다. 그리하여 약 250페이지씩 나누려 하니 7권 정도로 되어야 할 것 같았다.

그런 후에 책 표지의 책 제목은 여전히 은색으로 '이제도 있고 전에도 있었고 장차 올 자 예수 그리스도' 이고 거기다가 성경편 제5권 구약 (여호수아와 사사기, 사무엘상하...) 등 이러한 글씨가 검정 글씨가 되어야 함을 알게 하여 주셨다.
역시 내가 천국 올라올 때에 그 수레 안에 있던 테이블 위에 두꺼운 쑥색의 책에 대하여 오늘 주님은 모세와 함께 모세의 궁에 오셔서 그것을 밝혀주셨다.
'할렐루야. 감사합니다. 주님, 주님을 온 마음을 다하여 찬양합니다. 저는 오직 주님의 뜻을 이루어드리는 도구만으로 사용하여 주시옵소서! 그렇게 구약에 대하여 쓰는 것이 주님의 뜻이라면 저를 그렇게 사용하여 주시옵소서!'
사랑합니다. 주님, 주님 홀로 영광 받아 주시옵소서!
할렐루야. 할렐루야. 주님을 찬양합니다.

그런데 며칠 동안 내 안에서 가시지 않는 질문이 있었는데 <u>아비가일은 하나님을 두려워하며 경외하는 여인으로 이 땅 위에서 살아서 지금은 성 안에 있는 다윗의 궁에 있고 미갈은 하나님을 찬양하는 다윗을 조롱하다가 성 밖에 쫓겨났는데 그럼 밧세바는 어디에 있는가</u> 하는 것이었다.

15 룻기, 사무엘상하, 열왕기상하, 역대상하

지상에서 다윗의 아내였던 솔로몬의 어머니 밧세바는 천국의 성 안에 있다.

2018년 2월 23일

천국에 올라가게 되었다.

주님은 나를 다시 모세의 궁으로 데리고 가셨다.

아니 나를 다시 모세의 궁으로 데리고 가시다니...

모세의 궁 안에서 주님은 직사각형의 테이블에 테이블 머리에 여느 때와 같이 앉으셨고 그의 오른편으로 모세가 앉았다. 그리고 내가 맞은편에 앉았다.

주님이 모세에게 말씀하셨다.

"사라가 궁금한 점이 있다."

나는 그 질문이 무엇인지 금방 알았다. 왜냐하면 그것은 나에게 계속 이틀 동안 내 마음속에서 사라지지 않는 질문이었다.

그 질문은 이러한 것이었다.

나는 미갈이 성 밖에 있는 것을 보았다. 그러면 밧세바는 어디에 있는가 하는 것이었다. 왜냐하면 나는 천국에서 다윗의 궁에는 아비가일이 함께 하고 있는 것을 보았기 때문이다. 이 말은 천국에서 부부는 같이 살게 하여주는데 다윗의 궁에는 아비가일이 있었다.

그것은 다윗이 천국에서 아비가일과 함께 살고 있다는 말과 같은 것이다. 아브라함의 궁에는 사라가 같이 살듯이.....
그리고 솔로몬의 궁에는 스바 여왕이 있었다.
이 모두를 내가 천국에서 보았다.

그래서 나는 밧세바는 과연 어디에 있을지 계속 궁금해 하였다. 그러자 밧세바가 우리 앞에 나타났다. 그녀는 머리를 단발정도로 하고 있는데 약간 곱슬거리는 검은 머리를 가지고 있었고 미색의 드레스를 입고 나타났다. 머리에는 아무런 장식이 없이 나타난 것이다.
'어머나, 밧세바구나!' 하고 그냥 알아졌다.
즉 그녀가 우리 있는 곳에 나타났다는 것은 **그녀가 성 밖이 아니라 성 안에 있다는 것을 내게 알게 하여 주는 것이었다. 왜냐하면 주님과 나는 성 안에 있었기 때문이다.** 할렐루야.

성경에 나타난 밧세바의 하나님 나라를 위한 공적은 다음과 같다.

[왕상 1:11-21]
11 나단이 솔로몬의 모친 밧세바에게 고하여 가로되 학깃의 아들 아
도니야가 왕이 됨을 듣지 못하였나이까 우리 주 다윗은 알지 못하시
나이다 12 이제 나로 당신의 생명과 당신의 아들 솔로몬의 생명 구원
할 계교 베풀기를 허락하소서 13 당신은 다윗 왕 앞에 들어가서 고하
기를 내 주 왕이여 전에 왕이 계집종에게 맹세하여 이르시기를 네 아
들 솔로몬이 정녕 나를 이어 왕이 되어 내 위에 앉으리라 하지 아니하

셨나이까 그런데 아도니야가 무슨 연고로 왕이 되었나이까 하소서 14
당신이 거기서 왕과 말씀할 때에 나도 이어 들어가서 당신의 말씀을
증거하리이다 15 밧세바가 이에 침실에 들어가 왕에게 이르니 왕이
심히 늙었으므로 수넴 여자 아비삭이 시종하였더라 16 밧세바가 몸을
굽혀 왕께 절하니 왕이 이르되 어찜이냐 17 저가 왕께 대답하되 내 주
여 왕이 전에 왕의 하나님 여호와를 가리켜 계집종에게 맹세하시기를
네 아들 솔로몬이 정녕 나를 이어 왕이 되어 내 위에 앉으리라 하셨거
늘 18 이제 아도니야가 왕이 되었어도 내 주 왕은 알지 못하시나이다
19 그가 수소와 살찐 송아지와 양을 많이 잡고 왕의 모든 아들과 제사
장 아비아달과 군대장관 요압을 청하였으나 왕의 종 솔로몬은 청하지
아니하였나이다 20 내 주 왕이여 온 이스라엘이 왕에게 다 주목하고
누가 내 주 왕을 이어 그 위에 앉을 것을 반포하시기를 기다리나이다
21 그렇지 아니하면 내 주 왕께서 그 열조와 함께 잘 때에 나와 내 아
들 솔로몬은 죄인이 되리이다

[왕상 1:29-35]

29 왕이 가로되 내 생명을 모든 환난에서 구원하신 여호와의 사심을
가리켜 맹세하노라 30 내가 이전에 이스라엘 하나님 여호와를 가리켜
네게 맹세하여 이르기를 네 아들 솔로몬이 정녕 나를 이어 왕이 되고
나를 대신하여 내 위에 앉으리라 하였으니 내가 오늘날 그대로 행하
리라 31 밧세바가 얼굴을 땅에 대어 절하며 내 주 다윗 왕은 만세 수
를 하옵소서 하니라 32 다윗 왕이 가로되 제사장 사독과 선지자 나단
과 여호야다의 아들 브나야를 내 앞으로 부르라 하니 저희가 왕 앞에
이른지라 33 왕이 저희에게 이르되 너희는 너희 주의 신복들을 데리

고 내 아들 솔로몬을 나의 노새에 태우고 기혼으로 인도하여 내려가
고 34 거기서 제사장 사독과 선지자 나단은 저에게 기름을 부어 이스
라엘 왕을 삼고 너희는 양각을 불며 솔로몬 왕 만세를 부르고 35 저를
따라 올라오라 저가 와서 내 위에 앉아 나를 대신하여 왕이 되리라 내
가 저를 세워 이스라엘과 유다의 주권자가 되게 하기로 작정하였느니
라

[왕상 1:39-40]

39 제사장 사독이 성막 가운데서 기름 뿔을 가져다가 솔로몬에게 기
름을 부으니 이에 양각을 불고 모든 백성이 솔로몬 왕 만세를 부르니
라 40 모든 백성이 왕을 따라 올라와서 피리를 불며 크게 즐거워하므
로 땅이 저희 소리로 인하여 갈라질 듯하니

[왕상 1:46]

솔로몬이 나라 위에 앉았고

[왕상 1:49]

아도니야와 함께 한 손들이 다 놀라 일어나 각기 갈 길로 간지라

다윗이 늙어서 누워있을 때에 솔로몬과 배다른 다윗의 아들 아도니야는 자기가 왕이 됨을 선포하였다. 이때 하나님의 선지자 나단이 밧세바를 찾아와서, 하나님께서 계획하신 일은 이것이 아니라 밧세바의 아들 솔로몬을 다윗 다음의 왕으로 세우고자 하시는 것이고, 이 하나님의 말씀을 다윗에게 가서 이 사실을 알리라고 하였

다. 그리고 밧세바는 하나님께 순종하여 이 일을 바로 잡는데 쓰임을 받았다. 그리고 그녀는 성 안에는 있으나 다윗의 궁 안에는 살고 있지 않았다. 즉 밧세바는 성 밖에 있는 것이 아니라 성 안에 있으나 다윗과는 같이 살고 있지는 않아 보였다. 즉 왕권을 가진 자로서 살고 있지 아니한 것이다.
내가 천국에서 본 것으로 인하면 다윗의 궁 안(왕의 도시)에서 같이 사는 아내는 아비가일이었다.

즉 아비가일이 성 안에 있으면서 다윗과 함께 살고 있었고 또한 밧세바는 성 안에는 있으나 다윗의 궁에 살고 있지는 아니한 것으로 보였다. 그러나 미갈이 성 밖에 있는 것을 보면서 나는 정말 하나님의 말씀은 틀림이 없다는 것을 느꼈다.
즉 하나님을 지극히 경외한 아비가일은 천국의 성 안에서 그것도 다윗의 궁 안에 같이 살고 있고 사라가 아브라함의 궁에 있듯이.... 그러나 하나님 앞에서 너무 기뻐서 춤춘 다윗을 업신여기는 마음으로 쳐다보았던 미갈은 성 밖에 있다는 사실.... 나는 사실 충격이었다. 어찌나 성경은 정확한지.

또한 밧세바는 성 안에는 있으나 다윗의 궁에 같이 살지는 않는다는 사실도 성경을 정확히 뒷받침한다고 말할 수 있다. 왜냐하면 성경은 밧세바 보다는 아비가일이 더 하나님의 여인인 것으로 기록하고 있기 때문이다. 누가 가장 이 땅에서 살 동안에 하나님을 경외하였는가에 따라 천국에서 그 존재하는 레벨이 틀려진다는 사실이 나로 하여금 새삼 참으로 신선하게 느껴졌다. 모두가 다 이 세상에서 살 동안에 다윗의 아내였음에도 불구하고 영원한 곳에서의 운명이 다 다른 것이다.

우리도 마찬가지일 것이다.
우리가 지금 다같이 그냥 살아가는 것 같이 보이나 우리의 심장과 폐부를 살피시는 하나님께서 우리가 이 세상에 살 때에 얼마나 하나님을 경외하고 살았는가에 따라서 저 하늘나라에서 우리가 받는 상과 벌이 다 다를 것이다.

성경은 우리에게 우리가 저 하늘나라에서 받는 영광이 다 다른 것을 말하고 있다.
즉 그곳에서는 해의 영광과 달의 영광이 다르고 달의 영광과 별의 영광이 다르며 또한 별과 별의 영광이 다 다르다고 하였다.

[고전 15:41]
해의 영광도 다르며 달의 영광도 다르며 별의 영광도 다른데 별과 별의 영광이 다르도다

세상 체면 생각하여 하나님을 경외하는 자를 업신여겨서 미갈과 같이 성 밖으로 쫓겨 나는 자가 있는가 하면 비록 나발의 아내로 있었으나 하나님을 지극히 경외한 아비가일이 이 세상에서 다윗의 아내로 살다가 저 천국에서도 다윗과 같이 다윗의 성에서 함께 살고 있다는 사실이 성경에 적혀 있는 대로 그대로 이루어져 있는 것을 보고 나는 참으로 이러한 사실들이 내게 참으로 경악으로 와 닿

았다. 얼마나 성경이 정확한지... 놀랍기만 하였다. 그리고 새삼 새롭게 여겨졌다. 할렐루야.

하나님을 믿고 예수 그리스도를 구세주로 믿는 자들 중에서 성 안으로 들어가는 자 즉 이기는 자가 있는가 하면 성 밖으로 쫓겨나는 자가 있는 것이다. 그리고 성 밖으로 쫓겨나는 자가 있는가 하면 또한 하나님을 알았으되 뒤로 물러가 지옥으로 떨어지는 자도 있다는 것이다.

성경은 이렇게 말한다.
네 손이 범죄 하거든, 네 발이 범죄 하거든 찍어내라. 한 손으로 살다가 영생에 들어가는 것이 두 손을 가지고 살다가 지옥으로 들어가는 것보다 나으니라.

그리하여 우리는 히 10:38-39을 다시 볼 필요가 있다. 성경은 곳곳에 예수를 믿었는데 지옥에 떨어지는 경우를 여러 곳에서 말하고 있는 것을 본다. 그리고 나는 지옥에서 많은 그리스도인들을 보았다.

[히 10:38-39]

38 오직 나의 의인은 믿음으로 말미암아 살리라 또한 뒤로 물러가면 내 마음이 저를 기뻐하지 아니하리라 하셨느니라 39 우리는 뒤로 물러가 침륜에 빠질 자가 아니요 오직 영혼을 구원함에 이르는 믿음을 가진 자니라

여기서 영어로 보면

38 And, "But my righteous one will live by faith. And I take no pleasure in the one who shrinks back." 39 But we do not belong to those who shrink back and are destroyed, but to those who have faith and are saved (NIV)

But we are not of them who draw back unto perdition;
but of them that believe to the saving of the soul (KJV)

여기서 멸망 받는 것과 지옥(perdition)은 동일한 말이다.
즉 지옥으로 떨어지는 것을 말한다.
뒤로 물러가서... 어디까지 지옥까지.

그러므로 결국 그리스도인들이 그 믿음이 뒤로 물러가면 지옥에도 갈 수 있다는 것이다.

[히 6:4-8]

4 한번 비췸을 얻고 하늘의 은사를 맛보고 성령에 참예한 바 되고 5
하나님의 선한 말씀과 내세의 능력을 맛보고 6 타락한 자들은 다시
새롭게 하여 회개케 할 수 없나니 이는 자기가 하나님의 아들을 다시
십자가에 못박아 현저히 욕을 보임이라 7 땅이 그 위에 자주 내리는
비를 흡수하여 밭 가는 자들의 쓰기에 합당한 채소를 내면 하나님께
복을 받고 8 만일 가시와 엉겅퀴를 내면 버림을 당하고 저주함에 가
까와 그 마지막은 불사름이 되리라

그러므로 우리는 여기서 그저 그렇게 아무렇게나 살 수는 없다. 저 하늘나라는 성경에서 말하는 것처럼 정확히 있는 것이다.

낙원 소위 천국이 있고 그 천국 안에는 예수를 믿어도 이기는 자들이 가는 성 안과 이기지 못하는 자들이 가는 성 밖이 구분되고 있으며 그리고 또 음부 즉 지옥이 있는 것이다.

우리가 예수를 믿어도 죽고 나서 우리가 심판을 받을 때 우리는 정확히 이기는 자와 이기지 못하는 자로 나뉘어질 것이고 그리하여 이 나누어진 두 그룹이 가는 장소가 다를 것이다. 성경은 정말 그렇게 얘기하고 있다.

우리는 하나님으로부터 부르심을 받았다. 어디까지 부르심을 받았는가?
그분의 신부가 되기까지 부르심을 받은 것이다.

우리는 그분의 신부가 되기 위해서는 이기는 자의 삶을 살아내지 아니하면 안 된다. 공중휴거 자격이 주어지는 빌라델비아 교회 교인들처럼 살지 아니하면 안 되는 것이다. 육신의 삶은 죽이고 영을 좇아 사는 삶을 살지 아니하면 결단코 우리는 성 안으로 들어갈 수가 없는 것이다. 그렇지 아니하면 우리도 미갈과 롯처럼 성 밖으로 쫓겨나게 될 것이다.

그래서 주님은 다음과 같이 말씀하셨다.

[마 7:13-14]

13 좁은 문으로 들어가라 멸망으로 인도하는 문은 크고 그 길이 넓어 그리로 들어가는 자가 많고 14 생명으로 인도하는 문은 좁고 길이 협착하여 찾는 이가 적음이니라

그러나 또한 주님은 우리에게 소망을 주시고 계십니다.

혹 우리가 죄를 지었다 할지라도 철저히 회개하고 돌아서면 우리는 또한 그 성 안으로 들어갈 권세를 가지게 된다고 말씀하신다.
할렐루야.

[계 22:14]

그 두루마기를 빠는 자들은 복이 있으니 이는 저희가 생명 나무에 나아가며 문들을 통하여 성에 들어갈 권세를 얻으려 함이로다

할렐루야.

천국에는 왕권을 가진 자들이 사는 도시가 있다.
그곳에는 믿음의 선진들의 집이 다 있다.
그러니까 성 안에도 여러 층의 계급이 있는 것이다.
왕권을 가진 자들
왕권을 가지지 못한 자들
성 안이라 할지라도 변두리에 사는 자들

그리고 성 밖

이렇게 현재 내가 아는 범위가 이렇다. 그리고 왕권을 가진 계급들이 사는 도시 위로는 주님의 보좌가 있는 층이다.

우리가 천국의 어느 층에 가게 될지는 우리가 이 땅 위에서 어떻게 살았는가에 따라서 결정이 날 것이다. 그러므로 우리는 하나님 보시기에 옳은 행실과 회개를 철저히 하지 아니하면 안 되는 것이다.

[히 9:27]
한번 죽는 것은 사람에게 정하신 것이요 그 후에는 심판이 있으리니

[고후 5:10]
이는 우리가 다 반드시 그리스도의 심판대 앞에 드러나 각각 선악간에 그 몸으로 행한 것을 따라 받으려 함이라

성경은 우리에게 너무나 명백하게 우리가 죽고 난 후에 각자에게 심판이 있을 것과 그리고 그리스도의 심판대 앞에서 선악간에 행한 대로 갚아질 것이라고 말씀하고 있다. 그러므로 우리는 이 세상에서 살아가는 것이 저 영생에서 어떻게 될 것인가를 생각하고 살아야 한다는 것이다. 즉 이 땅 위에서 저 영생의 삶을 준비하여야 한다는 것이다. 할렐루야. 주님 감사합니다. 정말 그렇습니다.
일한 대로 갚아주리라…

[계 22:12-13]

12 보라 내가 속히 오리니 내가 줄 상이 내게 있어 각 사람에게 그의
일한 대로 갚아 주리라 13 나는 알파와 오메가요 처음과 나중이요 시
작과 끝이라

16 룻기, 사무엘상하, 열왕기상하, 역대상하

구약 책의 책표지의 색깔과 그 가장자리가 황금 띠가 둘러져 있음을 보여주시다.

2018년 3월 6일

집회 도중에 기도의 시간에 천국에 올라가게 되었다.
시온이 옆에 와서 쌀과자를 주어서 먹으니 내 앞에 영의 세계가 열렸다. 주님이 보였고 그 다음 내 집을 관리하는 여섯 명의 천사들을 또 관리하는 천사 즉 아래 위로 청색 갑옷을 입고 있는 천사가 보였다.
'어머나 내 집에 있는 천사네…' 라고 내 마음속에 말하는데 벌써 주님과 나는 나의 집의 현관문 앞에 와 있었다. 오늘따라 현관문이 또렷이 잘 보이는데 그 현관문은 흰색이 나는 아이보리 색에다가 황금 장식이 아주 우아하게 아름답게 장식된 문이었다. 주님과 나는 그 현관문을 통하여 나의 집 현관으로 들어섰다.
나의 집 현관에는 생명수를 위로 뿜어 올리는 분수대가 놓여 있다. 그 분수대의 장식은 참으로 아름다운데, 아기 천사들이 빙~ 둘러 가면서 있고 그 아기 천사들의 입에서 생명수 물이 뿜어져 나와 다시 흐른다. 그 아래는 아름다운 컵들이 또 빙 둘러져서 걸려 있다. 나는 그 중의 하나를 뽑아내서 그 아기 천사의 입에서 뿜어져 나오는 생명수 물을 담아서 한 컵을 마셨다.
그런 후 주님과 나는 큰 거실 궁같이 넓은 곳으로 들어섰는데 저어기 반대편의 벽 쪽에 큰 보물함 같이 생긴 것이 그 뚜껑이 약 2/3 정도 열려 있었고 거기에는 세상에서도 보기 힘든 아름다운 보석들이 가득 담겨 있었다. 이 보물함의 바닥의 크기만 해도 아마도 5-6 사람이 그 안에 누울 수 있는 크기의 큰 보물함이었다. 이전에 주님께서 나에게 주신 보물들이 즉 지상에서 누군가 나를 주님 때문에 핍박할 때에 주셨던 보물들이 그곳에 다 보관되어 있었다.

주님과 나는 내 집의 거실 안에 있는 늘 가서 앉는 테이블에 가서 앉았다. 그런데 그 테이블 위에 책이 하나 놓여 있었다. 그 책은 두께가 매우 두껍고 표지가 쑥색이었다. 그런데 그 쑥색의 표지 가장자리에 약 5mm 두께의 황금 띠가 둘러져 있는 것이었다.
와우~ 저것이 구약의 책 표지의 모습이구나 즉시 알아진 것이다. 즉 책 표지가 쑥색 바탕에 그리고 그 가장자리가 황금색의 얇은 띠로 장식되어 있었다.
나는 그러고서 지상으로 내려오게 되었는데 내 눈에서는 계속하여 그 책 표지의 모습이 사라지지 않고 내 머릿속에 박혀 있는 것 같았다. 즉 지상에서도 그 책 표지의 모양이 내 머리 속에서 사라지지 않고 계속 있었다.

17 룻기, 사무엘상하, 열왕기상하, 역대상하

ⅰ) 요압 장군이 천국 성 안에 있는 것을 보다.
ⅱ) 다윗이 인구 조사하여 죄를 지었는데 왜 백성 7만 명이 죽게 되었는지를 천상에서 알게 되다.

2018년 3월 27일

아침에 두 시간 반 정도 기도를 한 후에 천국에 올라가게 되었다. 나를 천국으로 데리고 갈 때에 수레 바깥에서 나를 인도하는 천사가 아래 위로 흰옷을 입고 있다. 그의 입술에는 길고 가는 노르스름한 얇은 나뭇잎 같은 것을 입술에 물고 있으면서(그런데 그 잎은 보석이었다) 이렇게 나에게 말했다.

"주인님, 천국은 너무 아름다워요."

나는 '왜 저 천사가 새삼스레 저런 말을 내게 할까?' 하고 궁금해 하였다.

여느 때와 같이 수레를 몰고 온 말의 수는 여전히 열 마리였고, 오른편에서부터 차례로 온유, 충성, 사랑, 지혜, 인내, 승리, 소망, 믿음, 겸손, 찬양 이렇게 수레에 차례로 매여 있었고 이들은 매우 건강하고 오늘따라 광택이 나듯이 빛이 나 보였다. 충성이란 이름을 가진 말만은 초코렛 색깔의 말이었고 나머지 말들은 다 흰색이었다.

말들의 눈은 검고 크고 아름다웠다.
나를 태우러 온 수레는 전체가 상아색으로 아름다운 수레였다. 수레 안의 중앙 테이블 위에 녹색 표지를 한 두꺼운 책이 놓여 있었다. 이것은 앞으로 내가 써야 할 구약에 대한 책이다. 이 책의 두께는 내가 쓴 지옥책의 3배나 두꺼운 책이었다.

나를 태운 그 수레는 즉시 천국으로 올라가서 연못가에 내려앉았다. 하늘에서 사뿐히 내려앉을 때에 보니 내가 탄 수레가 너무나 아름다운 수레로 바뀌어지는 것을 볼 수 있었다.
아까 내가 처음 탈 때의 수레는 전체가 상아색이었는데 그 자체도 아름다웠는데 그런데 지금 하늘에서 연못가에 사뿐히 내려앉을 때의 수레는 더 수려하고 더 아름다운 수레로 변하여 그 표현이 불가능한 수레로 바뀌어져 있었던 것이다.
그리하여 그 변하여진 그 수려하고 아름다운 수레가 공중의 하늘에서부터 사뿐히 연못가에 내려앉는 것이었다. 꼭 솜털이 내려앉는 것과 같이 내려앉는 것이었다. 와우~! 정말 놀라웠다.
우리가 생각하기는 열 마리의 말들과 그리고 수레의 무게, 또한 수레를 모는 천사와 수레 바깥에서 나를 수호하는 천사 그 두 명의 무게가 있을 텐데도 이 모두가 꼭 깃털이 내려앉는 것같이 연못가에 사뿐히 내려앉는 것이었다.
와우~~, 이것을 보고 있는 나는 너무 신기해 하였다.
내가 탄 수레는 전체 벽이 투명한 보석이었고 바닥은 아름다운 황금이었으며 그 수레바깥에는 투명한 수레의 네 모서리에 황금으로 다시 장식이 되어 있는데 그것이 너무 아름다워서 말문이 닫힐 정도였다.
그 때 나는 얼른 생각이 났다.
아하~ 아까 그래서 수레 바깥에서 나를 인도하는 천사가 나에게 '주인님 천국은 너무 아름다워요.' 라고 말을 한 것이 알아졌다.
수레가 바닥에 도착하자 즉시 수레에서 바닥으로 황금으로 된 계단이 3-4개 생겨났다.
나는 그 계단으로 수레에서 내렸다.

주님께서는 그곳 연못가에서 나를 기다리고 계셨고 나는 그렇게 그리웠던 주님을 보자마자 그 앞에 즉시 엎드려 울기 시작하였다.

주님은 참으로 자애로우신 얼굴을 하고서 나를 맞아주셨는데 오늘은 흰 옷을 입으시고 한 번 더 겉으로 흰 겉옷을 걸쳐 입으셨는데 그 겉옷의 옷깃마다 그 가장자리들이 황금띠로 장식이 되어 있었다. 나는 그분을 보자마자 그분 앞에 엎드러져서 우느라고 정신이 없었다. 눈물이 앞을 가리고 그 눈물이 전체 얼굴을 순식간에 덮어버렸다. 꼭 바닷물이 내 얼굴을 덮치듯 하는 느낌을 받았다.
나는 그분 앞에서 무한정 죄인으로만 느껴졌다.
그렇게 눈물을 흘리고 있는 나를 주님은 위로하여 주셨다.
주님은 울고 있는 나에게 '그래~' 하시면서 마음으로 '괜찮다' 하시는 말씀을 내게 전하셨다.
그런 후에 주님은 나에게 '이리 오너라!' 라고 말씀하셨는데 그것은 날보고 연못가 앞에 놓여 있는 벤치에 앉으라는 말씀이셨다.
주님은 나를 벤치에 앉히시고 나를 생명수로 씻기시기 시작하셨다. 나는 내 모습을 보니 흰 드레스에 아름다운 다이아몬드 면류관을 쓰고 있었다.
주님께서는 천사들에게 생명수 담은 대야를 가져오라고 지시하셨고 순간적으로 천사는 대야를 대령하였다. 그리고서는 주님은 내 두 발을 담구셔서 씻기셨다. 내 발은 더럽게 느껴졌다. 주님께서는 내 두 발을 다 씻으신 후에 또한 다른 대야에 내 두 손을 담그시고 또 씻어주셨다.
그 다음에는 다시 생명수를 담은 새 대야에 내 얼굴도 씻겨주셨다. 이전에는 늘 나를 절벽이 있는 폭포수 앞에 데리고 가셔서 나를 씻기시더니 이제는 아예 이 연못가의 앞에 놓여 있는 벤치에서 나를 생명수로 씻기신다. 즉 내가 천국에 올라와서 천국을 구경하러 다니기 전에 이렇게 주님께서는 나를 생명수로 먼저 온 몸을 씻기시는데 이전에는 주로 생명수가 흐르는 폭포수 앞에서 주로 씻기셨는데 이제는 이 연못가에서 생명수로 나를 씻기신다.

주님께서 그렇게 나를 다 씻기신 후에는 나를 데리시고 흰 돌들이 한없이 펼쳐져 있는 바닷가로 나를 데리고 가셨다.
그곳에는 얼마나 많은 흰 돌들이 있는지...
그곳에는 내가 받을 흰 돌이 보였다. 그것은 다른 흰 돌보다 세배가 큰 삼각형 모양의 흰 돌이었다. 그리고 사도 바울이 받을 흰 돌도 보였다. 사도 바울이 받을 흰 돌은 그 크기가 사각형 모양의 의자 등받이 정도로 크게 보였다.
주님과 나는 그 흰 돌들이 있는 바닷가를 맨발로 걸었다. 발바닥에 느껴지는 것은 돌로 느껴지는 것이 아니라 부드러우면서도 포근한 그러한 촉감으로 느껴졌다.
주님이 내게 말씀하셨다.
"이 바다를 잊지 말아라"
할렐루야. 주님 그렇습니다. 주님 제가 이 바다를 어떻게 잊겠습니까? 주님이 하신 말씀은 늘 내가 핍박받을 것을 당연히 여기라는 말씀으로 들린 것이다. 즉 늘 이 바다를 기억하라는 이야기는 네게 다른 사람들보다 핍박을 세배나 더 받을 것이니 핍박이 올 때에 이 바닷가를 생각하라는 말씀이셨다. 주여!

그런 후에 주님과 나는 어느새 다시 연못가에 와 있었다.
나는 벤치 옆에 놓여 있는 코가 세워진 꽃신을 신고 연못물 위로 걸어 들어갔다.
나는 터널을 통하여 즉시 사무엘의 집으로 내려가는 언덕에 도달하였다. 분명히 나는 연못가에서 주님을 뒤로 두고 연못 위를 걸어 들어가서 오른편 터널로 들어가 터널 안의 물이 나를 사무엘의 집으로 내려가는 언덕에다가 나를 데려다 놓았지만 그 언덕에 주님은 어느새 와 계셨다. 주님과 나는 즉시 그 언덕을 내려가서 사무엘의 집에 도착하였다. 사무엘의 집에서 주님과 나 그리고 사무엘과 여호수아가 테이블에 앉아 있었다. 그러나 나는 그 테이블에서 주님께 '주님, 이제 다윗의 집으로 가고 싶어요.' 라고 말했다.
그랬더니 주님과 나는 어느새 다윗의 궁에 와 있었다.
다윗의 집은 너무 커서 궁처럼 보였다. 아니 궁이었다. 큰 궁 안에 큰 공간이 있었고 천정은 무척 높았고 그 벽들은 너무나 정교하고 아름다운 보석들로 장식이 되어 있었다. 그 궁 안에서 직사각형의 테이블에 주님께서 테이블 머리에 앉으셨고 또한 다윗이 달걀형의 얼굴로 미남측에 속한 얼굴인데 주님의 왼편에 아비가일과 함께 앉아 있었다. 나는 그 반대편에 앉았다.
다윗은 이전에 보았던 상아색 바탕의 옷에 황금 동전 같은 장식이 여기저기 놓여 있는 옷을 입고 있었다. 다윗이 이런 편안한 옷을 입고 있는 것은 나에게 '이 궁이 내 집이에요' 하는 것과 같았다. 다윗은 자신의 집에서 이런 옷을 입고 있는 것을 내가 이전에 여러 번 보았다. 다윗은 오늘도 이 옷을 입고 있었다.

오늘 나는 다윗에게 나의 첫 질문이 시작되었다.

1) 나의 첫 질문은 성경에 보면 다윗이 요압 장군을 미워하는 것으로 나타난다. 그래서 나는 왜 다윗은 요압 장군을 미워했나? 라는 질문이었다.
그러자 다윗이 이렇게 알게 하여 준다.
그는 내 친척이었는데 그는 늘 자신 위에 군림하듯이 행동이 그랬다는 것이다.
오, 그랬구나! 그렇게 된 것이었네... 비록 다윗이 왕위에 앉아 있었으나 요압은 군대를 거느린 군대 장관이었으므로 실제적으로 늘 다윗을 위협할 수 있는 위치에 있었던 것이었다. 그리하여 요압은 다윗에게 순종도 하였지만 그러나 때로는 가지고 있는 군사력으로 다윗을 위협도 한 것이다.

[삼하 19:1–8]

1 혹이 요압에게 고하되 왕이 압살롬을 위하여 울며 슬퍼하시나이다
하니 2 왕이 그 아들을 위하여 슬퍼한다 함이 그 날에 백성들에게 들
리매 그 날의 이김이 모든 백성에게 슬픔이 된지라 3 그 날에 백성
들이 싸움에 쫓겨 부끄러워 도망함 같이 가만히 성으로 들어가니라
4 왕이 얼굴을 가리우고 큰 소리로 부르되 내 아들 압살롬아 압살롬
아 내 아들아 내 아들아 하니 5 요압이 집에 들어 가서 왕께 말씀하되
왕께서 오늘 왕의 생명과 왕의 자녀의 생명과 처첩들의 생명을 구원
한 모든 신복의 얼굴을 부끄럽게 하시니 6 이는 왕께서 미워하는 자
는 사랑하시며 사랑하는 자는 미워하시고 오늘 장관들과 신복들을 멸
시하심을 나타내심이라 오늘 내가 깨달으니 만일 압살롬이 살고 오늘
우리가 다 죽었더면 왕이 마땅히 여기실 뻔하였나이다 7 이제 곧 일
어나 나가서 왕의 신복들의 마음을 위로하여 말씀하옵소서 내가 여호
와를 가리켜 맹세하옵나니 왕이 만일 나가지 아니 하시면 오늘 밤에
한 사람도 왕과 함께 머물지 아니할지라 그리하면 그 화가 왕이 젊었
을 때부터 지금까지 당하신 모든 화보다 더욱 심하리이다 8 왕이 일
어나 성문에 앉으매 혹이 모든 백성에게 고하되 왕이 문에 앉아 계시
다 하니 모든 백성이 왕의 앞으로 나아오니라 이스라엘은 이미 각기
장막으로 도망하였더라

압살롬은 그의 아비 다윗 왕을 반역하여 자신의 아버지를 죽이려 하였는데 그런데 요압장군이 아버지를 반역한 압살롬을 죽였다. 그런데 다윗은 요압 장군을 비롯한 군사들이 이긴 것에 대한 것은 감사하게 생각지 않고 단지 압살롬이 죽은 것에 대하여만 슬퍼만 하고 있었다. 이때에 요압 장군은 다윗 왕에게 나아가서 지금 빨리

백성 앞에 나아가 그들을 위로하고 격려하지 아니하면 내일 아침에는 왕과 한명도 함께 하지 않을 것이라 말하면서 그렇게 되면 왕의 처지는 젊었을 때부터 지금까지 당한 화보다 더할 것이라고 위협하는 장면이다.

우리가 그렇게 대화를 나누고 있는데 그 장소에 요압 장군이 나타났다. '와우~' 나는 내 눈이 휘둥그레졌다. 나는 그의 모습을 보고서 속으로 '어머나 저 사람이 요압 장군이구나!' 그냥 영으로 알아졌다. 그는 키가 훤칠하게 컸고 그리고 건장한 장군의 모습이었다. 그는 그곳에 갑옷을 입고 나타났으며 머리에는 투구도 쓰고 나타났다. 나는 참으로 놀랍기만 했다.
아니 내가 요압 장군을 여기서(천국 성 안에서) 보고 있다는 사실에... 사실 나는 요압 장군이 천국의 성 안에 있다는 사실에 조금 놀랐다. 또한 그가 이렇게 장군의 몸처럼 매우 건장한 것에 놀랐다. 그는 약간 긴 얼굴을 하고 있었고 쌍커풀이 없는 눈에 꼭 굵은 판대기 같은 얼굴을 하고 있다는 인상을 받았다. 물론 젊은 얼굴이었다. 그리고 조금은 안 생긴 편이었다.

다윗은 요압을 미워하여 왜냐하면 그는 다윗에게 불순종하고 또한 그를 위협하였으므로 다윗은 결국은 군대 장관으로 있던 요압 장군을 폐하고 다른 사람에게 그 군대 장관의 자리를 준 것이 생각이 났다. 분명 다윗은 아버지를 반역한 압살롬을 너그러이 대하라 하였으나 다윗편에 있던 요압 장군은 압살롬을 그 당시에 죽였어야만 했다.

[삼하 18:9-16]

9 압살롬이 다윗의 신복과 마주치니라 압살롬이 노새를 탔는데 그 노새가 큰 상수리나무 번성한 가지 아래로 지날 때에 압살롬의 머리털이 그 상수리나무에 걸리매 저가 공중에 달리고 그 탔던 노새는 그 아래로 빠져나간지라 10 한 사람이 보고 요압에게 고하여 가로되 내가 보니 압살롬이 상수리나무에 달렸더이다 11 요압이 그 고한 사람에게 이르되 네가 보고 어찌하여 당장에 쳐서 땅에 떨어뜨리지 아니하였느뇨 내가 네게 은 열개와 띠 하나를 주었으리라 12 그 사람이 요압에게 대답하되 내가 내 손에 은 천개를 받는다 할 지라도 나는 왕의 아들에게 손을 대지 아니하겠나이다 우리가 들었거니와 왕이 당신과 아비새와 잇대에게 명하여 이르시기를 삼가 누구든지 소년 압살롬을 해하지 말라 하셨나이다 13 아무 일도 왕 앞에는 숨길 수 없나니 내가 만일 거역하여 그 생명을 해하였더면 당신도 나를 대적하였으리이다 14 요압이 가로되 나는 너와 같이 지체할 수 없다 하고 손에 작은 창 셋을 가지고 가서 상수리나무 가운데서 아직 살아 있는 압살롬의 심장을 찌르니 15 요압의 병기를 맡은 소년 열이 압살롬을 에워싸고 쳐 죽이니라 16 요압이 나팔을 불어 백성들로 그치게 하니 저희가 이스라엘을 따르지 아니하고 돌아오니라

그런 후에 다윗이 너무 슬퍼하니 요압이 다윗을 위협하였던 것이다. 그리하여 다윗은 늘 요압 장군이 자신이 컨트롤할 수 없는 그의 힘에 버거운 상대였음이 분명하다. 즉 다윗자신이 비록 왕위에 있었으나 요압은 늘 다윗의 위에 있는 자처럼 행동하였던 것이다. 그런 그를 다윗은 버거워했던 것 같다.

나는 요압이 천국의 성 안에 있는 것이 조금 신기했다.
왜냐하면 '그가 하나님을 경외하는 자였는가?' 하는 것이 조금 의문이었기 때문이다.

그러나 확실한 것은 요압은 그래도 하나님을 경외하였기에 자신의 사촌동생 다윗을 하나님이 기름 부었으므로 그는 그 사촌동생의 아래에서 군대 장관으로서 그 나라를 지켰던 것이었다. 그는 분명 하나님의 뜻에 굴복하지 아니하였다면 즉 그는 힘으로만 했다면 그는 다윗을 죽이고 자신이 왕이 되었을 것이다.
그러나 그는 하나님께서 다윗을 왕으로 기름 부은 것을 알았으므로 늘 그의 밑에서 군대장관으로서 그 나라를 다윗과 함께 지킨 것이다. 이것은 그가 하나님을 경외하지 않으면 그럴 수가 없다는 것이다. 즉 한마디로 말하자면 요압 장군은 하나님을 경외하는 자였다. 그러므로 요압 장군이 천국의 성 안에 있는 것은 참으로 당연한 일이다.

또한 그가 하나님을 경외하는 자였다는 것을 우리는 다음의 성경 구절들을 통하여 알 수 있다.

[삼하 24:1-3]
1 여호와께서 다시 이스라엘을 향하여 진노하사 저희를 치시려고 다윗을 감동시키사 가서 이스라엘과 유다의 인구를 조사하라 하신지라
2 왕이 이에 그 곁에 있는 군대 장관 요압에게 이르되 너는 이스라엘 모든 지파 가운데로 다니며 단에서부터 브엘세바까지 인구를 조사하

여 그 도수를 내게 알게 하라 3 요압이 왕께 고하되 이 백성은 얼마든지 왕의 하나님 여호와께서 백배나 더하게 하사 내 주 왕의 눈으로 보게 하시기를 원하나이다 그런데 내 주 왕은 어찌하여 이런 일을 기뻐하시나이까 하되

[대상 21:6]

요압이 왕의 명령을 밉게 여겨 레위와 베냐민 사람은 계수하지 아니하였더라

이 일로 다윗의 인구 조사는 하나님의 진노를 사서 결국 백성의 7만 명이 온역으로 죽게 된다. 요압 장군은 하나님께서 이러한 일을 기뻐하시지 않는다는 것을 알고 있었다. 즉 전쟁은 늘 하나님께 속한 것인데 다윗은 은연중에 자신의 국력, 자신의 힘을 과시하고 싶었던 것이다. 요압은 이것을 지적하였다. 이때는 오히려 요압 장군이 다윗 왕보다 더 깨어 있었다라고 볼 수 있다.

그 다음 내가 다윗에 대한 나의 두 번째 질문은 다음과 같았다. 즉 인구조사를 한 자는 다윗인데 왜 이스라엘 백성이 7만 명이나 죽게 되었는가 하는 것이다. 즉 죄는 다윗이 지었는데 왜 그가 왕으로 있는 나라의 백성들이 해를 입었는가 하는 것이다.

물론 신명기 28장에는 우리가 삼가 하나님의 말씀을 듣고 청종하지 아니하면 그뿐 아니라 그에게 속한 모든 것이 저주를 받는다고 되어 있었으나 그러나 나는 이것이 나는 너무나 이상했다.

그리하였더니 주님께서는 내게 이렇게 깨우치게 하여 주셨다. 그 때에 이미 백성들은 하나님을 떠나고 있었다는 것이다.
즉 백성들이 다윗이 통일 이스라엘의 왕으로서 33년을 보낼 때에 그들은 주위로부터 전쟁하지 않은 태평 시대를 맞이함으로 말미암아 해이하여져서 그들은 다시 하나님을 멀리하고 있었던 것이다. 그래서 하나님께서는 그들을 벌해서라도 돌이켜야 하겠다고 생각하셨다는 것이다. 맞다.
아하~ 그래서 삼하 24장에는 하나님께서 '이스라엘을 치시려고' 이렇게 표현이 되어 있구나! 이제야 그렇게 말씀하심이 이해가 갔다. 즉 하나님은 하나님으로부터 멀어지고 있는 이스라엘을 벌하시기를 원하셔서 다윗을 감동시켜서 이스라엘에 인구 조사를 하게 하셨다는 것이다.

[삼하 24:1]
여호와께서 다시 이스라엘을 향하여 진노하사 저희를 치시려고 다윗을 감동시키사 가서 이스라엘과 유다의 인구를 조사하라 하신지라

나는 이 구절을 읽으면서 도대체 이 구절이 무엇을 말하고 있는지 확실하지 않았었다. 그런데 이스라엘이 하나님을 떠나고 있었기 때문에 그들을 벌하여서라도 그들을 되돌이켜야만 하셨다. 이 때 하나님은 다윗의 높아져 있는 마음을 이용하셨던 것이다. 사람은 환난가운데 있을 때에는 하나님을 찾으나 조금 편안한 삶으로 가면 하나님을 잊어버리는 경우가 많다. 이스라엘 민족이 그렇게 되어 가고 있었다.

그래서 그 성경 구절에서 '**하나님께서는 이스라엘을 치시려고 다윗의 마음을 감동시켜서 인구를 조사하라 하신 것이다.**' 와우~ 즉 하나님의 마음에는 이미 이스라엘을 칠 계획을 가지고 있으셨다는 것이다. 그러므로 다윗으로 하여금 죄를 짓게 하여 그들에게 벌을 내리신 것이었다.

또한 같은 사건을 말하고 있는 역대상 21장을 보면 여기서는 사단이 다윗을 격동하여 즉 인구조사를 하게 한 것으로 나타난다. 즉 이 사단은 하나님께서 부리시는 영으로 하나님의 허락을 받고 다윗을 격동하여 인구조사를 하게 한 것이다.

[대상 21:1]
사단이 일어나 이스라엘을 대적하고 다윗을 격동하여 이스라엘을 계수하게 하니라

태평 시대를 맞은 다윗도 이제는 하나님보다 자신이 가진 군사력이 얼마나 되는가 하면서 이미 하나님은 어디가고 그 마음에 하나님이 아닌 자신이 가진 큰 군사력을 자랑하고자 하는 마음이 있었던 것이다.
그리하여 사단이 다윗의 마음 안에 이러한 것이 있음을 알고 그 마음을 부추겨서 하나님 앞에 죄를 짓게 만들었다. 즉 다윗 안에 있는 이생의 자랑에 대한 욕심을 사단이 부추겨서 '그래 네가 인구조사를 통하여 얼마나 강한 왕인가를 한번 알아보렴' 하고 부추겼다. 그리하여 계수를 하였는데 이스라엘에서 칼을 뽑는 자가 80만

유다에서 칼을 뽑는 자가 50만이 나왔다. 이러한 큰 군사력으로 자신은 이제 얼마든지 전쟁에서 이길 자신이 생긴 것이다. 그러나 이러한 것은 하나님 앞에 죄였다. 왜냐하면 전쟁의 이기고 짐은 하나님께 달린 것인데 인간이 가진 군사력으로 승패를 좌우할 수 있다고 생각했기 때문이다.

아니 정말 이전에는 전쟁의 이기고 짐이 여호와 하나님께 달려 있다고 고백하였던 다윗이 어느새 그 고백은 없어지고 자신이 가진 군사력을 자랑하고 싶은 마음이 생긴 것이다. 그리하여 결국 그는 인구 조사를 하여 하나님 앞에 죄를 짓고 말았다.

다음은 블레셋 진영의 골리앗 앞에서 다윗이 전쟁의 이기고 짐이 하나님께 달려있다고 한 다윗의 고백이다.

[삼상 17:45-47]

45 다윗이 블레셋 사람에게 이르되 너는 칼과 창과 단창으로 내게 오거니와 나는 만군의 여호와의 이름 곧 네가 모욕하는 이스라엘 군대의 하나님의 이름으로 네게 가노라
46 오늘 여호와께서 너를 내 손에 붙이시리니 내가 너를 쳐서 네 머리를 베고 블레셋 군대의 시체로 오늘날 공중의 새와 땅의 들짐승에게 주어 온 땅으로 이스라엘에 하나님이 계신 줄 알게 하겠고
47 또 여호와의 구원하심이 칼과 창에 있지 아니함을 이 무리로 알게 하리라 전쟁은 여호와께 속한 것인즉 그가 너희를 우리 손에 붙이시리라

그러므로 하나님께서는 이미 다윗의 마음 안에 하나님 자신보다

자신이 가진 군사력을 더 의지하는 마음이 있는 것을 아시고 하나님께서 이것을 벌하시려 하셨던 것이다. 그리하여 하나님은 사단을 허락하여 다윗을 격동시켜 그로 하여금 인구를 조사하게 했다.

그렇게 인구조사를 마친 후 하나님은 다윗에게 선지자 갓을 보내어서 그 죄를 지은 댓가로 세 가지 벌 중 하나를 택하라고 말한다.

[삼하 24:11-15]

11 다윗이 아침에 일어날 때에 여호와의 말씀이 다윗의 선견자 된 선
지자 갓에게 임하여 가라사대 12 가서 다윗에게 말하기를 여호와의
말씀에 내가 네게 세가지를 보이노니 너는 그 중에서 하나를 택하라
내가 그것을 네게 행하리라 하셨다 하라 13 갓이 다윗에게 이르러 고
하여 가로되 왕의 땅에 칠년 기근이 있을 것이니이까 혹시 왕이 왕의
대적에게 쫓겨 석달을 그 앞에서 도망하실 것이니이까 혹시 왕의 땅
에 삼일 동안 온역이 있을 것이니이까 왕은 생각하여 보고 나를 보내
신 이에게 대답하게 하소서 14 다윗이 갓에게 이르되 내가 곤경에 있
도다 여호와께서는 긍휼이 크시니 우리가 여호와의 손에 빠지고 내가
사람의 손에 빠지지 않기를 원하노라 15 이에 여호와께서 그 아침부
터 정하신 때까지 온역을 이스라엘에게 내리시니 단부터 브엘세바까
지 백성의 죽은 자가 칠만 인이라

다윗은 사람의 손에 빠지는 것보다 하나님의 손에 빠지는 것이 더 낫다라고 말함으로 그 땅에 온역이 시작되어 7만 명이 죽게 된다.

그러자 다윗은 잘못은 자신이 했는데 왜 백성들을 죽이시냐고 하나님께 아뢰면서 차라리 자신과 자신의 집을 치라고 했다.

[삼하 24:16-17]

16 천사가 예루살렘을 향하여 그 손을 들어 멸하려 하더니 여호와께
서 이 재앙 내림을 뉘우치사 백성을 멸하는 천사에게 이르시되 족하
다 이제는 네 손을 거두라 하시니 때에 여호와의 사자가 여부스 사람
아라우나의 타작마당 곁에 있는지라 17 다윗이 백성을 치는 천사를
보고 곧 여호와께 아뢰어 가로되 나는 범죄하였고 악을 행하였삽거니
와 이 양 무리는 무엇을 행하였나이까 청컨대 주의 손으로 나와 내 아
비의 집을 치소서 하니라

백성을 온역으로 친 천사가 백성의 7만 명을 죽였을 때 하나님께서는 그 천사를 명하여 이제 네 손을 거두라고 말씀하셨다.

이 날에 다윗은 하나님이 내리시는 화를 그치게 하기 위하여 오르난의 타작마당을 구입하여 그 타작마당에서 하나님께 단을 쌓고 번제와 화목제를 드렸다. 그리하였더니 이에 여호와께서 그 기도를 들으시고 이스라엘에 내리는 재앙을 그치게 하셨다고 성경은 기록하고 있다.

[삼하 24:18-25]

18 이 날에 갓이 다윗에게 이르러 고하되 올라가서 여부스 사람 아라
우나의 타작마당에서 여호와를 위하여 단을 쌓으소서 하매 19 다윗이

여호와의 명하신바 갓의 말대로 올라가니라 20 아라우나가 바라보다
가 왕과 그 신복들이 자기를 향하여 옴을 보고 나가서 왕의 앞에서 얼
굴을 땅에 대고 절하며 21 가로되 어찌하여 내 주 왕께서 종에게 임하
시나이까 다윗이 가로되 네게서 타작마당을 사서 여호와께 단을 쌓아
백성에게 내리는 재앙을 그치게 하려 함이로라 22 아라우나가 다윗에
게 고하되 원컨대 내 주 왕은 좋게 여기시는 대로 취하여 드리소서 번
제에 대하여는 소가 있고 땔 나무에 대하여는 마당질하는 제구와 소
의 멍에가 있나이다 23 왕이여 아라우나가 이것을 다 왕께 드리나이
다 하고 또 왕께 고하되 왕의 하나님 여호와께서 왕을 기쁘게 받으시
기를 원하나이다 24 왕이 아라우나에게 이르되 그렇지 아니하다 내가
값을 주고 네게서 사리라 값 없이는 내 하나님 여호와께 번제를 드리
지 아니하리라 하고 은 오십 세겔로 타작마당과 소를 사고 25 그곳에
서 여호와를 위하여 단을 쌓고 번제와 화목제를 드렸더니 이에 여호
와께서 그 땅을 위하여 기도를 들으시매 이스라엘에게 내리는 재앙이
그쳤더라

여기서 나의 질문은 '다윗이 죄를 지었는데 왜 아무 죄도 없는 백성들이 7만 명이 죽었는가' 하는 것이었다.

여기에 대한 답이 천상에서 다 풀렸다.

즉 주님께서 나에게 깨우쳐 알게 하여 주신 것이 이스라엘이 이미 하나님을 떠나고 있었다는 것이다. 다윗도 마찬가지였고, 그래서 하나님께서는 이스라엘을 벌하시려고 다윗을 인구조사하게 하신

것이라는 것이다.
할렐루야.
깨닫게 해주시고 가르쳐 주시는 주님을 찬양합니다.
찬양합니다.
찬양합니다.

나는 내려와서 요압 장군이 천국 성 안에 있는 이유를 생각하여 보았다. 요압이란 이름은 찾아보니 그 의미가 '여호와는 아버지' 라는 뜻을 가지고 있다.

1. 다윗의 나라가 튼튼히 서가는데 큰 공헌을 하였다. 정말 요압 장군이 없었으면 다윗의 나라가 든든히 서갈 수 없었을 정도였다.

2. 다윗이 요압 장군에게 인구를 조사하라 명하였을 때에 요압 장군은 다윗 왕에게 '왕은 어찌 이런 일을 기뻐하나이까?' 라고 하면서 하나님 앞에 다윗보다 더 깨어 있었다는 것이다.

[대상 21:3]
요압이 가로되 여호와께서 그 백성을 지금보다 백배나 더하시기를 원하나이다 내 주 왕이여 이 백성이 다 내 주의 종이 아니니이까 내 주께서 어찌하여 이 일을 명하시나이까 어찌하여 이스라엘로 죄가 있게 하시나이까 하나

또한 여기서는 다윗의 죄가 이스라엘 전체의 죄가 된 것을 의미한

다. 그래서 하나님께서 이스라엘의 7만 인을 치신 것이다. 나는 여기서 아간의 범죄가 생각났다. 그 한 사람의 범죄가 이스라엘 전체의 범죄로 하나님께서 받아들이셔서 이스라엘이 아이성을 치러갔을 때 36인이 죽고 패하게 되었다. 그 이유를 여호수아가 하나님께 물으니 아간이 하나님 앞에 범죄 하였으므로 이것이 이스라엘 전체의 범죄로 하나님께서는 여기셨다는 것이다. 그래서 하나님께서는 다윗이 범죄 하였으나 이스라엘 전체를 벌하신 것이었다. 그리하여 7만 명이 온역으로 죽었다.

3. 노략물을 하나님께 바침

[대상 26:27-28]

27 저희가 싸울 때에 노략하여 얻은 물건 중에서 구별하여 드려 여호와의 전을 중수하게 한 것이며 28 선견자 사무엘과 기스의 아들 사울과 넬의 아들 아브넬과 스루야의 아들 요압이 무론 무엇이든지 구별하여 드린 성물은 다 슬로못과 그 형제의 수하에 있었더라

4. 그는 다윗이 죽을 무렵에 다윗의 넷째 아들 아도니야를 왕위에 올리려 하였다. 그러나 다윗은 누워서 솔로몬을 그 다음 왕으로 세운 것이다. 그리하여 솔로몬 왕이 아도니야도 제거하게 되었고 또한 요압도 죽이게 되는데 요압은 그가 솔로몬 왕의 손에 죽게 될 것을 알고 성전 안에 가서 제단 뿔을 잡았다. 그리고 그는 그를 죽이러 온 자에게 나는 죽어도 하나님의 전에서 죽겠노라 한 것이다. 이것을 보아 그래도 하나님 앞에서 그가 잘못한 것들에 대하여 죄

용서함을 구하는 마음이 있었다고 볼 수 있다. 즉 하나님 제가 잘못했습니다 하는 마음이 있었다고 본다. 즉 요압은 하나님의 성전에서 제단 뿔을 잡고 하나님 앞에서 회개한 것이다.

사람은 자신이 죽음을 앞에 놓고는 회개하게 되어 있다. 부지불식중에 죽을 때에는 회개할 기회가 없이 죽으나 그러나 자신이 죽게 된 상황에서는 누구나가 하나님을 믿는 사람이라면 당연히 회개하는 마음이 생긴다. 그러므로 요압은 자신이 죽게 된 것을 알고 성전에 가서 제단 뿔을 잡고 하나님 앞에 그동안 지은 모든 죄를 회개하였음이 틀림이 없다. 할렐루야.

그리하여 요압은 이 땅 위에서 저지른 죄 때문에 그 값을 이 땅 위에서 치루었으나 그 영혼은 하늘나라에서 구원을 받은 것이다.
할렐루야. 그리하여 지금 요압은 천국의 성 밖도 아닌 성 안에 있는 것이다.

사람들은 요압은 자신보다 더 의로운 아브넬과 아마사를 죽였다고 말한다. 그런데 어떻게 하여 그가 천국에 있는가? 라고 말한다. 그렇게 말할 수도 있겠으나 나는 요압을 천국에서 보았다. 그렇게 말한다고 한다면 다윗은 밧세바를 권력을 사용하여 강간하고 또한 죄없는 충신도 그렇게 충신일 수 없는 우리야를 살해하게 한 다윗이 어떻게 천국에서 왕권을 가지고 있는가 하는 질문도 우리는 해야 할 것이다.
이 모든 것은 우리가 하나님 앞에 죄를 저질렀으나 그 분 앞에서 철저히 회개하는가 하지 아니하는가의 문제인 것이다. 다윗도 철저한 회개로 하나님께로부터 용서함을 받았으나 그러나 그 죄의 댓가를 이 세상에 살 때에 다 치루었다. 그의 첫째 아들 암논이 이복누이 다말을 강간하고 암논을 다윗의 셋째 아들 다말의 오라비인 압살롬이 죽이고 그 다음 압살롬은 아버지 다윗을 반역하여 나라를 차지하고 또한 아버지인 다윗을 죽이려 하였던 것이다. 오~ 주여!

Part III

열왕기상하, 역대상하

18 룻기, 사무엘상하, 열왕기상하, 역대상하

천국에서 솔로몬을 만나다.
– 솔로몬의 얼굴이 너무나 자세히 보이다.

2018년 4월 5일

나는 이것을 기록하여 두어야할 것 같아서 기록하여 둔다.
천국에 올라갔는데 주님은 이제 나를 솔로몬의 집 즉 흰 궁으로 나를 데리고 가셨다. 이 과정은 연못가에서 내가 꽃신을 신고 연못 안으로 걸어 들어가서 오른 편 터널을 들어갔는데 그 터널의 물이 나를 이동시킨 곳은 바로 솔로몬의 하늘에서의 집 그의 궁이었다. 그곳에 주님과 내가 도착하였다.

그 궁 안에 테이블 머리에 주님이 앉으시고 그의 왼편 테이블 쪽으로 솔로몬과 스바 여왕이 앉았고 주님의 테이블 오른 편에는 내가 앉았다.

솔로몬의 얼굴을 이번에 이렇게 자세히 보이기는 처음이었다. 그는 키가 건장한 편이고 몸도 건장하며 오늘 보니까 투구는 아니썼으나 옷은 갑옷을 입고 나타났다. 그리고 어깨에는 왼쪽 어깨 위에서 흰 천 같은 것이 아래로 길게 늘어뜨려져 있었다. 그리고 그의 얼굴은 잘생긴 편이다. 머리는 까만 머리로서 아주 짧게 머리에 붙어 있었다. 얼굴이 약간 항아리 형이고 남자답게 생겼으며 쌍커풀이 있다.

'와우~ 솔로몬이 이렇게 생겼구나!' 하고 나는 놀랐다.

이 솔로몬에 비하여 스바 여왕은 그렇게 자세히 보이지는 않았다.

그러나 나는 영으로 알 수 있었다. 그 옆에 있는 자가 스바 여왕이라는 것을....

이전에는 참으로 요란하게 얼굴을 치장하고 나타난 적이 있었는데 그것을 나는 이전에 책에 기록하였었다. 그 때에는 스바 여왕이 너무 요란하게 꾸민 채로 나타나서 내가 그것을 싫어하니 그녀는 내 앞에서 사라져 주었었다.

그런데 오늘은 아예 솔로몬과 함께 주님이 앉은 테이블에 같이 앉아 있었다.

솔로몬은 막 울기 시작하였다.

'내가 내 아버지에게 죄를 많이 지었어요~' 하면서...

나는 그 때에 솔로몬이 다윗처럼 하나님을 잘 따르지 않고 많은 왕비(700명)와 첩(300명)을 두면서 하나님께 범죄한 사실들이 생각이 났다.

그러고 나서 나는 내려왔는데 나는 믿어지지가 않았다. 내가 솔로몬을 천국에서 만나보았는데 얼굴이 그렇게 생겼다는 사실에 말이다. 다윗을 전혀 안 닮았으나 남자답게 생겼고 잘생긴 편이었다. 그러나 얼굴은 전혀 그렇게 끼가 많게 보이지 아니하였다는 사실과 얼굴이 약간 항아리 형이라는 사실이 내게는 조금은 믿겨지지가 않았다. 항아리 형이라고 하는 것은 머리 있는 부위가 약간 너비가 작고 얼굴 쪽에 내려가면서 약간 넓어지는 형으로 보였기 때문이고 그리고 턱 아랫 부위가 약간 둥글게 보였기 때문이다.

19 룻기, 사무엘상하, 열왕기상하, 역대상하

천국에서 솔로몬을 다시 만나다. 그가 천국에 있는 이유를 알게 되다.

2018년 4월 10일

아침에 기도 후 천국에 올라가게 되었다.

나를 데리러 온 수호천사가 그는 수레 바깥에서 나를 수호하는 천사인데 나는 '너무 기뻐요' 하면서 눈물을 훔친다. 나는 너무 놀랐다. 천사도 감정이 있고 눈물을 흘린다는 것에… 그리고 나는 왜 그가 그렇게 기뻐하는지 알아졌다.

나를 보니 너무 반가워서다. 요즘은 덜 자주 천국을 가니 그런 것 같다. 수레를 모는 천사도 눈이 벌건 표정이다. 즉 나를 보니 반가워서 눈이 벌겋게 보였다. 울기까지는 않았어도.

나는 10마리의 말들도 반가워서 이름을 불렀다.

이들은 오른편에서부터 왼편으로 쭉 나열하듯이 서 있었다. '온유야' 하고 불렀더니 좋아서 발로까지 껑충하는 시늉을 내면서 반긴다. 그 다음은 '충성' 이다. '충성아' 하고 부르니 충성이도 똑같이 나를 반겼다. 그 다음은 '사랑' 이다. '사랑아' 하니 좋아서 눈을 껌벅, 그리고 발로 장단을 맞추듯이 한번 '따닥' 하는 소리를 낸다. 그렇게 '지혜' 야, '인내' 야, '승리' 야, '소망' 아, '믿음' 아, '겸손' 아, '찬양' 아 하고 불렀다. 그들은 다 똑같이 제스쳐를 하면서 나를 반겨주었다.

나는 수레를 얼른 탔다. 오늘따라 수레가 은은한 살색이 나는 크리스탈 수정으로 된 수레로 보였다. 약간은 투명하게 보이는 보석이다. 어머나 얼마나 아름다운지 수레 안에 중앙의 테이블은 황금으로 되어 있었고 저어기 세면대도 그리고 또한 내가 앉는 자리에 다이닝 테이블 위에 있는 그릇도 황금으로, '아아~ 너무 아름답다.' 그 그릇 안에는 포도 한 알이 들어 있었다.

수레는 위로 올라갔다.

그리고 어느새 연못가의 공중에 도착하여 깃털이 내려오듯이 내려오는데 수레가 더 아름답게 변하여 있었다. 즉 살색의 투명한 보석으로 된 수레 위에 황금으로 된 편평한 지붕이 아름답게 장식되어 있어 내려오는 것이었다. '와우~ 아름답다.'

그리고 거기에는 주님이 계셨다.

주님은 오늘 검은 머리에 수염을 달고 계셨는데 인자하시고 자비하신 얼굴이었다. 나는 그분을 보자마자 그의 품속에 가서 안겼다. 그러자 주님과 내가 꼭 하나가 된 것처럼 느껴졌다.

와우! 이것은 도대체 무슨 느낌이지?

그런데 그 하나된 느낌이란... 주님과 내가 함께 하나가 되어 서로가 아무 걸리적거리는 것이 없는 공기로 하나가 된 것 같았다. 즉 하나가 된 순간 주님의 몸과 내 몸은 없어지고 빈 공간이 된 것 같은 느낌이었다. 정말 아무런 어떤 것도 존재하지 않는... 무(없음)라고 할까? '와우~' 이런 느낌은 또 처음이었다.

그러자 주님께서는 나에게 말씀하신다.

"앉거라."
나는 얼른 벤치에 앉았다.
주님께서는 내 발과 손을 생명수에 씻기셨다. 그리고 천사가 생명수 담은 항아리를 가져와서 내 머리 위로 부으니 내 몸 전체가 씻겨졌다.
그런 후에 주님께서 이렇게 말씀하셨다.
"갈 곳이 있다." 그러시면서
주님께서 나를 하얀 구름에 태우셨다.
주님이 말씀하신다.
"너와 나는 하나라."
"아니 제가 주님과 하나라니요? 아니에요. 저는 그런 존재가 못됩니다. 주님"
"저를 용서하여 주세요."
그러나 또 말씀하셨다.
"너와 나는 하나란다."

주님과 나는 하나님의 인 사역을 감당하면 주시겠다고 한 흰 궁에 도달하였다. 그곳에는 시온천사와 나머지 39명의 먹물 옷을 입은 천사들이 있었다. 주님께서는 테이블 위에 놓여 있는 인 장부를 보여주시면서 아직도 많은 자들이 아직 그곳에 적혀져야 할 것을 보여주셨다. 많이 비어 있는 것을 보여주셨다.

그런 후에 주님과 나는 즉시 또 연못가에 왔다.
나는 벤치 옆에 놓여 있는 꽃신을 신고 연못 안으로 걸어 들어갔다. 터널을 통하여 나온 곳은 바로 솔로몬이 사는 집 즉 궁 안이었다. 그곳에는 직사각형의 테이블이 놓여 있었고 이번에는 내가 주님의 왼편에 앉았고 그다음 스바 여왕이 앉았다. 그리고 주님의 오른편에는 솔로몬이 앉았다.
나는 솔로몬에게 질문하였다.

'솔로몬, 열왕기상에서 보면 솔로몬 왕이 20년 동안 하나님의 성전과 본인의 왕궁을 지은 후에 여러 아내와 첩들을 두면서 타락하여 다른 여러 나라 신을 우상 숭배하다가 그래도 분명히 회개하였기에 지금 여기 천국에 와 있음이 분명한데 그러나 본인이 그 후에 그 모든 것들에 대하여 회개하고 하나님께로 돌아왔다는 내용을 명확히 열왕기상이나 역대상에서 열거된 곳을 전혀 찾아볼 수가 없었는데 그러나 내가 생각하기에 성경에서 꼭 한군데 즉 이때에 회개하고 하나님께 돌아오지 아니하였을까 하는 구절이 있었는데...'

나는 그 구절을 솔로몬에게 갖다대면서 '이 구절에서 회개한 것이 맞는지?' 를 질문하였다. 그곳은 하나님께서 솔로몬 왕에게 이전에 두 번 나타난 후에 세 번째로 나타난 곳을 보인 구절이다. 그것은 열왕기상 11장 11절 이하였다.

[왕상 11:11-13]

11 여호와께서 솔로몬에게 말씀하시되 네게 이러한 일이 있었고 또 네가 나의 언약과 내가 네게 명한 법도를 지키지 아니하였으니 내가

결단코 이 나라를 네게서 빼앗아 네 신복에게 주리라 12 그러나 네 아
비 다윗을 위하여 네 세대에는 이 일을 행치 아니하고 네 아들의 손에
서 빼앗으려니와 13 오직 내가 이 나라를 다 빼앗지 아니하고 나의 종
다윗과 나의 뺀 예루살렘을 위하여 한 지파를 네 아들에게 주리라 하
셨더라

즉 이때는 세 번째 솔로몬에게 나타나셔서 말씀하신 대목이었다. 첫 번째는 일천번제를 드렸던 때이고 두 번째는 하나님의 성전을 지어놓고 기도하였을 때였고 그리고 세 번째 나타나신 곳이 이 성경구절인데 이때에 하나님이 나타나셨을 때에 책망을 듣고 회개하였는가 하는 것이었다.

그랬더니 주님과 솔로몬이 '맞다' 라는 것을 전하여 주었다.

즉 그들은 마음으로 내 생각에 동의를 표한 것이다.

'아하~ 그렇구나! 그러면 그렇지...'

이때에 비록 하나님께서 네 죄 때문에 네 아들 시대에 이스라엘을 두 개로 쪼개고 네 아들에게는 한 지파만 주겠다고 하셨으나 바로 이때에 솔로몬은 그 말씀을 듣고 하나님 앞에 회개하였다는 것이다.

성경은 솔로몬에게 하나님께서 세 번 나타나셨음을 기록하고 있다.

(1) 일천번제 드린 후 '내가 너에게 무엇을 줄꼬 너는 구하라' 하시면서 나타나심.

[왕상 3:2-5]

2 그 때까지 여호와의 이름을 위하여 전을 아직 건축하지 아니하였으
므로 백성들이 산당에서 제사하며 3 솔로몬이 여호와를 사랑하고 그
부친 다윗의 법도를 행하되 오히려 산당에서 제사하며 분향하더라 4
이에 왕이 제사하러 기브온으로 가니 거기는 산당이 큼이라 솔로몬이
그 단에 일천 번제를 드렸더니 5 기브온에서 밤에 여호와께서 솔로몬
의 꿈에 나타나시니라 하나님이 이르시되 내가 네게 무엇을 줄꼬 너
는 구하라

(2) 하나님의 성전 건축 후 여호와 하나님이 솔로몬에게 나타나심.

[대하 7:12-22]

12 밤에 여호와께서 솔로몬에게 나타나사 이르시되 내가 이미 네 기
도를 듣고 이곳을 택하여 내게 제사하는 전을 삼았으니 13 혹 내가 하
늘을 닫고 비를 내리지 아니하거나 혹 메뚜기로 토산을 먹게 하거나
혹 염병으로 내 백성 가운데 유행하게 할 때에 14 내 이름으로 일컫는
내 백성이 그 악한 길에서 떠나 스스로 겸비하고 기도하여 내 얼굴을
구하면 내가 하늘에서 듣고 그 죄를 사하고 그 땅을 고칠지라 15 이곳
에서 하는 기도에 내가 눈을 들고 귀를 기울이리니 16 이는 내가 이미
이 전을 택하고 거룩하게 하여 내 이름으로 여기 영영히 있게 하였음
이라 내 눈과 내 마음이 항상 여기 있으리라 17 네가 만일 내 앞에서
행하기를 네 아비 다윗 같이 하여 내가 네게 명한 모든 것을 행하여
내 율례와 규례를 지키면 18 내가 네 나라 위를 견고케 하되 전에 내
가 네 아비 다윗과 언약하기를 이스라엘을 다스릴 자가 네게서 끊어

지지 아니하리라 한 대로 하리라 19 그러나 너희가 만일 돌이켜 내가
너희 앞에 둔 내 율례와 명령을 버리고 가서 다른 신을 섬겨 숭배하면
20 내가 저희에게 준 땅에서 그 뿌리를 뽑아내고 내 이름을 위하여 거
룩하게 한 이 전을 내 앞에서 버려 모든 민족 중에 속담거리와 이야기
거리가 되게 하리니 21 이 전이 비록 높을지라도 무릇 그리로 지나가
는 자가 놀라 가로되 여호와께서 무슨 까닭으로 이 땅과 이 전에 이같
이 행하셨는고 하면 22 대답하기를 저희가 자기 열조를 애굽 땅에서
인도하여 내신 자기 하나님 여호와를 버리고 다른 신에게 부종하여
그를 숭배하여 섬기므로 여호와께서 이 모든 재앙을 저희에게 내리셨
다 하리라 하셨더라

(3) 그리고 세 번째로 나타나신 것은 솔로몬이 타락하여 다른 신을 섬길 때였다. 나타나셔서 솔로몬의 죄 때문에 이스라엘 통일 나라를 그의 아들 시대에 남북으로 찢으시겠다고 말씀하심.

[왕상 11:1–13]

1 솔로몬 왕이 바로의 딸 외에 이방의 많은 여인을 사랑하였으니 곧
모압과 암몬과 에돔과 시돈과 헷 여인이라 2 여호와께서 일찌기 이
여러 국민에게 대하여 이스라엘 자손에게 말씀하시기를 너희는 저희
와 서로 통하지 말며 저희도 너희와 서로 통하게 말라 저희가 정녕코
너희의 마음을 돌이켜 저희의 신들을 좇게 하리라 하셨으나 솔로몬이
저희를 연애하였더라 3 왕은 후비가 칠백인이요 빈장이 삼백인이라
왕비들이 왕의 마음을 돌이켰더라 4 솔로몬의 나이 늙을 때에 왕비들
이 그 마음을 돌이켜 다른 신들을 좇게 하였으므로 왕의 마음이 그 부

친 다윗의 마음과 같지 아니하여 그 하나님 여호와 앞에 온전치 못하였으니 5 이는 시돈 사람의 여신 아스다롯을 좇고 암몬 사람의 가증한 밀곰을 좇음이라 6 솔로몬이 여호와의 눈앞에서 악을 행하여 그 부친 다윗이 여호와를 온전히 좇음 같이 좇지 아니하고 7 모압의 가증한 그모스를 위하여 예루살렘 앞 산에 산당을 지었고 또 암몬 자손의 가증한 몰록을 위하여 그와 같이 하였으며 8 저가 또 이족 후비들을 위하여 다 그와 같이 한지라 저희가 자기의 신들에게 분향하며 제사하였더라 9 솔로몬이 마음을 돌이켜 이스라엘 하나님 여호와를 떠나므로 여호와께서 저에게 진노하시니라 여호와께서 일찌기 두번이나 저에게 나타나시고 10 이 일에 대하여 명하사 다른 신을 좇지 말라 하셨으나 저가 여호와의 명령을 지키지 않았으므로 11 여호와께서 솔로몬에게 말씀하시되 네게 이러한 일이 있었고 또 네가 나의 언약과 내가 네게 명한 법도를 지키지 아니하였으니 내가 결단코 이 나라를 네게서 빼앗아 네 신복에게 주리라 12 그러나 네 아비 다윗을 위하여 네 세대에는 이 일을 행치 아니하고 네 아들의 손에서 빼앗으려니와 13 오직 내가 이 나라를 다 빼앗지 아니하고 나의 종 다윗과 나의 뺀 예루살렘을 위하여 한 지파를 네 아들에게 주리라 하셨더라

즉 하나님께서는 솔로몬에게 이전에 두 번 나타나셨고 그 다음 세 번째 나타난 것이 열왕기상 11장 11절~13절이다. 그가 회개치 않고 영영 하나님을 떠났으면 그는 천국에 없어야 한다. 그는 이때에 회개하였던 것이다.

그런데 그는 잠언서, 전도서, 아가서를 썼다. 이들을 우리는 그가

인생 말년에 썼다고 본다. 왜냐하면 전도서 1장 2절에 '헛되고 헛되며 헛되고 헛되니 모든 것이 헛되도다.' 라고 고백할 수 있는 것은 인생을 다 살아보지 않고는 결론을 그렇게 내리지 못할 것이기 때문이다. 그러므로 그는 말년에 다른 신을 섬기는 것에서 온전히 회개하고 돌아섰음을 알 수 있다.

할렐루야.

전도서 1장 1-11절을 보면 이렇게 고백한다.

[전 1:1-4]

1 다윗의 아들 예루살렘 왕 전도자의 말씀이라 2 전도자가 가로되 헛되고 헛되며 헛되고 헛되니 모든 것이 헛되도다 3 사람이 해 아래서 수고하는 모든 수고가 자기에게 무엇이 유익한고 4 한 세대는 가고 한 세대는 오되 땅은 영원히 있도다

그가 인생을 다 살고 나서 깨달은 것이다. 모든 것이 헛되고 헛되며 헛되고 헛되다는 것을...

그리고 그는 전도서 마지막 장 12장 13-14절에서 우리 인생의 결론을 맺고 있다.

[전 12:13-14]

13 일의 결국을 다 들었으니 하나님을 경외하고 그 명령을 지킬지어다 이것이 사람의 본분이니라 14 하나님은 모든 행위와 모든 은밀한 일을 선악간에 심판하시리라

하나님께서 우리 인간에게 나타나실 때에 우리 인간들은 회개하지 않을 수가 없다.
왜냐하면 피조물이 창조주 하나님을 만났기 때문이다. 그리하여 솔로몬이 왕상 11장 11절 이하에서 하나님께서 세 번째 나타나셨을 때에 그는 회개하였던 것이다.
할렐루야. 나는 그제야 모든 것이 풀렸다. 즉 솔로몬이 천국에 있는 이유가 말이다. '그래 맞아' 바로 그때(하나님께서 그에게 세 번째 나타나셨을 때)에 솔로몬이 모든 것을 회개하고 하나님께로 돌이켰구나가 알아진 것이다.
할렐루야.
솔로몬은 하나님께서 그렇게 말씀하실 때에 자신의 잘못에 대하여 깨우치게 되었고 그리하여 하나님 앞에 회개하여 자신은 죄를 용서는 받았으나 죄에 대한 댓가는 치러야 했던 것이다.

이것은 다윗이 밧세바를 강간하고 우리야를 전장에서 죽게 하였을 때 하나님께서는 나단 선지자를 다윗에게 보내어 다음과 같이 말하게 하셨다.

[삼하 12:7-15]

7 나단이 다윗에게 이르되 당신이 그 사람이라 이스라엘의 하나님 여호와께서 이처럼 이르시기를 내가 너로 이스라엘 왕을 삼기 위하여 네게 기름을 붓고 너를 사울의 손에서 구원하고
8 네 주인의 집을 네게 주고 네 주인의 처들을 네 품에 두고 이스라엘과 유다 족속을 네게 맡겼느니라 만일 그것이 부족하였을 것 같으면 내가 네게 이것 저것

을 더 주었으리라 9 그러한데 어찌하여 네가 여호와의 말씀을 업신여
기고 나 보기에 악을 행하였느뇨 네가 칼로 헷 사람 우리아를 죽이되
암몬 자손의 칼로 죽이고 그 처를 빼앗아 네 처를 삼았도다 10 이제
네가 나를 업신여기고 헷 사람 우리아의 처를 빼앗아 네 처를 삼았은
즉 칼이 네 집에 영영히 떠나지 아니하리라 하셨고 11 여호와께서 또
이처럼 이르시기를 내가 네 집에 재화를 일으키고 내가 네 처들을 가
져 네 눈앞에서 다른 사람에게 주리니 그 사람이 네 처들로 더불어 백
주에 동침하리라 12 너는 은밀히 행하였으나 나는 이스라엘 무리 앞
백주에 이 일을 행하리라 하셨나이다 13 다윗이 나단에게 이르되 내
가 여호와께 죄를 범하였노라 하매 나단이 다윗에게 대답하되 여호와
께서도 당신의 죄를 사하셨나니 당신이 죽지 아니하려니와 14 이 일
로 인하여 여호와의 원수로 크게 훼방할 거리를 얻게 하였으니 당신
의 낳은 아이가 정녕 죽으리이다 하고 15 나단이 자기 집으로 돌아가
니라 우리아의 처가 다윗에게 낳은 아이를 여호와께서 치시매 심히
앓는지라

위와 같이 나단 선지자가 하나님의 말씀을 다윗에게 전하니 다윗은 하나님께 자신이 죄를 범하였다고 즉시 회개하니 하나님께서는 그 즉시 다윗의 죄를 용서하셨으나 다윗이 저지른 죄의 댓가는 이 땅위에 살 때에 치러야 했던 것이다. 즉 이 댓가는 하나님께서 나단을 통하여 말씀한 것 같이 '다윗의 집에 칼이 떠나지 아니할 것이며 또한 다윗은 은밀히 우리야의 아내 밧세바를 강간하였으나 다윗의 첩들은 백주에 다른 사람이 강간하게 될 것을 예언하셨던 것이다. 그리고 그 일은 그대로 일어나게 되었다. 다윗의 아들 암

논이 다윗의 배다른 딸 다말을 강간하고 다말의 같은 배로 태어난 오라버니이자 다윗의 셋째 아들인 압살롬이 암논을 죽이고 나중에 이 압살롬은 아버지 다윗을 반역하여 다윗을 죽이려 하였으나 자신이 요압 장군에 의하여 죽임을 당하게 된다. 다윗은 압살롬을 피하여 궁을 떠나면서 10명의 첩을 궁에 남겨두고 떠나 아들인 압살롬이 아버지의 첩들을 백주에 강간하게 된 것이다. 즉 하나님의 말씀 다윗의 죄의 댓가를 다 치르게 되었던 것이다. 그리고 하나님께서는 죄 중(밧세바를 강간할 때)에 잉태된 밧세바의 아이를 치셔서 죽게 하셨고 그 후에 다윗이 밧세바를 위로하려 동침하였는데 그 후에 밧세바가 솔로몬을 낳게 된 것이다.

이와 같이 솔로몬도 자신의 잘못에 대하여 하나님께서 깨우쳐 주실 때 (하나님께서 그에게 세 번째 나타나셨을 때에, 왕상 11:11 이하)에 즉시 회개하고 죄 용서함을 받았으나 그러나 그의 저지른 죄에 대하여서는 그 댓가를 치러야 했던 것이다.

그리하여 하나님께서는 솔로몬의 우상숭배의 죄의 댓가로 그의 아들 시대 르호보암 시대에 이스라엘을 북이스라엘(10개 지파로 이루어진)과 남유다(2개 지파 즉 유다와 베냐민 지파)로 찢어 버리신 것이다.

그러나 솔로몬은 회개하여 하나님으로부터 죄 용서함을 받고 말년에 잠언, 전도서, 아가서를 쓰게 된 것이다. 그래서 그는 지금 천국의 성 안에 있는 것이다. 할렐루야.

많은 사람들이 내가 솔로몬을 천국에서 만났다 하면 참으로 놀란다. 그들은 솔로몬이 지옥에 있어야 한다고 생각하는 것 같았다. 그런데 아니다. 그는 천국 그것도 천국의 성 안에 있을 뿐 아니라 그는 왕권을 가지고 있다. 그리하여 그의 궁은 참으로 아름답고 좋고 크다. 우리 하나님은 회개하고 돌아오면 참으로 반갑게 맞아주시는 것이다.

그리고 그의 작품, 잠언, 전도서, 아가서를 보면 그는 회개한 후에 정말 하나님을 깊이 만나고 동행하는 삶을 살았다는 것을 알 수 있다.

나는 왜 솔로몬이 지옥에 있지 않고 천국의 성 안에 있는가 하는 이유를 살펴보았다.

1. 첫 번째 이유 : 그가 회개하고 돌아와 잠언, 전도서, 그리고 아가서를 썼기 때문이다.

어떤 사람들은 솔로몬이 지옥에 있을 것이라 말한다. 그러나 솔로몬은 천국에 있다. 그것도 왕권을 가지고 있다. 성경에는 솔로몬이 아버지 다윗을 따라 하나님을 잘 섬겼으면 좋았겠으나 그러지 못했다. 그러므로 하나님께서는 그를 벌하시기 위하여 그의 아들 시대에 그 통일 국가 이스라엘을 둘로 나누시겠다고 말씀하신 것이다. 그럼에도 불구하고 그는 사실 회개하였던 것이다. 회개하였다고 직접적으로 말한 곳은 없으나 그가 가장 회개하였을 곳이라는 것이 분명한 구절이 있다. 그것은 왕상 11:11이다. 하나님께서 그에게 세 번째 나타나셨을 그때 우리 인간은 하나님이 나타나시면 회개하지 아니할 수가 없다. 나타나시는 순간 우리는 죄인이라고 느껴지기 때문이다.
솔로몬에게는 일찍이 하나님께서 두 번이나 나타나셨다. 그것은 솔로몬이 일천 번제를 드린 후 처음으로 솔로몬에게 나타나셨고 두 번째는 솔로몬이 하나님의 성전을 건축한 후에 나타나셨고 그리고 그 다음 세 번째가 바로 이 열왕기상 11장 11절~13절이다.
솔로몬은 이때에 회개가 터진 것이다. 그리하여 그는 회개한 이후의 삶은 정말 하나님께 열납 된 삶을 살았다. 그리하여 그는 현재 천국에 와 있다.
그의 회개는 그가 마지막 인생에 잠언, 전도서, 그리고 아가서를 쓴 것을 보아 알 수 있다.

예수님은 제자들에게 이 시대 사람들을 남방 여왕이 일어나 정죄할 것이라 말씀하시면서 직접 솔로몬보다 큰 이가 여기 있느니라고 말씀하셨다.

[눅 11:31]

심판 때에 남방 여왕이 일어나 이 세대 사람을 정죄하리니 이는 그가 솔로몬의 지혜로운 말을 들으려고 땅 끝에서 왔음이어니와 솔로몬보다 더 큰이가 여기 있으며

만일 솔로몬이 지옥에 갔다면 예수님께서 자신이 솔로몬보다 더 크다고 말씀할 리가 없는 것이다. 솔로몬이 회개하고 천국에 와 있

기 때문에 주님께서는 내가 그보다 더 크다고 말씀하신 것이다.

2. 두 번째 이유 : 그렇게 될 것(솔로몬이 회개하고 돌아올 것)을 성경에서 하나님께서 미리 예언하고 계신 것을 알 수 있다.

[역대상 17:10-15]

10 전에 내가 사사를 명하여 내 백성 이스라엘을 다스리던 때와 같지
않게 하고 또 네 모든 대적으로 네게 복종하게 하리라 또 네게 이르노
니 여호와가 너를 위하여 집을 세울지라 11 네 수한이 차서 네가 열조
에게로 돌아가면 내가 네 뒤에 네 씨 곧 네 아들 중 하나를 세우고 그
나라를 견고하게 하리니 12 저는 나를 위하여 집을 건축할 것이요 나
는 그 위를 영원히 견고하게 하리라 13 나는 그 아비가 되고 그는 나
의 아들이 되리니 나의 자비를 그에게서 빼앗지 아니하기를 내가 네
전에 있던 자에게서 빼앗음과 같이 하지 않을 것이며 14 내가 영영히
그를 내 집과 내 나라에 세우리니 그 위가 영원히 견고하리라 하셨다
하라 15 나단이 이 모든 말씀과 이 모든 묵시대로 다윗에게 고하니라

즉 하나님께서는 역대상 17장 14절에서 솔로몬의 위가 영원히 견고할 것을 미리 약속하고 계신 것을 볼 수 있다. 즉 솔로몬이 회개하고 돌아올 것을 예언하신 것이다. 이때는 다윗이 이스라엘의 왕으로 있을 때였고 솔로몬이 왕도 아직 왕이 되기 전의 예언인 것이다. 우리의 미래를 다 알고 계신 하나님께서 나중에 솔로몬이 이렇게 타락할 것을 모르셨겠는가 하는 것이다. 하나님께서는 다 알고 계셨고 또 그가 회개하고 돌아올 것까지 알고 계셨다는 것이다. 예

수 그리스도가 이 땅위에 오실 것을 그것도 처녀의 몸에서 태어나실 것을 하나님께서는 이사야 선지자를 통하여 예언하셨는데 그것은 예수님이 이 땅위에 태어나시기 700년 전의 일이었다.
그러므로 우리가 믿는 하나님은 솔로몬이 하나님의 성전을 지은 후에 엄청 타락할 것을 알고 계셨고 또한 그가 회개하고 돌아올 것도 다 알고 계셨다는 것이다.
우리는 위의 역대상 17:14절을 보고 알 수 있는 것이다. 여기서 하나님께서는 그의 위가 영원히 견고하리라 라고 하셨다. 아멘. 그러므로 솔로몬은 천국에 있음이 틀림이 없다.

3. 세 번째 이유는 나는 천국에서 솔로몬을 보았기 때문이다.

그러므로 더 이상 솔로몬이 천국에 있는 것을 이상스럽게 생각할 필요가 없다.

20 룻기, 사무엘상하, 열왕기상하, 역대상하

천국지옥 간증과 간증수기로 많은 물고기가 낚일 것을 보여주시다.

2018년 4월 11일

아침에 기도한 후에 천국에 올라가게 되었다.
나를 데리러 온 천사 중 수레 바깥에서 나를 수종하는 천사가 낚싯대에 대어를 낚은 것이 보였다. 그리고 그 대어뿐 아니라 그 대어 밑으로 많은 큰 물고기들이 퍼득퍼득 많이도 잡혀 있었다.
나는 도대체 이것이 무슨 광경인지 참으로 의아하여 하였다. 그런데 분명 이것은 좋은 소식 같았다. 큰 물고기들이 꼭 나에게 낚인 것처럼 보였다.
와우~
나는 재빨리 수레를 모는 10마리의 말들과 눈 인사를 나누었다. 그들의 이름은 온유, 충성, 사랑, 지혜, 인내, 승리, 소망, 믿음, 겸손, 찬양이다. 그들은 내게 눈으로 인사하였다. 그들은 너무나 좋아 보였다.
나는 이 수레를 타고 올라갔는데 연못가의 공중에서 그 수레와 천사들과 말들이 깃털처럼 사뿐히 하늘에서 내려오는 것 같았다.
주님은 연못가에서 나를 기다리고 계셨는데 내가 수레에서 내려서 주님께로 갔는데 주님께서는 나를 즉시 어디론가 데리고 가셨다. 그런데 그곳은 바다 물 위였다.
바다물 위에는 바다 위에서 서핑할 때에 쓰는 얇은 판대기 같은 꼭 그렇게 생긴 하얗게 생긴 보드가 떠 있었다. 이 넓이는 주님과 내가 겨우 디딜만한 넓이의 긴 판대기 같이 생겼다. 그런데 그 밑에 물고기들이 엄청 모여 있는 것이 보였다.
'와우~'
주님께서는 내게 이것을 보여주시기 위하여 나를 이곳에 데리고 오신 것이다. 나에게 많은 물고기들이 잡힐 것을 말씀하시는 것이었다. 그리고서는 나는 내려오게 되었는데 나는 생각하여 보았다. 왜 주님께서는 이렇게 오늘 물고기들을 보여주셨을까? 주님과 내가 서 있는 판대기 밑에 많은 물고기들. 이것은 어찌하였든 내 책을 읽고 또는 천국지옥 간증을 듣고 은혜 받은 자들이 많이 생길 것을 이렇게 말씀하여 주시고 계시다는 것을 나는 알 수 있었다.
할렐루야.

21 룻기, 사무엘상하, 열왕기상하, 역대상하

천국에서 엘리야를 만나다.
(i) 엘리야의 얼굴을 자세히 보다.
(ii) 엘리야의 집 정자가 높이 높이 올라가다.
(iii) 엘리야에게 세 가지 질문을 하다.

2018년 4월 19일

아침에 기도한 후에 천국에 올라갔다.

나를 수레 바깥에서 수호하는 천사가 먼저 보이고 그리고 그 옆에 큰 갈색의 거북이가 보였다. 나를 데리러 온 천사는 나를 '주인님' 이라 부른다.

그 거북이가 둥근 눈으로 나를 쳐다보았다. 나는 '설마 저 거북이가 나를 주인님이라 부르지 않겠지?' 라고 생각했다. 왜냐하면 나는 거북이가 나에게 '주인님' 이라고 한다는 것은 매우 이상한 일로 보였기 때문이다.

그러한 마음으로 나는 그 거북이를 다시 쳐다보는데 그 거북이가 마음속으로 나에게 '주인님' 하면서 눈인사를 깜박하는 것이었다. '와우! 저 거북이가 왜 나에게 주인님 그러지?' 하고 나는 기분이 조금 묘해졌다. 나는 생각하기를 '어찌하였든 저 거북이도 내게 속한 것인가?' 하는 생각이 들었다. 이유는 천국의 내 집에 가면 내 집 안에 있는 연못의 잉어들은 나를 보고 '우리 주인 왔다' '우리 주인 왔다' 하면서 반기는 것을 여러 번 보았기 때문이다. 즉 내 집에 있는 연못의 잉어들은 나를 보고 자기들의 주인이라고 부른다. 그런데 '오늘 저 거북이가 왜 나에게 주인님이라고 부르지?' 하는 것이 이해가 가지 않았다. 그러는 중에 나를 태우고 천국으로 올라갈 수레가 왔고 그 수레에는 열 마리의 말이 달려 있었고 그리고 그 수레를 몰고 온 천사가 보였다.

그런데 나에게 마음으로 '주인님' 하였던 거북이가 내가 수레를 타는데 자신의 몸을 약간 기울여서 나로 하여금 그 수레를 타게 하는 것이었다. 와우~!

보통 때에는 내가 수레에 올라가려면 즉시 두 세개의 계단이 생겨서 나는 그 계단을 밟고 올라가는데 오늘은 이 계단 대신에 거북이가 자신의 몸을 빌려준 것이다. 내가 수레를 탈 수 있도록...
나는 이것이 매우 우습기도 하고 신기하기도 하였다.
아하~ 그래서 이 거북이가 내게 '주인님' 그랬구나! 알아졌다.
천국에서는 나를 수종하는 천사들은 다 내게 '주인님' 하고 부른다. 그런데 이 거북이도 내가 수레를 타는 것에 자신이 봉사하는 일을 하니 내게 주인님하고 부른 것 같다.

수레 안에 중앙의 테이블 위에는 여전히 구약책(내가 천상에서 믿음의 선진들을 만나서 성경의 궁금한 점들을 물어서 쓸 구약에 대한 책을 말함) 즉 쑥색의 책이 놓여 있었다. 그리고 수레 안에는 주로 머리 전체는 빨갛고 몸 전체는 초록색인 새가 한 마리 보였다.

'어머나! 오늘 수레 안에는 또 새가 다 보이고? 이것이 무슨 일일까?' 하고 생각하였다. 수레 바깥에는 갈색의 거북이가 보였고 또한 이 외에 다른 2-3마리의 새들이 또 수레 바깥에 있는 것이 보였다. '나는 이것이 무슨 일이지?' 하며 궁금하였다.

수레는 즉시 나를 태우고 연못가에 와서 사뿐히 내려앉았다. 수레가 연못가에 내려앉자 수레 바깥의 천사는 수레 바깥에 있던 그 갈색의 거북이와 그리고 수레 안에 있던 머리가 빨갛고 몸이 초록색인 새와 그리고 수레 바깥에 있던 두세 마리 다른 새들을 보고 이렇게 말하는 것이었다.

'너희들은 이제 너희 갈 길로 가라.' 하는 메시지를 보내자 그들은 곧 한 방향으로 사라져 버리는 것이었다.

연못가에서 예수님께서는 나를 기다리고 계셨다.

그분은 내 두 손을 먼저 잡으시고 내 두 손에 구멍이 뚫려져 있는 것을 내가 인식하게 하셨다. 그런 후에 주님께서는 나를 벤치에 앉히시고 나의 두 발을 씻기시고 또 나의 두 손을 씻기시고 또 얼굴도 씻기시는 것이었다. 그런 후에 한 천사가 와서 긴 항아리에 생명수를 가득 담아 가지고 와서 내 머리 위로 부어 내 온몸을 씻어지게 하였다.

그런 후에 주님은 내게 이렇게 말씀하셨다.

"네가 어디로 가야 하는지 아느냐?"
즉 '오늘 너는 연못 위에 있는 터널을 통하여 누구의 집에 가야 하는지 아느냐?' 라고 물으시는 말씀이었다. 그래서 나는 '네' 라고 대답하고서는 벤치 옆에 가지런히 놓여 있는 꽃신을 신고 연못 위로 걸어 들어갔다.

나는 아침에 기도할 때에 '나는 오늘 꼭 엘리야를 만나야 한다.' 고 생각하면서 기도했었다. 주님은 이것을 이미 알고 계셨다. 그래서 그렇게 물으신 것이다. 즉 주님은 내가 기도할 때에 내가 기도한 내용을 다 알고 계신다.

그리하여 나는 연못 위의 터널을 통하여 즉시 엘리야의 집에 도착하였다. 그런데 오늘은 그 터널이 구불구불하게 길게 느껴졌고 그러나 그 터널 속에 있는 물(내가 움직이는 것이 아니라 내 발밑의 물이 움직여서 나를 이동시킴)은 나를 결국 엘리야의 집 정원으로 옮겨놓은 것이다.

나는 이전에 엘리야의 집이 구름 속에 싸여 있는 것을 본 적이 있고 정원에 정자를 본 적이 있었다(참고: 서사라 목사 천국과 지옥 간증수기 2, 18 천국에서 엘리야와 엘리사를 만나다).

오늘도 엘리야의 집의 넓은 정원에는 갈색의 아주 정교하고 아름다운 정자가 있는 것이 보였다. 그곳 정자 안에는 긴 테이블이 놓여 있었고 주님이 그 테이블 머리에 앉으셨고 저쪽에 엘리야가 와서 앉았으며 나는 엘리야의 맞은편 이쪽에 앉았다.

오늘 엘리야의 얼굴이 참으로 자세히 보였다. 이전에는 그냥 엘리야의 키가 훤칠하게 크고 긴 얼굴이라고만 생각했었다. 그것은 그때는 그렇게 자세히 보이지 않았기 때문이다(참고: 서사라 목사 천국과 지옥 간증수기 2, 18 천국에서 엘리야와 엘리사를 만나다).

그런데 오늘 엘리야의 얼굴이 너무 자세히 보이는 것이었다. 그런데 사실 이전에는 엘리야를 두세 번 보았었는데 얼굴은 자세히 보이지 않았었다. 그런데 나는 오늘 엘리야의 얼굴을 보고 너무 놀랐다. 왜냐하면 그렇게 생긴 줄은 정말로 몰랐다. 주님께서 이전에는 이렇게 자세히 보여 주시지 않은 이유가 내가 정말로 놀랄까봐 유보하셨다는 느낌이 났다.

오늘은 정말 그가 참으로 자세히 보이는데 얼굴이 길고 눈은 쌍커풀이 안진 눈으로 가늘고(보통 우리는 이러한 눈을 째진 눈이라 부른다) 그리고 턱에 가느다란 검은 수염(두께가 약 5mm 정도 됨)이 약 6-7cm 길이로 한 개가 달려 있었고 그리고 입가 양쪽에 또 그렇게 생긴 가느다란 검은 수염이 하나씩 같은 길이로 달려 있었다. 그리고 머리는 생머리로 귀도 거의 덮이고 턱 아래 목까지 내려와 있었다. 그래서 나는 엘리야의 얼굴이 전체적으로 꼭 일본의 옛날 사무라이 얼굴과 같다는 생각을 했고 나는 정말 이 얼굴이 엘리야의 얼굴이 맞는지 의심스러워 참으로 난처해 하였다. 그렇게 생긴 것이 도저히 믿기지가 않았다.
나는 '내가 정말 엘리야를 만나고 있는 것인가? 이 얼굴이 정말 엘리야의 얼굴인가?' 하면서 나는 그의 얼굴을 보고 있으면서도 그것을 부정하고 싶었다. 나는 고민하였다. '아니 정말 엘리야의 얼굴이 저렇게 생겼단 말인가?'
나는 심히 갈등하였다.
나는 특히 엘리야의 수염이 마음에 안 들었다.
'왜 저러한 수염을 달고 있을까? 내가 보는 이 엘리야의 모습이 과연 엘리야가 맞을까?' 나의 머릿속은 복잡해졌다. 나는 그 얼굴을 보고 얼마나 고민하였는지 모른다. 그것도 천국에서.

그러자 주님이 내가 그렇게 보고 있는 엘리야에게 '시작하라' 고 말씀하셨다. 그러자 내 앞에는 황금으로 된 성경이 펴져 있었다. 그러자 엘리야가 나보고 무엇이 궁금하냐고 물었다. 그러나 나는 계속 엘리야의 외형적인 모습 때문에 그 얼굴이 엘리야가 과연 맞는 것인지 고민하는 바람에 아무 질문도 생각나지 않았다. 그리고서는 그냥 내려오게 되었다. 주여!

나는 도저히 천국에서 본 엘리야의 생김새가 믿어지지가 않아 과연 내가 내 자신이 정말 천국을 보고 있는 것인지 확신이 되지 않았다. 주님은 이런 이유로 이전에 내가 엘리야와 엘리사를 인간 창조 역사관에서 보았을 때에 그들의 얼굴을 자세히 보여주시지 않은 이유로 생각되었다. 도저히 내가 감당하지 못할 것이므로...
그때에 인간 창조 역사관에서 다른 사람들의 얼굴은 그런대로 잘 보였는데 도무지 엘리야와 엘리사의 얼굴은 잘 보이지 않았다(참고: 서사라 목사 천국과 지옥 간증수기 2, 18 천국에서 엘리야와 엘리사를 만나다). 그 이유를 이제야 알게 된 것이다.

그래서 나는 내려와 다시 기도하였다. 그러는 중에 다시 두 번째로 천국에 올라가게 되었다. 그런데 오늘 이 두 번째 올라가는 천국 가는 길이 아까 처음에 천국에 올라갔던 그대로 모든 것이 다 되풀이되는 것이었다. 이러한 되풀이 되는 현상은 주님께서 내가 오늘 아침에 기도한 후에 처음에 천국에 올라가 본 것이 다 맞다는 것을 확인시켜 주시는 방법 중의 하나였다.

그래서 오늘 두 번째 천국에 올라가게 되었을 때에 첫 번째 내가 천국으로 갈 때에 나를 데리러 온 수레 옆에 있던 거북이까지 그대로 있었고 또한 수레 안에 있던 빨갛고 초록색인 새까지 재현되었고 그리고 아까 처음에 엘리야의 집에 가서 앉아 있었던 그 정교하고 아름다운 정자에 주님과 엘리야 그리고 내가 그대로 앉아 있었던 것이다.

엘리야의 모습도 아까 본 그대로의 그 모습이었다.

'와우~ 진짜구나! 엘리야의 모습이 저 모습이 맞네! 두 번째도 이렇게 똑같이 보이는 것으로 봐서...' 나는 혼자 속으로 중얼거리면서 놀라고 놀라워했다.

그런 후에 놀라운 일이 일어났는데 주님과 나 그리고 엘리야가 앉아 있는 정자가 갑자기 위로 솟아오르는 것이었다. 와우!

즉 정자가 저 높이 높이 공중으로 올라가는 것이었다. 그리하여 정자는 마치 공중에 떠 있는 것처럼 보였는데 실제로는 높이 솟은 정자에서 엘리야의 정원까지 이어지는 계단이 즉시 생겼다.

'와우~'

그러니까 엘리야의 집 정원에서 저 공중 높이 정자까지 계단이 생겼는데 그 계단들은 아주 많고 높았다.

오늘 두 번째 천국에 와서 엘리야를 보는 것이 이렇게 정자가 높이 솟아오른 점이 아까 처음 천국에서 엘리야를 만났을 때와는 다른 점이었다. 나머지는 아까 오늘 처음 엘리야를 만났던 때와 똑 같았다. 오늘 처음 엘리야를 만났을 때에는 정자가 이렇게 하늘 높이 올라가지 않았었다. 그리고 그 하늘로 높이 솟아오른 그 아름답고 정교한 정자는 마치 공중에서 구름에 쌓인 것 같은 그런 느낌이었다. '주여~~'

그리고 위로는 하늘이 보였다.

'와우~ 높이도 올라왔네...'

하면서 밑을 내려다보니 너무 높이 올라와 있어서 나는 순간 약간 겁이 났다.

나는 지상에서도 약간 고공 공포증이 있었다.

그러나 나는 천국에서 겁이 나는 것이 조금 이상했다.

'여기가 천국인데 왜 내가 겁이 나지?' 하고 내가 내 스스로에게 질문하고 있는데 주님이 이렇게 말씀하신다.

'사라야! 너는 구름도 타고 다녔는데 이것을 겁내느냐?' 라고 물으시는 말씀이 마음으로 그대로 전달되었다.

'아 맞다. 그렇지. 나는 천국에서 구름도 타고 날아다니고 그냥 구름 없이도 날아다녔는데 내가 이 정자가 갑자기 높이 올라왔다 하여 나는 놀랄 필요가 전혀 없는데 내가 괜히 겁을 내고 있네.' 하면서 나를 스스로를 안심시켰다.

그러나 누군가가 내가 왜 그렇게 겁이 났는가를 묻는다면 '나는 아직도 지상의 사람이라 천국이 아직 익숙치 않아 그렇다.' 라고 말할 수밖에 없을 것이다.

'와우~ 맞아. 여기가 천국이지! 나는 겁을 낼 필요가 없는 것이야!' 하면서 나는 나 자신을 안심시키면서 오히려 기뻐하려 하였다.

주님께서는 오늘 내가 엘리야의 얼굴을 보고 처음에 천국 본 것을 의심을 하니 두 번째 천국에 갔을 때에 처음에 본 천국 그대로 재현하여 보여 주심으로 말미암아 첫 번째 보았던 천국이 진짜였음을 다시 보여 주신 것이었다. 그것뿐 아니라 거기다가 지상의 말로 표현하자면 한술 더 뜨셔서 엘리야의 집 정자를 공중으로 높이 솟아오르게 하셔서 지금 내가 보고 있는 것이 사실이며 진짜라는 사실을 다시 한번 확인시켜 주시는 것이었다.

나는 아까 처음에 천국에 올라와서 본 엘리야의 똑같은 얼굴을 보면서 또 이렇게 정자를 높이 올려서 나를 놀라게 하시는 주님을 보면서 나는 내가 정말 천국을 보고 있다는 것을 다시 한번 확신할 수 있었다.

엘리야의 집에 있는 이 정자는 이렇게 높이 올라왔다가도 다시 내려가는 것 같았다. 원하면 말이다. 왜냐하면 천국은 무엇이든 가능하기 때문이다.
이사야가 유리 바다에 큰 배를 띄우고 갑판에서 '야호~' 하면서 지나가는 것이 그의 취미인 것처럼... 이사야가 유리 바다에 그 배를 띄우고 갑판에 서서 '야호~' 하면서 지나가고 싶을 때에는 이사야의 집 지하에 보관하여둔 배가 즉시 유리 바다에 띄워진다. 이것이 천국이다. 누가 갖다가 나르는 것도 아니다. 그냥 배가 바다 위에 띄워진다. 그러면 즉시 이사야는 그 배에 타고 있는 것이 보인다. 이것이 천국이다. 마찬가지로 이 정자도 원할 때 천국에서 하늘 높이 솟았다가 내려갔다 하는 것이 알아졌다.

그런데 사실 이렇게 높이 올라와서 보니 밑이 다 보이기도 하고 기분도 더 좋았다.
이러한 상태에서 주님께서 아까 처음에 엘리야의 집에 왔을 때에 이렇게 앉았을 때에 하신 말씀을 다시 엘리야에게 '시작하라' 고 말씀하시는 것이었다.

그러자 엘리야가 '내게 무엇이 궁금하냐?' 고 첫 번째 천국에 올라왔을 때에 물었던 것처럼 똑같이 물었다. 내 앞에는 벌써 황금으로 된 성경이 펼쳐져 있었다. 이것까지도 처음과 똑같이 되풀이되는 것이었다.

나는 엘리야에게 질문하기 시작하였다.
사르밧 과부의 아들이 죽었을 때에 엘리야가 그를 다락방에 데리고 올라가서 그 아이 위에 세 번을 엎드렸는데 나는 왜 세 번을 엎드렸

냐고 물었다.
그리하였더니 두 분(주님과 엘리야)이 미소를 지었다. 그런 후에 즉시 엘리야가 그 가느다란 눈으로 예수님을 쳐다보면서 가르쳐줘도 되냐고 했다. 그랬더니 예수님이 고개를 끄덕하시는 것이 보였다.

그러자 엘리야가 나에게 가르쳐 준 것은 첫 번째 그가 엎드린 이유는 그가 죽은 것을 확인하기 위함이었고 두 번째로 그가 엎드린 이유는 그의 질병이 나음을 입으라고 명령하기 위함이었고 세 번째로 그가 엎드린 이유는 그가 일어나라고 명령하였다는 것이다.

그러고 나서는 엘리야가 주님께 '이 아이의 혼이 돌아오게 하여 달라' 고 기도하였다는 것이다.
'어머나 그렇구나!'
'주님, 정말로 그런 것인가요?' 하였더니 '정말 그렇다' 고 말씀하셨다.

[왕상 17:17-22]

17 이 일 후에 그 집 주모 되는 여인의 아들이 병들어 증세가 심히 위
중하다가 숨이 끊어진지라 18 여인이 엘리야에게 이르되 하나님의 사
람이여 당신이 나로 더불어 무슨 상관이 있기로 내 죄를 생각나게 하
고 또 내 아들을 죽게 하려고 내게 오셨나이까 19 엘리야가 저에게 그
아들을 달라 하여 그를 그 여인의 품에서 취하여 안고 자기의 거처하
는 다락에 올라 가서 자기 침상에 누이고 20 여호와께 부르짖어 가로

되 나의 하나님 여호와여 주께서 또 내가 우거하는 집 과부에게 재앙
을 내리사 그 아들로 죽게 하셨나이까 하고 21 그 아이 위에 몸을 세
번 펴서 엎드리고 여호와께 부르짖어 가로되 나의 하나님 여호와여
원컨대 이 아이의 혼으로 그 몸에 돌아오게 하옵소서 하니 22 여호와
께서 엘리야의 소리를 들으시므로 그 아이의 혼이 몸으로 돌아오고
살아난지라

그러고 나서 나의 **두 번째 질문**은

나는 엘리야가 그 죽은 아이를 다락방에 데리고 올라갈 때 그 아이를 살릴 수 있다는 것을 알았느냐고 물었다.

그러자 엘리야는 이렇게 알게 하여 주었다.

그는 그 집에 들어오기 전에 하나님께서 '네가 사르밧 과부의 집에 가면 그 아이가 죽어 있을 것이니 그 아이를 네가 머무는 다락방으로 데리고 올라가서 세 번 구푸려 엎드려 그를 살려내라' 고 말씀을 미리 하셨다는 것이다. 와우~

그 다음 **세 번째 질문**으로 나는 그 사르밧 과부가 왜 다음과 같이 그렇게 말했는지를 물었다.

[왕상 17:17-18]

17 이 일 후에 그 집 주모 되는 여인의 아들이 병들어 증세가 심히 위
중하다가 숨이 끊어진지라 18 여인이 엘리야에게 이르되 하나님의 사
람이여 당신이 나로 더불어 무슨 상관이 있기로 내 죄를 생각나게 하
고 또 내 아들을 죽게 하려고 내게 오셨나이까

즉 여기서 과부가 엘리야에게 다음과 같이 말했다.

첫째는 당신이 와서 내게 죄가 생각나게 하고
두 번째는 그 아이로 죽게 했냐고 했는데

나의 질문은 '그 과부가 왜 이러한 말을 엘리야에게 했는가' 하고 물었다.

그러자 그것도 이렇게 알게 하여 주셨다.
과부가 하나님의 사람이 와서 기적을 베푸는 것(가루가 다하지 않고 기름이 다하지 않는 기적)을 보고 그는 하나님의 사람을 보면서 하나님 앞에 지은 죄가 생각이 났고 그에 대하여 생각나게 하여 주었는데도 회개치 않아서 하나님께서 그 아이를 쳤다는 것이다.

'와우~ 그렇구나! 그렇구나! 그렇게 된 것이구나!'

그러나 나는 내려와서 과부가 한 말이 생각이 났다.
즉 과부가 살아난 아들을 보고 엘리야에게 말하기를
'이제야 진짜 당신이 하나님의 사람이고 하나님의 말씀이 당신의 입에 있는 것을 알겠나이다.' 라고 한 것이다.
그리하여 나는 하나님께서 이 사건을 통하여 다시 한번 그 과부에게 엘리야가 하나님의 사람이라는 것을 깨우쳐 주고자 하신 의도도 여기서 발견된다고 생각이 들었다. 할렐루야.

22 룻기, 사무엘상하, 열왕기상하, 역대상하

엘리야의 승천 장면이 풀리다.

2018년 4월 25일

아침에 두세 시간 기도하고 천국에 올라가게 되었다.
나를 수레 바깥에서 수호하는 천사가 항상 먼저 나타난다.
그가 오늘 환하게 웃으면서 그릇에 숟가락을 가지고 있었다.
그리고 그 대접 안에 있는 그 그릇은 하얀 그릇인데 그 맑은 물을 나에게 숟가락으로 떠먹이려 하였다. 내가 보니 생명수 같아서 그냥 마시겠다 하였더니 그 천사가 굳이 아니라 하면서 한 숟가락씩 그 맑은 물을 떠서 내 입에다가 넣어 주었다.
아하~ 그것은 생명수가 아니었다. 맛은 달고 시고 상큼하였는데 여하간 맛있었다.
그 물을 약 다섯 번을 나에게 떠먹였는데 열 마리의 말과 수레를 모는 천사가 수레를 가지고 나타났다. 말들은 모두가 다 건장하고 눈이 초롱초롱하였다. 그런데 오늘 조금 여느 때와 다른 것은 온유와 충성이 요즘에는 가장 오른쪽에 매달린 것은 맞는데 그래도 약간 줄이 짧아서 다른 말보다도 사랑, 지혜, 인내, 승리... 이들보다 약간 뒤로 보였는데 오늘은 똑같이 일자로 나열하고 있었다.
그래서 말의 순서가 역시 온유, 충성, 사랑... 인데 나는 생각하기를 '그래도 성경에서 사랑이 제일이니 너희들은 사랑이라 이름 붙여진 말 뒤로 가야 해' 하는 마음이 있었다.
오늘 수레를 모는 천사가 보통 때보다 높이 앉아 있는 것이 느껴졌다. 그러고 보니 나를 데리러 온 수레가 높고 크다는 것을 알았다.
나는 즉시 그 수레를 탔는데 중앙의 황금 테이블 저쪽에 세면대가 황금으로 되어 있는 것이 보였고 나는 내가 앉는 자리에 와서 앉았는데 앞에 투명한 보석 테이블과 보석 그릇에 무엇인가 먹을 만한 것이 있는 것이 보였는데 나는 관심이 없고 오직 주님만 볼 생각에 벌써 내 눈에는 눈물이 글썽거렸다.
수레는 즉시 연못가에 도착하였는데 위에서부터 정말로 사뿐히 내려오는 것이었다.
그런데 수레 위가 갑자기 바뀌어져 있었다. 즉 지붕 위가 너무나 아름다운 마루로 변하는데 거기에 주님이 한국의 조선 시대의 파란색 옷을 입은 신랑의 차림새를 하고 서 계신 것이었다.
'어머나~'
그러고 보니 나도 아리따운 조선 시대의 신부의 옷을 입고 그 황금 마루에 서 있는 것이었다. '와우~'
즉 예수님이신 신랑과 나라는 신부가 그 황금마루에서 만나는 것이었다. 꼭 다리 위에서 견우와 직녀가 만나는 느낌이었다.
할렐루야.

그러고서는 주님과 나는 다시 연못가에 섰는데 벌써 옷이 바뀌어 있었다. 주님은 평상시의 모습으로 흰 긴 옷을 입으시고 자애로운 모습이셨다. 머리는 약간 어깨까지 내려오고 턱수염이 있으시다.

나는 하얀 드레스에 머리에는 금 면류관을 쓰고 있었다. 아까는 한국식 결혼복을 주님과 내가 입고 있었는데...
지금은 평상시에 입는 옷으로 바뀌어 있었다.
천국은 이렇게 즉시 즉시 바뀐다.

주님께서는 나를 씻기시기 시작하셨다.
발과 손 그리고 얼굴을...
천사가 와서 내 머리 위로 생명수를 부었다.
그런 후에 주님은 내게 말씀하신다.
'너는 나라'
나는 또 '주님, 왜 그러한 말씀을 하시나요?' 라고 물었다.
나는 겁이 났다.
내가 주님이 될 수 없음을 누구보다도 잘 알고 있었다.
'저는 주님이 아니에요.'
'너는 나다.' 또 말씀하셨다. 나는 그것을 인정하고 싶지 않아서 그 말씀에 재빨리 벤치 옆에 있는 꽃신을 신고 연못 안으로 걸어 들어갔다.
주님은 '조금 있다가 보자' 하신다.
나는 연못 위 터널로 들어갔다.
터널 안의 물이 위 아래로 굽이굽이 흐르면서 나를 엘리야의 집 정원에 내려놓았다. 그곳에는 이미 '조금 있다 보자' 하셨던 주님이 그곳에 와 계셨고 그 옆에 긴 흰 옷을 끌리듯이 입은 엘리야가 보였다. 나는 엘리야의 모습에 대하여 이전 날에 자세히 기록하였으므로 여기서는 생략한다. 엘리야의 모습은 이전에 내가 기술한 그대로였다.
긴 얼굴에 가느다란 수염이 세 군데 즉 양쪽의 입가 그리고 턱에 붙어 있었고 눈은 쌍커풀이 지지 않은 눈이었고 그리고 머리는 생머리로 턱에까지 내려오는 모습이었다. 주님과 엘리야 그리고 나는 엘리야의 집 정원에 있는 갈색의 정교하고 아름다운 정자에 가서 정자 안에 놓여 있는 테이블에 앉았다.
그러자 그 정자가 하늘 높이 솟아올랐다.
'와우~'
저 밑에 엘리야의 하얀 궁과 그의 넓고 넓은 정원이 보였다.
주님께서 내가 아래로 내려다보는 것을 약간 겁내는 것을 아시고 정자 주위로 하얀 구름을 재빨리 두르셨다. 그리하여 아래가 더 이상 보이지 않는 구름 속에 둘러싸인 정자로 보였다. 그 안에 주님, 엘리야, 그리고 내가 있었다.
나는 먼저 주님께 질문하였다.

"주님, 저는 도저히 이 부분이 이해가 안 되요"

그곳은 엘리야의 승천 장면이었다.

[왕하 2:7-18]

7 선지자의 생도 오십인이 가서 멀리 서서 바라보매 그 두 사람이 요
단 가에 섰더니 8 엘리야가 겉옷을 취하여 말아 물을 치매 물이 이리
저리 갈라지고 두 사람이 육지 위로 건너더라 9 건너매 엘리야가 엘
리사에게 이르되 나를 네게서 취하시기 전에 내가 네게 어떻게 할 것

을 구하라 엘리사가 가로되 당신의 영감이 갑절이나 내게 있기를 구하나이다 10 가로되 네가 어려운 일을 구하는도다 그러나 나를 네게서 취하시는 것을 네가 보면 그 일이 네게 이루려니와 그렇지 않으면 이루지 아니하리라 하고 11 <u>두 사람이 행하며 말하더니 홀연히 불수레와 불말들이 두 사람을 격하고 엘리야가 회리바람을 타고 승천하더라</u> 12 엘리사가 보고 소리지르되 내 아버지여 내 아버지여 이스라엘의 병거와 그 마병이여 하더니 다시 보이지 아니하는지라 이에 엘리사가 자기의 옷을 잡아 둘에 찢고 13 엘리야의 몸에서 떨어진 겉옷을 주워가지고 돌아와서 요단 언덕에 서서 14 엘리야의 몸에서 떨어진 그 겉옷을 가지고 물을 치며 가로되 엘리야의 하나님 여호와는 어디 계시니이까 하고 저도 물을 치매 물이 이리 저리 갈라지고 엘리사가 건너니라 15 맞은편 여리고에 있는 선지자의 생도들이 저를 보며 말하기를 엘리야의 영감이 엘리사의 위에 머물렀다 하고 가서 저를 영접하여 그 앞에서 땅에 엎드리고 16 가로되 당신의 종들에게 용사 오십인이 있으니 청컨대 저희로 가서 당신의 주를 찾게 하소서 염려컨대 여호와의 신이 저를 들어 가다가 어느 산에나 어느 골짜기에 던지셨을까 하나이다 엘리사가 가로되 보내지 말라 하나 17 무리가 저로 부끄러워하도록 강청하매 보내라 한지라 저희가 오십인을 보내었더니 <u>사흘을 찾되 발견하지 못하고</u> 18 엘리사가 여리고에 머무는 중에 무리가 저에게 돌아오니 엘리사가 저희에게 이르되 내가 가지 말라고 너희에게 이르지 아니하였느냐 하였더라

즉 사람이 죽으면 올라간다. 하나님의 사람이 죽으면 셋째 하늘 낙원에 가는 것이다. 그러므로 엘리야도 죽지는 않았으나 갑자기 회

오리 바람으로 하나님께서 하늘로 취하여 가신 것이다. 그러므로 일부 사람들이 주장하기를 구약에서는 사람들이 죽으면 음부로 먼저 갔다가 후에 낙원으로 간다고 주장하는 사람들이 있는데 다 맞지 않는 소리인 것이다.

그런데 여기서 나는 정말 고민이 되었다.

'제가 알기로는 낙원은 영체들만 있는 것으로 아는데 어찌 엘리야의 몸, 죽고 썩고 없어질 몸이 승천하였다고 되어 있는지요?'

그리하였더니 지상에서는 아무리 이것에 대하여 고민하고 고민해도 모르는 것이 이 천상에서는 이상하게도 순식간에 깨달아지는 것이다. **즉 엘리야의 몸이 죽고 썩고 없어질 그 몸이 천국에 들어간 것이 아니라 공중에서 그 몸이 '유' 였는데 '무' 로 변하였다는 것이다.**

우리가 믿는 하나님은 무에서 유를 창조하시기도 하지만 그러나 유를 무로 없애시기도 하시는 분이신 것이다. <u>또한 롯의 아내 즉 그의 영을 지옥으로 취하여 가셨지만 그 육체를 순식간에 소금 기둥으로 변하게 하신 분이 하나님이신 것이다.</u>

나는 지상에서 세 가지 경우를 생각하여 보았었다.

지상에서는 나는 죽고 썩고 없어질 그 몸이 천국에 그대로 들어갈 수 없으니 첫째는 하나님께서 아담에게 너는 흙에서 왔으니 흙으로 돌아가라 하신 것처럼 공중에서 그 몸이 흙으로 변하여 이 땅 위에 흩어졌나? 하고도 생각을 해보았다.

두 번째는 주님께서 아예 죽고 썩고 없어질 그 몸을 영원히 썩지 아니할 몸으로 변화시켜서 천국에 데리고 가셨나? 아니면 혹 엘리야의 영혼만 데려가시고 그 몸을 어디에다가 던지시거나 갖다 놓으셨나? 라고 여러 가지를 생각하여 보았다.

두 번째 엘리야의 죽고 썩고 없어질 몸이 영원히 썩지 않는 몸으로 변하여 들어갔을 것이다 하는 것은 정말 아닌 것이 성경은 분명히 예수님께서 우리 부활의 첫 열매라 하셨으므로 그럴 수는 없다. 왜냐하면 성경은 진리 그 자체이기 때문이다.
그러면 이 세 번째의 경우를 생각하여 그 선지 생도들이 엘리사가 찾으러 가지 말라고 했는데도 불구하고 사흘 동안 엘리야의 시체를 찾으러 다녔던 것이다. 그런데 그들은 그 몸을 발견하지 못하였다.

우리는 이렇게 지상에서는 여러 가지로 생각하고 상상할 수가 있다. 그러나 천상에서 주님이 내게 가르쳐 주신 것은 위의 모든 것이 아니라 하시고 **하나님께서 엘리야의 영을 취하여 가실 때 엘리야의 죽고 썩고 없어질 그 몸을 유에서 무로 변하게 하셨다는 것이다. 즉 육체가 분명히 있었는데 갑자기 없어졌다는 것이다.**
이것이 가능한가? 가능하다. 이것이 하나님의 창조의 능력이다. 무에서 유를 창조하시든 유에서 무로 없게 하시든 왜냐하면 그분은 하나님이시기 때문이다.

이 세상은 하나님의 말씀으로 지어졌고(즉 무에서 유가 창조되었고) 또 그 동일한 하나님의 말씀으로 이 세상이 없어질 것이다(즉

유가 무가 될 것이다). 그러므로 하나님에게는 불가능이 없으시므로 간단히 그 엘리야의 육체 자체가 사라져 버리게 하실 수 있다. 할렐루야.

[히 11:1-3]

1 믿음은 바라는 것들의 실상이요 보지 못하는 것들의 증거니 2 선진
들이 이로써 증거를 얻었느니라 3 믿음으로 모든 세계가 하나님의 말
씀으로 지어진 줄을 우리가 아나니 보이는 것은 나타난 것으로 말미
암아 된 것이 아니니라

하나님께서 말씀으로 이 세상을 창조하셨다.

예수님이 말씀으로 처녀 마리아에게 잉태되어 탄생하셨다.

[눅 1:34-37]

34 마리아가 천사에게 말하되 나는 사내를 알지 못하니 어찌 이 일이
있으리이까 35 천사가 대답하여 가로되 성령이 네게 임하시고 지극
히 높으신 이의 능력이 너를 덮으시리니 이러므로 나실 바 거룩한 자
는 하나님의 아들이라 일컬으리라 36 보라 네 친족 엘리사벳도 늙어
서 아들을 배었느니라 본래 수태하지 못한다 하던 이가 이미 여섯 달
이 되었나니 37 대저 하나님의 모든 말씀은 능치 못하심이 없느니라

그러므로 '대저 하나님의 말씀은 능치 못함이 없느니라' 는 말씀이 맞다.

하나님의 말씀 한마디에 이 하늘과 땅이 없어질 것이다.

또한 하나님께서는 그 동일한 말씀으로 이 세상을 유지하고 계신다.

[히 1:3]
이는 하나님의 영광의 광채시요 그 본체의 형상이시라 그의 능력의 말씀으로 만물을 붙드시며 죄를 정결케 하는 일을 하시고 높은 곳에 계신 위엄의 우편에 앉으셨느니라

그러므로 엘리야를 회리바람으로 취하여 가실 때에 그 영혼은 낙원으로 데리고 가시고 죽고 썩고 없어질 그 몸은 그냥 없어지게 하셨다는 것이다. 있었던 육체가 유에서 무가 되어버렸다. 그리고서는 그 몸에 들어 있는 영은 취하여 가신 것이다. 할렐루야.

그러면 에녹도 마찬가지이다.

[히 11:5]
믿음으로 에녹은 죽음을 보지 않고 옮기웠으니 하나님이 저를 옮기심으로 다시 보이지 아니하니라 저는 옮기우기 전에 하나님을 기쁘시게 하는 자라 하는 증거를 받았느니라

하나님께서 에녹의 영을 취하여 가실 때에 그의 몸은 사라진 것이다. 즉 무로 변하여 버렸다. 왜냐하면 죽고 썩고 없어질 그 몸으로

는 낙원에 갈 수는 없기 때문이다.

어떤 이는 이렇게 말한다.
그 몸으로 갔다가 다시 두 증인 때에 내려온다고...
즉 그들은 한 번도 죽은 적이 없으므로 다시 죽으러 내려온다는 것이다. 아니다. 그 죽고 썩고 없어질 그 육체를 가지고서는 낙원에 들어갈 수 없다. 그런데 그 죽고 썩고 없어질 그 몸이 천국에 들어갔다가 나중에 죽으러 내려온다고? 정말 아니다. 그렇게 말하는 자들은 한번 죽는 것은 정한 이치이기 때문에 그들은 죽지 않고 천국에 들어갔으므로 반드시 죽으러 내려오는데 그때가 두 증인으로 내려와서 죽는다고 말한다.

아니다.
죽고 썩고 없어질 몸으로 천국에 들어갈 수는 없다. 성경은 단지 그들이 이 세상에서 죽음을 맛보지 않았다 라고만 표현하고 있을 뿐이다. 즉 옮기웠다고 표현하고 있을 뿐이다. 그런데 오늘 주님께서 내게 천상에서 깨우치게 하여주신 것은 영은 하나님께서 취하여 가시고 그들의 몸은 공중에서 유에서 무로 없어졌다는 것이다. 이것이 가장 맞는 것이다.

죽지 않고 썩지 않는 부활의 몸은 예수님이 그 첫째이므로 우리는 그것을 부활의 첫 열매라고 한다.

할렐루야.

성경이 그렇게 말씀하고 있으므로 그 어느 누구도 예수님 이전에 부활의 몸을 입을 수는 없다.

[고전 15:20-26]

20 그러나 이제 그리스도께서 죽은 자 가운데서 다시 살아 잠자는 자들의 첫 열매가 되셨도다 21 사망이 사람으로 말미암았으니 죽은 자의 부활도 사람으로 말미암는도다 22 아담 안에서 모든 사람이 죽은 것같이 그리스도 안에서 모든 사람이 삶을 얻으리라 23 그러나 각각 자기 차례대로 되리니 먼저는 첫 열매인 그리스도요 다음에는 그리스도 강림하실 때에 그에게 붙은 자요 24 그 후에는 나중이니 저가 모든 정사와 모든 권세와 능력을 멸하시고 나라를 아버지 하나님께 바칠 때라 25 저가 모든 원수를 그 발아래 둘 때까지 불가불 왕 노릇 하시리니 26 맨 나중에 멸망 받을 원수는 사망이니라

[고전 15:17-19]

17 그리스도께서 다시 사신 것이 없으면 너희의 믿음도 헛되고 너희가 여전히 죄 가운데 있을 것이요 18 또한 그리스도 안에서 잠자는 자도 망하였으리니 19 만일 그리스도 안에서 우리의 바라는 것이 다만 이생뿐이면 모든 사람 가운데 우리가 더욱 불쌍한 자리라

그러므로 엘리야의 몸이 승천할 때에 결코 그 몸은 부활된 몸이 들어 갈리는 없는 것이다. 또한 지금 육체의 몸(흙에서 왔으니 흙으로 돌아가야 하는 몸)으로는 낙원에 들어갈 수 없다. 그러므로 그 몸은 공중에서 유에서 무가 순식간에 되어버린 것이 맞다. 할렐루

야. 이렇게 알게 하여 주신 하나님을 찬양합니다.
엘리야의 살아서의 승천과 에녹의 죽지 않고 옮기워짐의 비밀을 알게 하여주신 주님을 찬양합니다.

23 룻기, 사무엘상하, 열왕기상하, 역대상하

인내의 바닷가

2018년 4월 28일

아침에 여러 시간을 기도하는 중에
곧 6월 달에 있을 한국의 집회를 놓고 기도하고 있었다.
나는 기도하면서 내가 죄인 중의 괴수임을 인지하고 또한 한국에 있는 자들이 나의 천국지옥 간증을 믿지 않고 나를 거짓 선지자 라고 해요 하고 주님께 말씀드리면서 눈에 눈물이 고였다.
그러자 갑자기 내 몸에 힘이 쭉 빠지면서 나의 영의 눈에 주님이 보이는 것이었다.
너무나 자애로우신 모습이었다. 손에는 못자국 구멍이 뚫린 손을 내게 내미는 것이었다. 그러자 나는 갑자기 수레를 타고 연못가에 내려오는데 와우 그렇게 사뿐히 기분 좋게 내려앉은 적이 없을 정도로 황홀한 느낌으로 그 열 마리의 말들이 끄는 수레와 함께 내가 연못가에 도착하였다.
주님께서는 나를 맞아주시면서 '너는 내 신부야!' 하시는 것이었다. 나는 오늘따라 긴 검은 머리에 생머리같이 내려온 머리에는 보라색 꽃들로 링을 만들어 장식하고 있었고 옷은 하얀색 드레스로 너무나 희고 아름다워 보였다.

주님께서는 나를 데리고 어디론가 가시려고 했다.
그래서 바닥에서 주님과 함께 비상하여 위로 날았는데 저 멀리 거룩하고 환한 빛이 쏟아져 나오는 궁으로 가고 있었다. 나는 즉시 그곳은 성부 하나님께서 계신 곳이라는 것을 알았다. 나의 영은 울기 시작하였다. 너무나 반가와서이다.
얼마나 오랜만인가? 지상의 내 몸은 울먹거리고 있었다. 주님과 나는 성부 하나님께서 계신 곳에 섰다. 주님께서 내 오른편에 서시면서 나를 보고 바르게 서거라 라고 말씀하셨다. 그래서 나는 꼿꼿이 바르게 서 있었다. 눈물도 더 이상 나지 않았다. 내 오른편에 서신 주님께서 저 앞에 계신 성부 하나님께 '아버지 말씀하소서' 라고 마음으로 그 말씀을 전하는 것이 옆에서 그냥 알아졌다.
그러자 저 앞에서 꽉 지진이 나서 큰 바위가 부서질 듯한 느낌으로 그리고 그곳에서 안개 같은 연기가 사방으로 퍼지고 있었다.
와우~
그러자 그곳에서 매우 크고 큰 소리가 울려 퍼졌다.
"내가 예수다!" 라는 음성이 들렸다.
그러자 순간적으로 저어기 성부 하나님이 계신 곳에서 바로 내 옆에 예수님이 계신 곳까지 반원이 그려지는 것이 알아졌다. 즉 그분이 이분이라는 것이다.
나는 이 순간에 내가 천국에 올라왔을 때에 예수님이 나에게 직접 나는 여호와니라 하는 말씀을 여러 번 하신 것이 기억이 났다. 아하, 그렇구나! 저분이 이분, 이분이 저분 그래서 삼위일체의 하나님이시다. 즉 일체라는 말씀이시다.
할렐루야.

그러고 나서 성부 하나님은 또한 나에게 이렇게 말씀하셨다.
'사라야!' 하고 부르셨다.
그런 후에
"내가 너를 사랑한단다." 라고 말씀하셨다.
와우 ~
너무나 기분이 좋았다.
황홀하였다.
성부 하나님께서 나를 사랑하신다고...
얼마나 감사한지...

그런 후에 주님께서는 나를 흰 돌이 있는 바닷가로 즉시 데리고 가셨다.
그 바닷가에 흰 돌들 위에 어느새 주님과 내가 서 있었다.
주님께서 말씀하신다.
"여기가 인내의 바다란다."
어머나, 나는 이전에 주님께서 가르쳐 주시지 않아서 내 마음대로 '이기는 자의 바닷가' 라고 붙였는데 사실은 오늘 주님께서 직접 여기는 '인내의 바닷가' 라고 이름을 가르쳐 주시는 순간이었다.
'오호라 그렇구나! 여기가 인내의 바닷가이구나!'
저어기 사도 바울이 받을 흰 돌 즉 등짝만 한 큰 흰 돌이 보였다.
그리고 또한 감자 싸이즈만 한 흰 돌들 사이에 내가 받을 흰 돌 삼각형 같이 생긴 다른 흰 돌들보다 세배 정도 큰 흰 돌이 보였다.
주님께서 여기를 인내의 바닷가라 하실 때에 나에게는 인내가 무엇인지 알아졌다.

'바라고 믿고 참아내는 것'

그것이 인내라는 것이 알아졌다.

나를 핍박하는 자들 그들을 위하여 인내하는 것. 그것은 그들이 하나님께로 돌아오기를 바라고 믿고 참아내는 것이 인내라는 것이 알아졌다. 그리고 주님께서는 그들을 위하여 십자가에 죽으시기까지 하셨다는 것도 알아졌다. 주님은 죽기까지 인내하신 것이다. 주님은 배반당하시고 잡히시고 채찍에 맞으시고 가시 면류관에 찔리시고 십자가에 죽기까지 인내하신 것이다.

예수님은 자신을 못 박는 자들을 위하여 기도하셨다.

'아버지 저들을 용서하소서! 저들은 지금 저들이 무슨 짓을 하고 있는지 모르나이다.' 라고.

그러므로 영혼에 대하여서는 죽기까지 인내하여야 한다는 것이 알아졌다.

그리고 주님은 내게 이렇게 말씀하시는 것이 알아졌다. 주님께서 오늘 나를 인내의 바닷가로 데리고 오신 것은 너를 핍박하는 자들에 대하여 인내하라는 말씀이셨다. 할렐루야.

그리고 주님께서는 마지막으로 내게 '인내하면 너에게 의의 면류관이 준비되어 있단다.' 라고 말씀하시는 것이 알아졌다.

의의 면류관은 믿음의 달려갈 길을 다 간 자들에게 주어진다.

[딤후 4:7-8]

7 내가 선한 싸움을 싸우고 나의 달려갈 길을 마치고 믿음을 지켰으니 8 이제 후로는 나를 위하여 의의 면류관이 예비되었으므로 주 곧 의로우신 재판장이 그 날에 내게 주실 것이니 내게만 아니라 주의 나타나심을 사모하는 모든 자에게니라

그리고 주님이 다시 오시기를 사모하는 자들에게 주어지는 면류관인 것이다.

주님께서는 오늘 나를 핍박하는 자들 때문에 울고 있는 나를 성부 하나님이 계신 곳에 가서 성부 하나님으로부터 나를 사랑한다 하시는 말씀을 듣게 하시고 또한 여기 인내의 바닷가에 데리고 오셔서 끝까지 인내하고 천국 지옥을 전할 것과 그리고 끝까지 인내하여 의의 면류관을 받아쓰기를 원하신다는 것을 알았다.
할렐루야.

주님 그렇습니다. 알겠습니다. 주님 그렇게 하겠습니다.
인내하겠습니다. 바라고 믿고 참아내겠습니다.
할렐루야. 주님 감사합니다. 사랑합니다.

24 룻기, 사무엘상하, 열왕기상하, 역대상하

천상에서 '내가 매일 기쁘게' 라는 찬송가를 부르는 것을 듣다.

2018년 5월 8일

천국에 올라갔다. 주님께서 나를 연못가에서 반겨 주셨다. 오늘은 주님께서 나를 흰 옷 입은 무리들이 많은 컨벤션 센터로 데리고 가셨다. 이 센터는 이전에도 한번 주님께서 이 연못 위에 중앙에는 두 터널이 붙어 있는데 오른편 터널은 '왕의 도시' (이 이름은 내가 붙인 것인데 여기는 왕권을 가진 자들이 사는 도시라 하여)로 통하는 터널이고 왼편 터널은 한번 들어가 보았었는데 컨벤션 센터로 나를 이동시키는 터널이었다. 오늘 주님은 내 손을 잡고 이 연못 위로 걸어 들어가시면서 연못 위의 왼편 터널로 들어가셨다. 그랬더니 컨벤션 센터 같은 곳이 나왔다. 주님과 나는 수많은 흰 옷 입은 무리들이 있는 컨벤션 센터의 무대에 섰다. 이 무대는 사람들이 앉는 자리들보다 아래로 위치해 있었다. 나는 오늘 주님께서 왜 나를 이곳으로 데리고 오셨는지가 알아졌다. 흰 옷 입은 무리들은 나를 환호하여 주었고 격려하여 주었다. 그들은 모두가 다 어깨동무를 줄지어서 하고서는 찬송가 427장(내가 매일 기쁘게)을 부르는 것이었다. '와우~~' 나는 너무 놀랐다. 그 수많은 무리가 어깨동무를 각 계단에서 서 있는 채로 몸을 한쪽 방향으로 동일하게 오른쪽으로 한번 왼쪽으로 한번 기울이면서 노래를 부르는데 멀리서 보니 꼭 물결들이 움직이는 것 같이 보였다.

노래의 가사는 다음과 같다.

내가 매일 기쁘게 순례의 길 행함은 주의 팔이 나를 안보함이요
내가 주의 큰 복을 받는 참된 비결은 주의 영이 함께 함이라~
성령이 계시네 할렐루야 함께 하시네~~~
좁은 길을 걸으며 밤낮 기뻐하는 것 주의 영이 함께 함이라~

나는 감격하였다. 왜냐하면 이들이 나를 위로하여 주는 것 같았기 때문이었다.
나는 어떤 분 때문에 마음 아파했다. 아니 내 영도 많이 슬펐다. 이분 목사님은 우리 교회에 와서 실컷 간증은 잘해놓고 우리 교회를 보고 작은 교회 작은 교회라고 하면서 안 오고 싶었다고 했다. 이 말에 나뿐 아니라 거기 교회 간증을 듣고 앉아 있던 모든 분들이 상처를 받았다. 나도 슬펐다. 한 영혼이 온 천하보다도 귀하다고 생각하면 이러한 말을 해서는 안 되는 것이었다. 그분도 실수한 것이다. 이 때문에 내가 마음을 많이 아파하는 것을 아시고 오늘 주님께서는 나를 이 컨벤션 센터 같은 곳에 나를 데리고 오셔서 이 흰 옷 입은 무리들로 하여금 '내가 매일 기쁘게' 라는 노래를 부르게 하셔서 나를 위로하는 동시에 격려해 주시는 것이었다.
'와우~~ 할렐루야. 그런데 그렇지요? 주님 제가 그런 것 때문에

슬퍼하다니요?
주님 그래요. 저는 이렇게 많은 흰 옷 입은 무리들이 저를 환영하여 주고 격려하여 주는데요. 지상에서 맘 상해하고 속상해할 필요조차도 없네요. 위로하여 주셔서 감사해요. 주님...'
그리고 나는 놀랐다. 천국에서 우리가 부르는 찬송가 427장을 부르다니....
나는 이제껏 찬송가 40장(주 하나님 지으신 모든 세계)과 그리고 복음성가 '찬양하라 내 영혼아' 가 천국에서 불려지는 것을 보았는데 오늘 새롭게 이 흰옷 입은 무리들이(이들은 먼저 천국에 가계신 믿음의 선진들이다.) '내가 매일 기쁘게' 라는 찬송가를 부르는 것을 보고 놀랐다. 그래서 나는 지상에서 이 노래를 많이 불러야겠다는 생각이 들었다.

'주님 감사해요. 이 부족한 저를 위로하여 주시느라고 여기까지 저를 데리고 오셔서 이 찬송가를 듣게 하시다니요? 감사하고 감사하옵나이다.'

25 룻기, 사무엘상하, 열왕기상하, 역대상하

천국에서 엘리사를 만나 궁금한 것이 풀려지다.

(i) 엘리야와 엘리사가 일으킨 기적들이 매우 유사한 이유들이 밝혀지다.

(ii) 엘리야와 엘리사가 어떻게 하나님과 교통하였는가 알아지다.

(iii) 하나님의 참 종 엘리야와 엘리사를 조롱하고 건드리려 하였던 자들은 하나님의 급격한 진노로 그 자리에서 죽이셨다.

2018년 7월 26일

아침에 두세 시간을 기도한 후에 천국에 올라갔다.

나를 데리러 온 수레 바깥의 천사가 노란색의 우슬초 같은 것을 하나 들고 있다.

내가 이름을 붙여준 열 마리의 말들이 수레에 매여 나를 데리러 왔다. 그들의 이름은 내 오른편에서부터 왼편으로 온유, 충성, 사랑, 인내, 지혜, 승리, 소망, 믿음, 겸손, 찬양이었다. 그들은 모두가 싱그럽고 건강하게 보였다.

수레를 모는 천사도 보였고 오늘따라 수레는 아름다운 장식을 한 황금 수레였다.
내가 수레 안으로 들어서자 수레 중앙에는 늘 그렇듯이 테이블이 놓여 있고 그 위에는 쑥색의 두꺼운 구약에 관한 책이 놓여 있었고 이 책 표지의 가장자리는 황금 띠 모양으로 가장자리를 두르고 있었다. 이 책은 앞으로 내가 쓸 책이다.
그리고 수레 입구 반대편에 있는 책상 위의 책꽂이에는 내가 쓴 책들, 파란색 표지의 '하나님의 인' 책, 분홍색 표지의 '지옥편' 책, 그리고 노란색 표지의 '계시록 이해' 책이 보였다.
그리고 나는 수레 안에 있는 내가 앉는 자리에 와서 앉으려 하였는데 책상이 있는 쪽으로 크고 흰 두 날개를 가진 흰 옷을 입은 천사가 한 명 앉아 있으면서 나에게 이렇게 말하는 것이었다.
"주인님!"
나는 혼자 중얼거렸다.
'아니 왠 천사가 이 수레 안에 있지? 여태껏 없었는데....'
나는 '왜 내게 또 한 명의 천사가 필요하지?' 라고 생각하고 있었다.
그 때에 그 천사가 내게 이렇게 말하는 것이 알아졌다.
'주인님, 저는 이제부터 이 수레 안에서 주인님을 시중들 것입니다' 라고.
'와우~'
'나를 수레 안에서 시중을 들 천사라니!....'
나는 결국 나를 시중하는 천사가 한 명 더 늘었다는 사실을 알 수 있었다.
나는 내가 수레 안에서 앉는 자리에 가서 앉았다. 그러자 수레는 즉시 천국으로 올라갔다.

그리고 그 수레는 연못가에 사뿐히 내려앉고 있었다.
나는 이 수레가 공중에서 멈추지 않고 땅에 내려앉기를 원했다. 왜냐하면 이전에는 수레가 연못가 가까이 와서 공중에서 나를 내려놓으면 나를 수레 바깥에서 수종하는 천사 두 명이 있는데 이들은 여성들로 보이는 천사들로서 분홍색 옷과 분홍색 날개를 가지고 있고 얼굴도 머리도 다 분홍색으로 보이는 두 천사들로서 이들은 수레에서 내리는 나를 수종하여 주님께로 인도하였기 때문이다. 그런데 오늘은 직접 주님 앞에 빨리 가고 싶은 마음에 수레가 연못가까이 와서 공중에 멈추지 않고 그냥 땅에 내려앉기를 원하였더니 나를 태운 수레는 공중에서 멈추려 하다가 내 마음을 알고 땅에 사뿐히 내려앉았다.

주님은 이미 저 앞에 서 계셨다. 주님께서는 오늘따라 콧수염과 턱수염을 다 달고 나타나셨다. 나는 주님을 뵙자 빨리 수레에서 내려서 그분 앞으로 가서 엎드려 울고 싶었다. 나의 모습은 머리에 백금 면류관 같은 것에 자수정이 앞에 백금 중간 높이에 한 줄로 링처럼 그 면류관을 둘러서 장식한 면류관을 쓰고 있었다. 그리고 나의 전체적인 모습은 하이디 소녀처럼 머리는 두 갈래로 앞으로 길게 땋아 내렸고 옷은 어깨에 멜빵이 달린 하늘색의 드레스를 입고 있었다. 윗옷은 흰 브라우스 같은 옷이었다.
'와우~' 나는 오늘 내가 아주 새로운 모습을 하고 있었다.
그 하늘색의 드레스는 땅에까지 내려오고 있었다.

나는 주님 앞에서 울기로 작정하였으므로 나는 주님과 함께 벤치에 바로 앉는 것을 원치 않았다. 그래서 나는 주님께 이렇게 말씀드렸다. '주님, 저는 주님과 함께 나란히 벤치에 앉을 자격이 전혀 없는 자입니다.' '저에게 절을 받아 주세요.' 하면서 주님 발 앞에 엎어지듯이 엎드렸다. 주님께서는 나의 이 각오를 아시고 조금 계시다가 '너는 내 딸이야!' 하시면서 나를 붙들어서 벤치에 앉히고자 하셨다. 그래서 나는 결국 주님 옆에 앉게 되었다.
주님께서는 내게 나의 오른손 팔뚝에 있는 두 황금 팔찌를 보게 하셨다. 그것은 이전에 주님께서 나를 보고 '같이 일하자' 는 의미로 두 황금 팔찌를 주신 것이었다.

그리고서는 주님께서는 나를 바라보셨다.
주님께서는 이미 내 마음을 알고 계셨다.
내가 오늘 기도 시간에 이 천국에 올라오기 전에 '오늘은 꼭 내가 천국에서 엘리사를 만나야지' 하고 기도하고 올라온 것을 이미 알고 계셨다.
그리고 나는 기도 속에서 <u>엘리야와 엘리사의 사역이 왜 그렇게 비슷비슷한지 왜 그렇게 비슷비슷한 기적들이 그들의 삶에 일어났는지에 대한 의문과 또한 이러한 기적들이 어떠한 방식으로 일어났는지에 대한 의문을 가지고 있었는데</u> 주님은 이미 내 마음속을 꿰뚫고 계셨다.
그래서 주님은 내가 엘리사를 만나기 위하여 그것을 준비하시기 위하여 나를 보고 '발을 씻어야지' 하시면서 내 발을 씻기시기 시작하셨다. 그리고 주님은 나의 손도 얼굴도 씻어주셨다.

그런 후에 나는 벤치 옆에 놓여 있는 꽃 신발을 신고 연못 위로 걸어 들어갔다. 연못 물 위에 있는 두 터널 중에서 나는 오른쪽 터널의 문을 열고 들어갔다. 그러자 그 물은 나를 즉시 엘리야의 집 정원에 도달하게 하여 주었다. 거기에는 벌써 주님이 와 계셨고 그 옆에 엘리야가 보였다. 주님은 항상 그러시다. 나를 연못 위 터널을 통하여 믿음의 선진들의 집에 도착하게 하시고 정작 주님은 분명히 내가 연못 위로 걸어 들어가는 것을 보시고서는 언제 와 계신지 그 믿음의 선진의 집에 내가 터널을 통하여 도착하기 전에 항상 먼저 와 계신다. 나는 왜 이러한 차이가 나는지 잘 모른다.
주님과 엘리야 그리고 나는 엘리야의 정원에 있는 정자에 가서 앉았다. 여전히 엘리야는 이전에 본 그대로의 모습을 하고 있었다. 얼굴은 길고 눈은 째진 눈에다가 머리는 커트 머리처럼 생머리로 턱에까지 내려온 그리고 얇은 세 줄의 수염이 코밑 양쪽에 하나씩 달려있고 그리고 하나는 턱에 달려 있었다.
누가 봐도 엘리야의 모습은 일본의 사무라이 얼굴 같은 모습이다.
엘리야는 키가 컸다.

거기서 나는 주님께 '엘리사를 불러주세요' 라고 했다.
그러자 엘리사가 아래 위로 흰 옷을 입고 나타났다.
'와우!'
그는 젊고 앳띤 청년의 모습으로 지상에서는 대머리였으나 천국에서는 대머리가 아니라 검은 곱슬 머리로 길이는 3cm 정도의 길이를 가지고 있었다. 그리고 얼굴은 약간 포동포동한 모습이고 눈은 쌍커풀이 져 있었다. 그리고 언뜻 보아서 마음 좋은 청년처럼 생겼다. 정말로 엘리야의 인상과는 정 반대로 생겼다고 보면 된다.

'와우~ 엘리사가 이렇게 생겼다니!....'

나는 내가 생각하고 있었던 엘리사와의 모습과는 전혀 다른 모습에 새삼 놀라워했다. 아니 이렇게 내 생각과 다르게 생길수가.... 나는 어떻게 생각했는가 하면 그는 나아만 장군이 찾아왔을 때 문도 안 열고 그냥 문 안에 있으면서 나와 보지도 않고 말만 전하기를 '당신이 요단강에 가서 일곱 번 몸을 담그면 나으리라.' 한 그 내용을 보았을 때에 나는 엘리사가 근접하기 조금 어려워 보이는 매우 근엄한 얼굴을 가졌을 것이라고 생각했는데 전혀 그렇게 보이지 않았기 때문이다. 나는 오히려 이때를 생각하면 엘리야의 얼굴과 엘리사의 얼굴이 바꾸어져야 되는 것이 아닌가 하는 느낌을 받았다. 천국에서의 엘리사는 젊고 앳되어 보이는 잘생긴 청년으로 대머리가 아니었다.

'와우~~'

나는 그곳에 주님, 엘리야, 그리고 엘리사 그리고 내가 앉은 자리에서 내 안에 의문 사항이 있는 질문들을 하기 시작하였다.

나는 다음의 것이 궁금하였다.

첫째는 어떻게 엘리야 때 일어난 기적들과 엘리사 때 일어난 기적들이 왜 그렇게 유사한가 하는 것이다.

(i) 사렙다 과부의 기름과 가루가 기근이 끝나기까지 다하지 않은 것처럼 엘리사 때에 생도의 과부의 한 병의 기름이 빌려온 그릇들

이 다 차기까지 부어졌다는 사실, 즉 무에서 유를 창조하는 기적과 같은 것이 비슷하게 일어난 것에 대하여

(ii) 그리고 엘리야와 엘리사 둘 다 죽은 아이를 살린 것. 엘리야는 사렙다 과부의 죽은 아이를 살렸고 또한 엘리사는 그를 수종하는 수넴 여인의 죽은 아이를 살린 것이다.

(iii) 또 엘리야는 일곱 번 기도하여 구름 한 점 보이게 하여 비가 오게 된 것. 나아만 장군에게 요단강에 일곱 번 몸을 담구어서 낫게 한 점

(iv) 그리고 엘리야가 자신의 겉옷으로 요단강 갈라지게 한 것과 엘리사가 떨어진 엘리야의 겉옷으로 요단강을 이리저리 쳤더니 그 요단강이 갈라진 사건 등

[왕하 2:8-11]

8 엘리야가 겉옷을 취하여 말아 물을 치매 물이 이리 저리 갈라지고
두 사람이 육지 위로 건너더라 9 건너매 엘리야가 엘리사에게 이르되
나를 네게서 취하시기 전에 내가 네게 어떻게 할 것을 구하라 엘리사
가 가로되 당신의 영감이 갑절이나 내게 있기를 구하나이다 10 가로
되 네가 어려운 일을 구하는도다 그러나 나를 네게서 취하시는 것을
네가 보면 그 일이 네게 이루려니와 그렇지 않으면 이루지 아니하리
라 하고 11 두 사람이 행하며 말하더니 홀연히 불수레와 불말들이 두
사람을 격하고 엘리야가 회리바람을 타고 승천하더라

[왕하 2:13-15]

13 엘리야의 몸에서 떨어진 겉옷을 주워가지고 돌아와서 요단 언덕에
서서 14 엘리야의 몸에서 떨어진 그 겉옷을 가지고 물을 치며 가로되
엘리야의 하나님 여호와는 어디 계시니이까 하고 저도 물을 치매 물
이 이리 저리 갈라지고 엘리사가 건너니라 15 맞은편 여리고에 있는
선지자의 생도들이 저를 보며 말하기를 엘리야의 영감이 엘리사의 위
에 머물렀다 하고 가서 저를 영접하여 그 앞에서 땅에 엎드리고

이 모든 것이 어떻게 이렇게 비슷비슷하게 일어났는가 하는 나의 질문에 대하여 이렇게 알아졌다.

주님이 다음과 같이 알게 하여 주신 것이다.

1) 엘리사는 엘리야의 제자로서 스승이 한 것을 그대로 행하였다. 제자니까.
하나님께서는 무에서 유를 창조하여 주신다. 먼저 그의 나라와 그의 의를 구한 자에게... 그래서 사렙다 과부의 기름과 가루가 기근이 끝나기까지 다하지 아니하였고 또한 생도의 아내의 한 병의 기름이 많이 빌려온 빈 그릇이 다 차기까지 채웠던 것이다.

2) 엘리야의 영감이 엘리사에게 그대로 머물렀다. 엘리사가 '당신의 영감이 내게 갑절이나 있게 되기를 원하나이다' 라고 하였을 때에 엘리야는 엘리사에게 말하기를 네가 나의 승천하는 것을 보면 그렇게 되리라라고 했는데 정말 엘리사가 보는 가운데 불 말과

불 병거가 그 둘 사이를 가르더니 엘리야가 회리바람으로 승천하는 것을 엘리사가 지켜보았다. 즉 엘리야의 영감이 갑절이나 엘리사에게 머물게 된 것이다.

3) 그리고 하나님께서 직접 말씀하시기를 엘리야에게 '네 후계자가 엘리사가 될 것이다' 라고 말씀하셨기 때문이다. 그것은 엘리야가 하던 일을 엘리사가 물려받을 것이라는 말씀이다.

즉 이 세 가지 이유가 천상에서 주님이 엘리야와 엘리사에게서 일어난 기적들이 비슷비슷하게 일어났다는 것을 설명할 수 있다는 것을 알게 하여 주셨다.

두 번째 나의 질문은 엘리야도 그렇고 엘리사도 그렇고 성경은 그들에게 하나님이 즉 성령님이 그들에게 임하셔서 대언하는 것처럼 나타나지 않는다. 또한 그렇다고 모세처럼 하나님께서 직접 대면하여 말한 것으로도 나타나지 아니한다. 그러면 어떻게 하나님께서는 엘리야 그리고 엘리사와 교통하셨는가 하는 것이다.

예를 들어서 엘리야를 잡으러 온 오십 명을 하늘에서 불이 내려 그들을 죽일 때에

[왕하 1:2-4]

2 아하시야가 사마리아에 있는 그 다락 난간에서 떨어져 병들매 사자를 보내며 저희더러 이르되 가서 에그론의 신 바알세붑에게 이 병이

낫겠나 물어 보라 하니라 3 여호와의 사자가 디셉 사람 엘리야에게
이르시되 너는 일어나 올라가서 사마리아 왕의 사자를 만나서 저에
게 이르기를 이스라엘에 하나님이 없어서 너희가 에그론의 신 바알세
붑에게 물으러 가느냐 4 그러므로 여호와의 말씀이 네가 올라간 침상
에서 내려오지 못할지라 네가 반드시 죽으리라 하셨다 하라 엘리야가
이에 가니라

[왕하 1:9-10]

9 이에 오십부장과 그 오십인을 엘리야에게로 보내매 저가 엘리야에
게로 올라가서 본즉 산 꼭대기에 앉았는지라 저가 엘리야에게 이르되
하나님의 사람이여 왕의 말씀이 내려오라 하셨나이다 10 엘리야가 오
십부장에게 대답하여 가로되 내가 만일 하나님의 사람이면 불이 하늘
에서 내려와서 너와 너의 오십인을 사를지로다 하매 불이 곧 하늘에
서 내려와서 저와 그 오십인을 살랐더라

여기서 엘리야는 오십부장에게 말하기를 '내가 만일 하나님의 사람이면 불이 하늘에서 내려와서 너와 너의 오십 인을 사를지로다' 라는 말씀은 하나님께서 엘리야에게 임하여 말씀하신 것이 아니라 엘리야가 오히려 그렇게 되도록 하나님께 간구한 형식으로 나타난다. 그럼에도 불구하고 엘리야가 그렇게 말할 때 실제적으로 하늘에서 불이 내려와 그 오십 명을 불살라 버렸다.
그것도 두 번씩이나...

이러한 비슷한 현상이 또한 엘리사 때에도 나타난다.

[왕하 2:23-24]

23 엘리사가 거기서 벧엘로 올라가더니 길에 행할 때에 젊은 아이들이 성에서 나와서 저를 조롱하여 가로되 대머리여 올라가라 대머리여 올라가라 하는지라 24 엘리사가 돌이켜 저희를 보고 여호와의 이름으로 저주하매 곧 수풀에서 암콤 둘이 나와서 아이들 중에 사십 이명을 찢었더라

즉 엘리사가 여호와의 이름으로 아이들을 저주하였다는 것이다. 그리하였더니 암콤 둘이 숲에서 나와 아이 42명을 찢었다는 것이다. 여기서 보면 꼭 엘리사가 아이들을 저주한 것처럼 되어 있다.그런데 그 앞에는 '여호와의 이름으로' 라는 말이 중요하다. 즉 하나님 아버지의 뜻이 거기에 담겨 있다는 뜻이다.

즉 엘리야도 그렇고 엘리사도 그랬는데 오히려 자신들이 하나님께 구한 것처럼 나타나고 있으나 실제는 이미 하나님께서 먼저 그렇게 할 뜻을 세우시고 그 다음 이것을 엘리야와 엘리사에게 즉각 알게 하셔서 그 하나님의 뜻이 꼭 엘리야와 엘리사의 뜻처럼 그 입에서 나오게 하신 것이라는 것을 알게 되었다.
왜냐하면 그들은 하나님께서 쓰시는 참 종들이었기 때문이다.

그러면 어떻게 하여서 이러한 하나님의 뜻을 담은 말들이 그들의 마음에서 나오는 것처럼 기록되고 있는가 하는 것이다.

이러한 질문에 대하여 주님은 나에게 이렇게 다음과 같이 알게 하

여 주셨다. 즉 하나님의 마음을 즉 하나님의 뜻을 하나님께서 무엇을 행하실 것인지를 이들의 마음에 순간적으로 송두리째 넣어 주셨다는 것이다.
아~ 할렐루야. 이제야 이해가 된다. 그리하여 순식간에 하나님의 뜻이 그들의 마음속에 송두리째 들어오게 되니까 그것이 오히려 그들의 말인 것처럼 입으로 나오게 된 것이라는 것이다.
주여~~

성경에는 이러한 말씀이 있다.

[빌 2:13]
너희 안에서 행하시는 이는 하나님이시니 자기의 기쁘신 뜻을 위하여 너희로 소원을 두고 행하게 하시나니

즉 우리 안에서 행하시는 이는 하나님이시라는 것이다.
그리고 그분은 그분의 기쁘신 뜻을 위하여 우리 안에 마음에 소원을 두고 행하게 하신다는 것이다.

그렇다. 구약에서 보면 성령께서 대언자의 머리 위에 임하여 대언할 수도 있었지만 이렇게 성령 하나님께서 이들의 마음속에 그 뜻을 송두리째 넣어 주셔서 꼭 그 하나님의 뜻이 자신의 마음의 소원처럼 넣어져서 그 원함을 입으로 말할 수 있다는 것이다.
오~ 할렐루야 할렐루야 ~~
아~ 정말 이제야 이해가 갔다. 충분히 그러실 수가 있는 것이다.

나는 의문이 풀려 버렸다.
나는 그들의 생각을 아니 그들의 바램을 주님이 다 들어주셨는가 하고 생각했었는데 그것이 아니라 먼저 주님이 뜻을 세우시고 그 뜻을 그들의 마음속에 소원으로 넣어 주셔서 그 소원이 그들의 입으로 나왔다는 것이다. 할렐루야.

그리고서는 나는 내려왔다.
그러나 나는 지상에 내려오고 나서 나는 다음과 같은 생각을 하게 되었다.

'어찌 하나님께서 엘리야를 왕명으로 데리러 온 오십부장과 그를 따르는 50명을 두 번씩이나 하늘에서 불을 내려서 그 자리에서 죽일 수 있는가?' 하는 것이었다. 군사 50명을 하늘에서 불이 내려서 그들을 죽여 버린 것이다. 한 명도 아니고... 50명씩이나...

또한 '엘리사 때에는 왜 하나님께서 숲에서 암콤 두 마리를 나오게 하여 젊은 아이들 42명이나 찢었는가?' 하는 것이다.
그것은 하나님께서 쓰시는 하나님의 참 종들을 멸시하거나 혹이라도 죽이려 하면 하늘에서 하나님의 진노가 매우 매우 급격하다는 것이 알아졌다.
사실 하나님을 모르는 자들이 죽는 것은 하나님께는 사실 아무것도 아니다. 하나님을 믿지 아니하는 자들은 언제 죽어도 죽고 또한 죽어서 영원한 불못에 던져질 저주받을 인생들이라서 하나님께서는 아예 그들이 언제 죽든지 별로 상관치 아니하신다는 것이다. 결국 그들은 죽어서 불에 들어가게 될 것이니까... 조금 일찍 죽으나 조금 늦게 죽으나 별로 상관이 없다는 것이다.

그리고 북이스라엘이 남유다보다 하나님을 더 떠나 살았으므로 웬만한 것을 보고는 그들이 깨우치지 않을 것으로 알아 엘리야와 엘리사 두 대 선지자를 북이스라엘에 보내신 것도 그러한 이유일 것이다. 50명씩이나 불이 내려 죽게 되고 암콤 둘로 42명의 아이들이 찢어지고 등등 이러한 큰 일들을 보아야 깨우칠 수 있을 것 같아서였을 것이다. 하나님의 입장에서 보면 말이다.

하나님께서는 하나님의 대선지자 엘리야를 통하여 하늘에서 불을 내려 자신이 참 하나님이심을 증거하여 바알 선지자 450명이 칼에 죽게 하셨다. 그러니 하나님은 이 완악한 북이스라엘에게 살아계신 하나님을 보여 주려면 이 정도도 안 하면 안 되는 것이었다.

또 아하시야 왕이 한 신하를 시켜서 자신이 나을 것인지 안 나을 것인지 바알에게 묻고 오라 하였더니 그 신하가 가다가 엘리야를 만났는데 엘리야가 하는 말이 아하시야에게 전하라 하면서 '네가 이스라엘의 하나님께 묻지 않고 바알에게 가서 물으라 하였으니 네가 침상에서 내려오지 못하고 죽으리라' 라고 전하라 한 것이다. 이에 아하시야가 엘리야를 잡아 내리려고 오십부장과 오십 명의 군사를 보낸 것이다. 그런데 그렇게 찾아온 오십부장과 오십 명의 군사들이 두 번이나 하늘에서 불이 내려 죽었다. 그러니 아하시야가 엘리야의 하나님을 인정하지 아니할 수 없었을 것이다.

그 다음 아하시야가 세 번째 오십부장과 군사 오십명을 엘리야에게 보냈다. 그때에 하나님께서는 엘리야에게 아하시야에게로 내려가라 하셨다. 그래서 엘리야가 아하시야에게 내려간 것이다. 엘리야는 아하시야에게 하나님께서 그에게 말씀한 대로 그대로 전하여도 엘리야는 죽임을 당하지 않았는데 그것은 아하시야가 이미 엘리야는 참 하나님의 사람으로 그를 건드리려 하였더니 하나님께서 그가 보낸 100명 이상의 군사들이 죽이시는 것을 보고서는 엘리야가 자신에게 바른 소리를 하더라도 그는 그를 죽일 수 없었을 것이다. 즉 하나님이 안 죽이게 하신 것이다.

[왕하 1:13–17]

13 왕이 세 번째 오십 부장과 그 오십 인을 보낸지라 세째 오십 부장
이 올라가서 엘리야의 앞에 이르러 꿇어 엎드려 간구하여 가로되 하
나님의 사람이여 원컨대 나의 생명과 당신의 종인 이 오십 인의 생명
을 당신은 귀히 보소서 14 불이 하늘에서 내려와서 전번의 오십부장
둘과 그 오십인들을 살랐거니와 나의 생명을 당신은 귀히 보소서 하
매 15 여호와의 사자가 엘리야에게 이르되 너는 저를 두려워 말고 함
께 내려가라 하신지라 엘리야가 곧 일어나 저와 함께 내려와서 왕에
게 이르러 16 고하되 여호와의 말씀이 네가 사자를 보내어 에그론의
신 바알세붑에게 물으려하니 이스라엘에 그 말을 물을만한 하나님이
없음이냐 그러므로 네가 그 올라간 침상에서 내려오지 못할지라 네가
반드시 죽으리라 하셨다 하니라 17 왕이 엘리야의 전한 여호와의 말
씀대로 죽고 저가 아들이 없으므로 여호람이 대신하여 왕이 되니 유
다 왕 여호사밧의 아들 여호람의 제 이년이었더라

26 룻기, 사무엘상하, 열왕기상하, 역대상하

아침 기도중 하나님께서 중요한 사실들을 깨닫게 하여 주신 것들

(i) 엘리야와 엘리사에게 나타난 불 말과 불 병거의 정체

(II) 예수님 다시 오실 때에는 하늘 구름 즉 천국 구름을 타고 오신다.

2018년 7월 27일

아침에 기도하면서 성경을 보다가 깨달음이 있어서 적어둔다.

[왕상 19:5–21]

5 로뎀나무 아래 누워 자더니 천사가 어루만지며 이르되 일어나서 먹
으라 하는지라 6 본즉 머리맡에 숯불에 구운 떡과 한 병 물이 있더라
이에 먹고 마시고 다시 누웠더니 7 여호와의 사자가 또 다시 와서 어
루만지며 이르되 일어나서 먹으라 네가 길을 이기지 못할까 하노라
하는지라 8 이에 일어나 먹고 마시고 그 식물의 힘을 의지하여 사십
주 사십야를 행하여 하나님의 산 호렙에 이르니라 9 엘리야가 그곳
굴에 들어가 거기서 유하더니 여호와의 말씀이 저에게 임하여 이르시

되 엘리야야 네가 어찌하여 여기 있느냐 10 저가 대답하되 내가 만군
의 하나님 여호와를 위하여 열심이 특심하오니 이는 이스라엘 자손이
주의 언약을 버리고 주의 단을 헐며 칼로 주의 선지자들을 죽였음이
오며 오직 나만 남았거늘 저희가 내 생명을 찾아 취하려 하나이다 11
여호와께서 가라사대 너는 나가서 여호와의 앞에서 산에 섰으라 하시
더니 여호와께서 지나가시는데 여호와의 앞에 크고 강한 바람이 산을
가르고 바위를 부수나 바람 가운데 여호와께서 계시지 아니하며 바람
후에 지진이 있으나 지진 가운데도 여호와께서 계시지 아니하며 12
또 지진 후에 불이 있으나 불 가운데도 여호와께서 계시지 아니하더
니 불 후에 세미한 소리가 있는지라 13 엘리야가 듣고 겉옷으로 얼굴
을 가리우고 나가 굴 어귀에 서매 소리가 있어 저에게 임하여 가라사
대 엘리야야 네가 어찌하여 여기 있느냐 14 저가 대답하되 내가 만군
의 하나님 여호와를 위하여 열심이 특심하오니 이는 이스라엘 자손이
주의 언약을 버리고 주의 단을 헐며 칼로 주의 선지자들을 죽였음이
오며 오직 나만 남았거늘 저희가 내 생명을 찾아 취하려 하나이다 15
여호와께서 저에게 이르시되 너는 네 길을 돌이켜 광야로 말미암아
다메섹에 가서 이르거든 하사엘에게 기름을 부어 아람 왕이 되게 하
고 16 너는 또 님시의 아들 예후에게 기름을 부어 이스라엘 왕이 되게
하고 또 아벨므홀라 사밧의 아들 엘리사에게 기름을 부어 너를 대신
하여 선지자가 되게 하라 17 하사엘의 칼을 피하는 자를 예후가 죽일
것이요 예후의 칼을 피 하는 자를 엘리사가 죽이리라 18 그러나 내가
이스라엘 가운데 칠천인을 남기리니 다 무릎을 바알에게 꿇지 아니하
고 다 그 입을 바알에게 맞추지 아니한 자니라 19 엘리야가 거기서 떠
나 사밧의 아들 엘리사를 만나니 저가 열 두 겨리 소를 앞세우고 밭을

가는데 자기는 열둘째 겨리와 함께 있더라 엘리야가 그리로 건너가서
겉옷을 그의 위에 던졌더니 20 저가 소를 버리고 엘리야에게로 달려
가서 이르되 청컨대 나로 내 부모와 입맞추게 하소서 그리한 후에 내
가 당신을 따르리이다 엘리야가 저에게 이르되 돌아가라 내가 네게
어떻게 행하였느냐 하니라 21 엘리사가 저를 떠나 돌아가서 소 한 겨
리를 취하여 잡고 소의 기구를 불살라 그 고기를 삶아 백성에게 주어
먹게 하고 일어나 가서 엘리야를 좇으며 수종들었더라

1. 천사가 엘리야에게 두 번 먹인 식물은 어떤 식물이었을까 하는 것이다.

[왕상 19:5-8]
5 로뎀나무 아래 누워 자더니 천사가 어루만지며 이르되 일어나서 먹
으라 하는지라 6 본즉 머리맡에 숯불에 구운 떡과 한 병 물이 있더라
이에 먹고 마시고 다시 누웠더니 7 여호와의 사자가 또 다시 와서 어
루만지며 이르되 일어나서 먹으라 네가 길을 이기지 못할까 하노라
하는지라 8 이에 일어나 먹고 마시고 그 식물의 힘을 의지하여 사십
주 사십야를 행하여 하나님의 산 호렙에 이르니라

먼저 위의 구절들이다.
천사가 와서 엘리야에게 두 번 식물을 먹인다.
그 힘으로 사십일을 가서 하나님의 산 호렙산에 이르렀다.
즉 그 식물을 두 번 먹고서는 사십일을 금식하였다는 것이다.
'와우~'

사십일 금식한 이후에 하나님의 음성을 호렙산에서 들었다는 것이다. 이것은 무엇을 의미할까?
이전에 모세가 호렙산에서 십계명을 받아 내려올 때에 사십 일을 금식하였음을 기억한다. '호렙산에서 하나님을 만나려면 즉 하나님의 계시를 받으려면 사십일을 금식하여야 하는가' 하는 생각이 스쳐 지나간다.

사실 이 호렙산에서 엘리야는 다음과 같은 계시를 받는다.

[왕상 19:15-18]

15 여호와께서 저에게 이르시되 너는 네 길을 돌이켜 광야로 말미암
아 다메섹에 가서 이르거든 하사엘에게 기름을 부어 아람 왕이 되게
하고 16 너는 또 님시의 아들 예후에게 기름을 부어 이스라엘 왕이 되
게 하고 또 아벨므홀라 사밧의 아들 엘리사에게 기름을 부어 너를 대
신하여 선지자가 되게 하라 17 하사엘의 칼을 피하는 자를 예후가 죽
일 것이요 예후의 칼을 피 하는 자를 엘리사가 죽이리라 18 그러나 내
가 이스라엘 가운데 칠천인을 남기리니 다 무릎을 바알에게 꿇지 아니하고 다 그 입을 바알에게 맞추지 아니한 자니라

즉 사실 엘리야는 호렙산에서 장래 일에 대한 대단한 계시를 받은 것이다. 그리고 하나님께서는 바알에게 무릎 꿇지 않은 이스라엘 칠천 인은 죽이시지 않고 남기겠다는 것이다.
할렐루야.

이러한 계시를 받은 후에 즉시 엘리야는 엘리사를 발견하여 엘리사에게 겉옷을 던지면서 그를 따를 것을 요구한다.

나는 생각하여 본다.

천사가 나타나서 엘리야에게 준 두 번의 음식은 도대체 어떤 음식이길래 사십 주야를 굶어도 괜찮았는가 하는 것이다.

그 답은 나는 이렇게 생각이 들었다.
그 음식은 특별히 천국에서 가져온 음식일 수가 있다는 것이다. 왜냐하면 그릿 시냇가에서 엘리야에게 아침저녁으로 까마귀가 가져온 떡과 고기와는 다른 것으로 보인다. 왜냐하면 천사가 가져온 두 번의 음식으로 엘리야가 사십일을 먹지 않고도 걸어갈 수 있었으니까 말이다. 이것은 아마도 이스라엘 민족이 광야에서 사십 년간 만나만 먹었어도 영양실조에 한 번도 안 걸린 것과 동일한 것이 아닌가 생각되는 것이다. 그러므로 그 음식에는 이러한 하나님의 능력이 들어 있었음에 틀림이 없다. 까마귀가 물어다 준 지상의 음식과는 전혀 다른 음식임에 틀림이 없는 것이다.
주여!

2. 엘리야는 사십 주야로 금식하면서 호렙산으로 행한 후에 하나님으로부터 중요한 장래에 대한 계시를 받는다.

그리고 대개는 엘리야와 엘리사에게 하나님께서는 기적을 행하실 때에 혹은 어떤 것이 일어나리라는 것을 알리실 때에 어제 천국에서 주님이 깨우쳐 주신 것처럼 하나님의 생각을 그들의 마음속에 넣어 주어서, 소원으로 넣어 주어서, 그대로 그들의 간구처럼 말하게 하신 분이 하나님이시라는 것을 알았는데...

오늘 이 성경 구절들에는 '하나님께서 임하셔서' 라는 말이 나온다. 하나님의 말씀이 임하여 혹은 직접 말씀하시는 것을 목소리로 들은 대목이 이 대목이다. 할렐루야.

[왕상 19:5-18]

5 로뎀나무 아래 누워 자더니 천사가 어루만지며 이르되 일어나서 먹
으라 하는지라 6 본즉 머리맡에 숯불에 구운 떡과 한 병 물이 있더라
이에 먹고 마시고 다시 누웠더니 7 여호와의 사자가 또 다시 와서 어
루만지며 이르되 일어나서 먹으라 네가 길을 이기지 못할까 하노라
하는지라 8 이에 일어나 먹고 마시고 그 식물의 힘을 의지하여 사십
주 사십야를 행하여 하나님의 산 호렙에 이르니라 9 엘리야가 그곳
굴에 들어가 거기서 유하더니 여호와의 말씀이 저에게 임하여 이르시
되 엘리야야 네가 어찌하여 여기 있느냐 10 저가 대답하되 내가 만군
의 하나님 여호와를 위하여 열심이 특심하오니 이는 이스라엘 자손이
주의 언약을 버리고 주의 단을 헐며 칼로 주의 선지자들을 죽였음이
오며 오직 나만 남았거늘 저희가 내 생명을 찾아 취하려 하나이다 11
여호와께서 가라사대 너는 나가서 여호와의 앞에서 산에 섰으라 하시
더니 여호와께서 지나가시는데 여호와의 앞에 크고 강한 바람이 산을
가르고 바위를 부수나 바람 가운데 여호와께서 계시지 아니하며 바람

후에 지진이 있으나 지진 가운데도 여호와께서 계시지 아니하며 12
또 지진 후에 불이 있으나 불 가운데도 여호와께서 계시지 아니하더
니 불 후에 세미한 소리가 있는지라 13 엘리야가 듣고 겉옷으로 얼굴
을 가리우고 나가 굴 어귀에 서매 소리가 있어 저에게 임하여 가라사
대 엘리야야 네가 어찌하여 여기 있느냐 14 저가 대답하되 내가 만군
의 하나님 여호와를 위하여 열심이 특심하오니 이는 이스라엘 자손이
주의 언약을 버리고 주의 단을 헐며 칼로 주의 선지자들을 죽였음이
오며 오직 나만 남았거늘 저희가 내 생명을 찾아 취하려 하나이다 15
여호와께서 저에게 이르시되 너는 네 길을 돌이켜 광야로 말미암아
다메섹에 가서 이르거든 하사엘에게 기름을 부어 아람 왕이 되게 하
고 16 너는 또 님시의 아들 예후에게 기름을 부어 이스라엘 왕이 되게
하고 또 아벨므홀라 사밧의 아들 엘리사에게 기름을 부어 너를 대신
하여 선지자가 되게 하라 17 하사엘의 칼을 피하는 자를 예후가 죽일
것이요 예후의 칼을 피 하는 자를 엘리사가 죽이리라 18 그러나 내가
이스라엘 가운데 칠천인을 남기리니 다 무릎을 바알에게 꿇지 아니하
고 다 그 입을 바알에게 맞추지 아니한 자니라

즉 이렇게 하나님께서 엘리야에게 직접 목소리로 들려주시기 위해서는 하나님께서는 엘리야를 천사를 통하여 두 번의 음식을 먹인 후에 사십 주야를 금식시키면서 행하게 하여 호렙산으로 부르셨다는 것이다. 그리고 세미한 음성으로 엘리야에게 장래 일을 위하여 세 사람에게 기름을 부을 것을 말씀하셨던 것이다.
할렐루야.

나는 여기서 모세도 이전에 이스라엘 민족을 위하여 하나님으로부터 십계명을 받기 위하여 호렙산에서 사십 주야를 금식하였던 것을 기억한다. 이것의 어떤 연관성이 있지 않나 생각한다. 즉 호렙산(시내산)에서 하나님으로부터 중요한 그 어떤 것을 계시 받을 때에는 그 계시를 받기 전에 모세와 엘리야가 사십 주야를 금식하여 받았다는 것이다.

3. 하나님께서 엘리야를 회리바람으로 취하시기 전에 불말과 불병거의 정체는 무엇이었을까 하는 것이다.

하나님께서 엘리야를 데리고 가실 때에 홀연히 불말과 불병거가 엘리야와 엘리사 사이에 서서 그 둘을 갈라놓았고 또한 회리 바람으로 엘리야를 천국으로 데리고 가셨다.

[왕하 2:1-18]

1 <u>여호와께서 회리바람으로 엘리야를 하늘에 올리고자 하실 때에</u> 엘
리야가 엘리사로 더불어 길갈에서 나가더니 2 엘리야가 엘리사에게
이르되 청컨대 너는 여기 머물라 여호와께서 나를 벧엘로 보내시느
니라 엘리사가 가로되 여호와의 사심과 당신의 혼의 삶을 가리켜 맹
세하노니 내가 당신을 떠나지 아니하겠나이다 이에 두 사람이 벧엘로
내려가니 3 벧엘에 있는 선지자의 생도들이 엘리사에게로 나아와 이
르되 여호와께서 오늘날 당신의 선생을 당신의 머리 위로 취하실 줄
을 아나이까 가로되 나도 아노니 너희는 잠잠하라 4 엘리야가 저에게
이르되 엘리사야 청컨대 너는 여기 머물라 여호와께서 나를 여리고로

보내시느니라 엘리사가 가로되 여호와의 사심과 당신의 혼의 삶을 가
리켜 맹세하노니 내가 당신을 떠나지 아니하겠나이다 하니라 저희가
여리고에 이르매 5 여리고에 있는 선지자의 생도들이 엘리사에게 나
아와 이르되 여호와께서 오늘날 당신의 선생을 당신의 머리 위로 취
하실 줄을 아나이까 엘리사가 가로되 나도 아노니 너희는 잠잠하라 6
엘리야가 또 엘리사에게 이르되 청컨대 너는 여기 머물라 여호와께
서 나를 요단으로 보내시느니라 저가 가로되 여호와의 사심과 당신의
혼의 삶을 가리켜 맹세하노니 내가 당신을 떠나지 아니하겠나이다 이
에 두 사람이 행하니라 7 선지자의 생도 오십인이 가서 멀리 서서 바
라보매 그 두 사람이 요단 가에 섰더니 8 엘리야가 겉옷을 취하여 말
아 물을 치매 물이 이리 저리 갈라지고 두 사람이 육지 위로 건너더라
9 건너매 엘리야가 엘리사에게 이르되 나를 네게서 취하시기 전에 내
가 네게 어떻게 할 것을 구하라 엘리사가 가로되 당신의 영감이 갑절
이나 내게 있기를 구하나이다 10 가로되 네가 어려운 일을 구하는도
다 그러나 나를 네게서 취하시는 것을 네가 보면 그 일이 네게 이루려
니와 그렇지 않으면 이루지 아니하리라 하고 11 두 사람이 행하며 말
하더니 홀연히 불수레와 불말들이 두 사람을 격하고 엘리야가 회리바
람을 타고 승천하더라 12 엘리사가 보고 소리지르되 내 아버지여 내
아버지여 이스라엘의 병거와 그 마병이여 하더니 다시 보이지 아니하
는지라 이에 엘리사가 자기의 옷을 잡아 둘에 찢고 13 엘리야의 몸에
서 떨어진 겉옷을 주워가지고 돌아와서 요단 언덕에 서서 14 엘리야
의 몸에서 떨어진 그 겉옷을 가지고 물을 치며 가로되 엘리야의 하나
님 여호와는 어디 계시니이까 하고 저도 물을 치매 물이 이리 저리 갈
라지고 엘리사가 건너니라 15 맞은편 여리고에 있는 선지자의 생도들

이 저를 보며 말하기를 엘리야의 영감이 엘리사의 위에 머물렀다 하고 가서 저를 영접하여 그 앞에서 땅에 엎드리고 16 가로되 당신의 종들에게 용사 오십인이 있으니 청컨대 저희로 가서 당신의 주를 찾게 하소서 염려컨대 여호와의 신이 저를 들어 가다가 어느 산에나 어느 골짜기에 던지셨을까 하나이다 엘리사가 가로되 보내지 말라 하나 17
무리가 저로 부끄러워하도록 강청하매 보내라 한지라 저희가 오십인을 보내었더니 사흘을 찾되 발견하지 못하고 18 엘리사가 여리고에
머무는 중에 무리가 저에게 돌아오니 엘리사가 저희에게 이르되 내가 가지 말라고 너희에게 이르지 아니하였느냐 하였더라

여기서 엘리야와 엘리사 사이에 나타난 불말과 불병거는 무엇일까 하는 것이다. 아침에 기도 중에 깨달아지는 것은 그들은 천사들임에 틀림이 없다는 것이다.

[히 1:7]
또 천사들에 관하여는 그는 그의 천사들을 바람으로, 그의 사역자들을 불꽃으로 삼으시느니라 하셨으되

사역자 천사들을 불로 바람으로 삼으신다는 것이다.
그러므로 회리바람 역시 천사들이었음에 틀림이 없다.
즉 엘리야를 데리러 천사들이 내려온 것이다.
할렐루야.

이러한 불말과 불병거를 아람 군대가 엘리사를 잡으러 왔을 때 엘

리사가 이들을 산등성이에 많이 둘러선 것을 보았다. 그러므로 이들 역시 천사들이었음에 틀림이 없다. 이때 엘리사는 하나님께 기도하여 게하시의 영의 눈을 열어서 수많은 불말과 불병거가 산등성이를 둘러싼 것을 보게 하였다.

이러한 천사들의 활동은 때때로 하나님께서 우리의 영의 눈을 열어주실 때 볼 수 있는 것이다. 할렐루야.

나는 또 이렇게 영의 눈이 열려져서 교회 안의 성전의 벽에 갑자기 발생한 회오리바람 같이 생긴 즉 폭풍의 눈같이 생긴 붉은 불을 본 적이 있다. 이것은 약 23년 전의 이야기이다. 예배 중에 있었다. 그런데 갑자기 강대상 있는 쪽의 오른쪽 벽에 회오리바람 같이 생긴 작은 빨간 주황색의 불이 나타난 것을 보았다. 이 불은 작은 회오리바람 같이 생긴 불(전체 지름이 약 20-30cm)이 성전 벽에 갑자기 나타난 것이다. 그리고서는 이 불이 강대상에서 말씀을 전하시고 계시는 목사님의 얼굴을 치는 것을 보았다. 즉 그 불이 목사님의 얼굴에 들어간 것 같았다. 그리하였더니 멀리서도 보이는데 갑자기 목사님의 얼굴이 벌겋게 달아오른 것을 보았다.

'와우~~'

그것을 보는 순간 참으로 나는 놀라워했다. 어찌 이런 일이?

나는 그 광경을 아직도 잊지 못한다.

너무나 사실적으로 하나님께서 잠시 나의 영의 눈을 열어서 그것을 보게 하셨기 때문이다. 나는 아마도 나 혼자 이 불을 보지 않았나 생각했다. 그리고 그 불은 어디서 날아온 것이 아니라 갑자기 벽에 발생했었다. 이는 아마도 벨사살 왕의 눈에 갑자기 벽에 손가락이 나타나 '메네메네 데겔 우바르신' 이라고 쓰는 것을 본 것과 비슷한 현상이라 할 수 있을 것이다.

영적인 세계는 분명히 존재한다.
그리고 그것은 실제이다.
그러나 우리는 영적인 세계에 대하여 의심이 많다.
그럼에도 불구하고 실제로 존재하는 영적인 세계에 대하여 우리는 정말로 성경에서 말하는 그대로 믿어야 한다. 그리고 이러한 영적인 세계를 우리는 곧 맞이하게 될 것이다. 왜냐하면 모든 사람은 죽게 되어 있기 때문이다.
그러므로 우리는 성경에서 말하는 모든 영적인 사실들을 믿어야 하는 것이다. 왜냐하면 그 모든 것이 다 진실이기 때문이다. 그러므로 우리는 영적인 세계를 결코 막연하게 생각하면 안 된다. 온전히 실제적인 것으로 받아들여야 하는 것이다.

4. 성경에서 말하는 하늘 구름(the clouds of heaven)에 대하여

성경에서 기록하고 있는 모든 것이 진실이고 사실이라는 것을 또 한 번 나는 경험한 적이 있다. 지금 내가 쓰는 이 책은 하나님께서 나에게 천국과 지옥을 볼 수 있게 한 것이 2013년 11월 1일 이후인데 벌써 8년이라는 세월이 지났다. 처음에 주님께서 나를 천상에서 여기저기로 데리고 다니실 때에 나를 천국 구름에 태우시고 여기저기로 데리고 다니셨다. 한 번은 베드로의 집으로 또 한 번은 아브라함의 집으로 등등.
그래서 실제적으로 천상에서 나는 주님과 함께 천국 구름을 타고 여기저기 다닐 때 나는 '천국에서는 천국 구름이 자가용이구나!' 라고 생각하였었다. 물론 천국에서는 구름 없이 그냥 날아다닐 수도 있었다. 그런데 이 천국에 있는 구름을 다니엘서에서 다니엘서 7장 13절에서 말하고 있음을 보고 나는 너무나 놀랐다.

[단 7:13]

13 내가 또 밤 이상 중에 보았는데 인자 같은 이가 하늘 구름을 타고 와서 옛적부터 항상 계신 자에게 나아와 그 앞에 인도되매
13 "I was watching in the night visions, And behold, One like the Son of Man, Coming with the clouds of heaven! He came to the Ancient of Days, And they brought Him near before Him.[NKJV]

여기서의 구름은 천국에 있는 구름이지 현재 우리가 이 지상에서 하늘에서 볼 수 있는 수증기로 된 구름이 아님이 확실하다. 천국에서 지상에서 보는 수증기 구름을 타고 다닐 리가 없기 때문이다.
나는 참으로 충격이었던 것이 내가 한참 천국에서 주님과 함께 이러한 천국 구름을 타고 많이 다닌 후에 이 성경 구절이 눈에 들어왔기 때문이다. 나는 이전에는 이 성경을 30번 이상 정독을 했었다. 그러나 그렇게 30번 이상을 읽을 때에도 이 다니엘서 7장 13절에 나오는 구름이 천국에 있는 구름이라고는 생각하지 못했던 것이다. 그러나 실제로 내가 천국에서 그 구름을 타고 다닌 이후에

야 이 다니엘서 7장 13절에 나오는 구름이 천국에 있는 구름이라는 사실을 알게 된 것이다.
즉 새로운 발견이었다. 그리고 나는 이 천국 구름을 성경에서 말하고 있다는 사실에 충격을 받은 것이다. 그만큼 성경은 사실을 말하고 있다는 것이다. 물론 그 이전에도 성경이 사실이고 진실이며 진리라는 사실은 알고 있었으나 이 다니엘서 7장 13절의 말씀이 진짜라는 사실을 안 이후로 성경이 나에게는 다시 보이기 시작하였다. 사실 나는 천국에서 이 천국 구름을 타고 다니기 이전에는 성경에 있는 모든 구름은 우리 지상에 있는 구름을 말한다고 생각했었다. 그러나 내가 천국에서 천국 구름을 타고 다닌 이후에는 성경에서 이 지상에 있는 구름이 아니라 천국 구름을 말하고 있는 곳을 여러 군데 발견한 것이다. 예를 들어서 막 14:62 역시 여기서는 천국 구름을 말하고 있는 것이다.

[막 14:60-62]

60 대제사장이 가운데 일어서서 예수에게 물어 가로되 너는 아무 대답도 없느냐 이 사람들의 너를 치는 증거가 어떠하냐 하되 61 잠잠하고 아무 대답도 아니하시거늘 대제사장이 다시 물어 가로되 네가 찬송 받을 자의 아들 그리스도냐 62 예수께서 이르시되 내가 그니라 인자가 권능자의 우편에 앉은 것과 하늘 구름을 타고 오는 것을 너희가 보리라 하시니

여기서 예수님께서 자신이 하늘 구름을 타고 이 지구상에 다시 오실 것을 말씀하고 있는 구절이다.

이것의 영어 번역을 보면

62 Jesus said, "I am. And you will see the Son of Man sitting at the right hand of the Power, and coming with the clouds of heaven." [NKJV]

구름 타고 오실 것을 말씀하실 때에 영어로 구름을 'the clouds of heaven' 이라고 표현하고 있다. 즉 정확히 천국에 있는 구름이라고 표현하고 있는 것이다.

또한 계시록 1장 7절도 마찬가지이고.

[계 1:7]
볼지어다 구름을 타고 오시리라 각인의 눈이 그를 보겠고 그를 찌른 자들도 볼 터이요 땅에 있는 모든 족속이 그를 인하여 애곡하리니 그러하리라 아멘
Behold, He is coming with clouds, and every eye will see Him, even they who pierced Him. And all the tribes of the earth will mourn because of Him. Even so, Amen.[NKJV]

여기서의 구름도 그분이 다시 오실 때 구름 타고 오실 것을 말씀하시므로 이 구름도 천국에 있는 구름이 분명하다.

또한 살전 4:16-17절에서도 구름 타고 공중 강림하시는 예수님

은 분명히 천국 구름을 타고 오실 것이 분명한 것이다.

[살전 4:16-17]

16 주께서 호령과 천사장의 소리와 하나님의 나팔로 친히 하늘로 좇아 강림하시리니 그리스도 안에서 죽은 자들이 먼저 일어나고

16 For the Lord Himself will descend from heaven with a shout, with the voice of an archangel, and with the trumpet of God. And the dead in Christ will rise first.

17 그 후에 우리 살아 남은 자도 저희와 함께 구름 속으로 끌어 올려 공중에서 주를 영접하게 하시리니 그리하여 우리가 항상 주와 함께 있으리라

17 Then we who are alive and remain shall be caught up together with them in the clouds to meet the Lord in the air. And thus we shall always be with the Lord.[NKJV]

그러므로 성경은 너무나 확실히 영적인 세계를 말씀하고 있는 것이다. 그러나 우매한 우리는 경험이 없는지라 그것을 잘못 이해할 수도 있다는 것이다. 그러나 직접 천국에서 천국 구름을 타고 다녔던 나는 성경에서 천국 구름을 말씀하고 있다는 사실을 알게 된 것이다. 이것은 매우 중요한 일이었다. 내 개념을 바꾼 사실이었기 때문이다. 오직 지상에서의 구름만을 본 나는 단 7:13절의 구름과 주님이 다시 오실 때 타고 오는 구름이 이 지상에서 보이는 그 구름을 타고 오시는 줄로만 알았었다. 그러나 이제는 확실히 안다. 그 구름은 지상의 구름이 아니라 천국에 있는 구름이라는 사실을.

5. 결론

그러므로 영적인 세계는 너무 실제로 존재한다.
때로는 하나님께서 우리의 눈을 잠깐 잠깐 열어서 보이게 하실 뿐 아니라 나 같은 경우는 천국에서 실제로 경험하게 하신 것이다.
할렐루야.

우리는 깨어나야 한다.
믿음이란 환각 속에 있는 것처럼 희미하게 믿으면서 사는 것이 아니라 우리는 영적인 세계를 확실하게 믿으면서 살아야 한다.

그리고 실제적인 이러한 영적인 세계를 우리는 곧 멀지 않아 당면하게 될 것이다.
결코 먼 이야기가 아니라 곧 우리에게 닥칠 세계라는 것이다. 영적인 세계가 분명히 존재하고 있고 또한 하나님께서 언제든지 우리의 영적인 눈만 여시면 그 영적인 세계가 보인다. 천사들의 활동도 마찬가지이다. 하나님께서 우리의 눈을 열어 보게 하시면 보이는 것이다. 할렐루야.

알게 하시는 보이게 하시는 주님을 찬양합니다.

[히 1:1-14]

1 옛적에 선지자들로 여러 부분과 여러 모양으로 우리 조상들에게 말
씀하신 하나님이 2 이 모든 날 마지막에 아들로 우리에게 말씀하셨으

니 이 아들을 만유의 후사로 세우시고 또 저로 말미암아 모든 세계를
지으셨느니라 3 이는 하나님의 영광의 광채시요 그 본체의 형상이시
라 그의 능력의 말씀으로 만물을 붙드시며 죄를 정결케 하는 일을 하
시고 높은 곳에 계신 위엄의 우편에 앉으셨느니라 4 저가 천사보다
얼마큼 뛰어남은 저희보다 더욱 아름다운 이름을 기업으로 얻으심이
니 5 하나님께서 어느 때에 천사 중 누구에게 네가 내 아들이라 오늘
날 내가 너를 낳았다 하셨으며 또 다시 나는 그에게 아버지가 되고 그
는 내게 아들이 되리라 하셨느뇨 6 또 맏아들을 이끌어 세상에 다시
들어 오게 하실 때에 하나님의 모든 천사가 저에게 경배할지어다 말
씀하시며 7 또 천사들에 관하여는 그는 그의 천사들을 바람으로, 그의
사역자들을 불꽃으로 삼으시느니라 하셨으되 8 아들에 관하여는 하
나님이여 주의 보좌가 영영하며 주의 나라의 홀은 공평한 홀이니이다
9 네가 의를 사랑하고 불법을 미워하였으니 그러므로 하나님 곧 너의
하나님이 즐거움의 기름을 네게 부어 네 동류들보다 승하게 하셨도다
하였고 10 또 주여 태초에 주께서 땅의 기초를 두셨으며 하늘도 주의
손으로 지으신 바라 11 그것들은 멸망할 것이나 오직 주는 영존할 것
이요 그것들은 다 옷과 같이 낡아지리니 12 의복처럼 갈아 입을 것이
요 그것들이 옷과 같이 변할 것이나 주는 여전하여 연대가 다함이 없
으리라 하였으나 13 어느 때에 천사 중 누구에게 내가 네 원수로 네
발등상 되게 하기까지 너는 내 우편에 앉았으라 하셨느뇨 14 모든 천
사들은 부리는 영으로서 구원 얻을 후사들을 위하여 섬기라고 보내심
이 아니뇨

히브리서 1장에서는 물론 아들에 대하여 말씀하고 계시지만 또한

천사들에 대하여 말씀하고 계시는 것을 볼 수 있다. 영적인 세계가 현존하고 있으며 우리는 곧 이 세계로 이 세상을 마칠 때에 들어가게 될 것이다.

27 룻기, 사무엘상하, 열왕기상하, 역대상하

나아만 장군이 찾아왔을 때에 엘리사가 나가보지 않은 이유가 밝혀지다.

2018년 7월 27일

아침에 기도한 후에 천국에 올라갔다.

어제도 말했듯이 이제 수레 안에는 새로운 흰 날개를 활짝 펴고 앉아 있는 사람 키만 한 천사(남성천사처럼 보였다)가 있다.

수레 바깥에서의 천사가 나를 보더니

'주인님 웃으세요!' 라고 한다.

그리고 말 열 마리가 왔다. 온유, 충성....

나는 나를 데리러 온 수레를 탔는데 수레 안이고 바깥이고 그 흰 옷 입고 희고도 흰 날개를 펴고 내가 수레 안으로 들어서자마자 맞은편에 앉아 있는 그 천사 외에는 수레 안이 온통 푸른빛을 띠고 있었다.

이 천사가 나에게 말을 한다.

'주님이 기다리고 계십니다.' 라고 말했다.

나는 내 자리로 와서 그 말을 듣자 내 머리가 숙여졌다. 그리고 눈물이 나려 하였다.

내 사랑하는 주님을 빨리도 만나고 싶었다.

나를 태운 수레는 연못가에 사뿐히 내려앉고 있었다. 주님은 나를 거기서 기다리고 계셨다. 수레에서 내리는 나를 보니 머리에 흰 챙이 넓은 모자를 썼고 그 모자 바깥에는 망사로 아름답게 장식이 되어 있었다. 그리고 흰 드레스를 입고 손에는 흰 장갑까지 끼고 있었다. 꼭 옛날의 공작부인과 같은 모습이었다.
주님께서는 나를 반겨주시며 나를 벤치에 앉게 하셨다. 주님이 앉으신 후에 연못을 바라보시면서 내 얼굴을 쳐다도 안 보시고 계시는 반면 나는 주님의 옆 얼굴을 바라보고 있는 그때에 이렇게 말씀하셨다.
"내가 너를 파견하였노라."
이 말씀의 의미가 즉시 깨달아졌다.
내가 기도할 때에 주님은 기도시에 '내가 네 입에 할 말을 넣어주리라!' 그때에 이번에 케냐와 인도에 가서 목회자들을 모아놓고 영어로 세미나를 인도하는 것에 대하여 기도하고 있을 때에 주님이 그렇게 말씀하셨던 것이다.
나는 주님께서 그 사실을 두고 말씀하시는 것이 즉시 알아졌다.
주님께서는 특히 나를 그들에게 천국지옥 간증뿐 아니라 하나님의 인을 받도록 하기 위하여 나를 파견하였다는 말씀이셨다.
나는 말씀드렸다.
"네 주님 알겠습니다."
그러고 난 후에 주님은 '준비해야지' 하시면서 내 발을 생명수에 씻기기 시작하셨다. 나는 주님이 내 발을 씻기지 못하게 하려고 주님을 극구 말렸다. 그러자 주님은 나에게 이렇게 말씀하셨다.
"내가 네 발을 씻기지 아니하면 나와 너는 아무 상관이 없느니라.”

“주여~”

즉 이전에 베드로에게 하신 말씀을 그대로 내게 하시는 것이었다. 주님은 내 발과 손, 그리고 얼굴까지 씻기셨다. 그리고 천사가 와서 내 머리 위로 생명수를 부었다. 그랬더니 내 몸 전체가 생명수로 인하여 씻겨 내려갔다. 이러한 나를 씻는 작업은 내가 천국에 어디로 가기 전에 행하여지는 순서였다.

그러고 난 후 나는 즐거이 벤치 옆에 놓여 있는 꽃신을 신고 연못 위로 걸어 들어갔다. 그리고 왼편 오른편 터널이 있지만 나는 오른편의 터널 문을 열고 들어갔다.

터널 바닥의 물은 즉시 나를 반대편의 어느 하얗고 뽀얗게 생긴 아름다운 하얀 궁으로 나를 인도하였다. 바깥 모양이 꼭 하얗고 뽀얗게 생긴 3층으로 된 케이크 같이 생긴 궁이었다.

‘와우~~~, 궁 전체가 꼭 3층으로 된 케익처럼 보이다니...’

‘오~ 저렇게 생긴 궁도 있구나!’ 하면서 나는 신기해 하였다.

그 궁에 도착하자 이미 예수님이 거기에 와 계셨고 또한 거기에는 아래 위로 흰 옷을 입은 엘리사가 있었다.

‘와우~~, 여기는 엘리사의 집이구나!’

할렐루야.

주님과 나 그리고 엘리사는 그 궁 안으로 들어갔다.

궁 안은 참으로 넓었고 그 궁 안에 나무결의 곡선을 이룬 나무로 된 긴 테이블이 놓여 있었는데 그 테이블의 머리 쪽에 주님이 앉으시고 저편에 엘리사 그리고 이편에 내가 마주보고 앉았다. 그리고 내 앞에는 성경책이 놓여 있었다.

주님이 내게 말씀하셨다.

"사라야! 궁금한 것이 있으면 엘리사에 물어보렴."

그런데 나는 갑자기 주님이 내게 말씀하셔서 나는 엘리사에 대하여 궁금한 것이 생각나는 것이 없었다. 그러다가 생각이 하나 났는데 그것은 '문둥병 걸린 나아만 장군이 찾아왔을 때에 왜 엘리사가 자신의 방문을 한 번도 열어보지도 않고 요단강에 가서 나아만 장군의 몸을 일곱 번 담그라고 했는지' 에 대하여 물어 보게 된 것이다.

'왜 안 나와 봤는지...' 에 대한 대답을 나는 원했던 것이다.

즉 이러한 질문이 내 안에 있었던 것을 주님이 아시고 나에게 물어보라고 하신 것이었다. 그러자 엘리사가 내게 알게 하여 주는 것은 그렇게 하는 것(나와 보지 않고 하나님의 말씀만 전하는 것)이 하나님의 거룩함을 나타내는 것이었다고 말했다.

'와우, 그렇구나. 그렇지.'

이것은 하나님께서 모세에게 반석에게 두 번 명하여 물을 내라고 했는데 지팡이로 두 번 그 반석을 쳐서 물을 내었다. 그랬더니 하나님께서 모세에게 '너는 나의 거룩함을 나타내지 아니하였느니라' 하시면서 그 죄의 댓가로 그를 가나안에 들여보내지 아니하고 느보산에서 바라만 보게 하고 인생을 마치게 하셨다.

그때 모세가 하나님의 거룩함을 나타내지 아니한 그러한 것과 같은 의미의 하나님의 거룩함을 나타내기 위하여 나아만 장군이 엘리사를 찾아왔을 때에 문도 열어보지 아니하고 하나님의 말씀만 전하였다는 것이다.

'오 할렐루야. 정말 그렇구나.'

그러나 만일에 엘리사가 방문을 열고 나아만 장군을 맞이하면서 하나님의 뜻을 전하였을 때에 혹이라도 엘리사에게 영광이 돌아갈 수 있었을 텐데 엘리사는 그것을 피하기 위하여 문을 닫은 채로 나아만에게 '네가 요단강에 가서 일곱 번 몸을 담그면 너의 문둥병이 나으리라' 고 전했다는 것이다. 그것은 오직 나아만이 병에서 놓임을 받았을 때에 오직 하나님께만 영광을 돌려드리게 하기 위하여서라는 것이었다.

오 할렐루야. 맞다. 엘리사는 하나님의 의, 거룩함을 나타내기 위하여 자신이 나타나지 않았다는 것이다. 할렐루야.

우리는 여기서 많은 것을 배워야 한다. 하나님의 거룩하심을 나타내려면 우리는 어떻게 해야 하는지가 나오는 것이다.

우리는 우리가 하나님의 시키시는 일을 감당할 때에 우리 자신이 하나님의 영광을 가로채는 일이 없어야 할 것이다.

사실은 모든 것을 주님이 하시는데 우리가 그 영광을 가로채면 안 된다는 것이다.

한 예로 바벨론의 느부갓네살이 주위의 많은 나라를 정복하였을 때에 그는 자신이 그 모든 것을 이루었다고 생각한 순간 하나님께서는 그에게 총명을 잃게 하였고 또한 그 위가 떠나게 하셨을뿐 아니라 그는 짐승같이 7년을 들에서 지내게 하시다가 그가 다시 모든 세상이 하나님의 뜻대로 돌아가고 또한 하나님께서 모든 것을 하고 계신다는 사실을 알게 되었을 때에 하나님께서는 그에게 그의 총명이 다시 돌아오게 하셔서 그가 다시 왕위에 오르게 하신 것이었다.

우리도 마찬가지이다. 우리가 하나님의 일을 하는 것 같은데 우리가 이루는 것이 아니라는 것이다. 예를 들어서 우리가 사람을 데리고 와서 우리가 그를 예수 믿게 하였다고 생각하는데 그것이 아닌 것이 우리는 단지 그 사람을 데려다 놓은 심부름만 한 것이지 그에게 믿음을 허락하신 분은 하나님 아버지라는 사실이다.
그러므로 우리는 늘 도구로 쓰임 받을 뿐이지 우리가 하나님의 일을 하는 것이 아님을 알아야 한다. 하나님의 일은 하나님이 하시므로 우리가 영광을 가로채서는 안 된다는 것이다. 할렐루야.

[사 42:8]

나는 여호와니 이는 내 이름이라 나는 내 영광을 다른 자에게, 내 찬송을 우상에게 주지 아니하리라

그럼에도 불구하고 하나님의 영광을 가로챈 주의 종들은 성 밖에 있는 것을 나는 보았다. 하나님의 일을 내가 했다고 생각하는 자는 다 성 밖이다. 장로고 집사고... 우리는 심부름만 했을 뿐이다.
그래서 예수님이 말씀하시기를 다음과 같이 말씀하셨다.

[눅 17:10]

이와 같이 너희도 명령 받은 것을 다 행한 후에 이르기를 우리는 무익한 종이라 우리의 하여야 할 일을 한 것 뿐이라 할지니라

우리는 하나님의 명령을 다 행한 후에라도 무익한 종으로 남아야 할 뿐인 것이다.

28 룻기, 사무엘상하, 열왕기상하, 역대상하

천상에서 엘리야가 나에게 일곱 번은 기적을 일으킨다는 사실을 알게 하여주다.

2018년 7월 31일

아침에 2시간 정도 기도하는데 기도 중에 주님의 임재가 느껴지면서 내 몸에 힘이 쭈~욱 빠져버렸다. 그러자 즉시 내 옆에 시온이가 온 것이 알아졌고 그는 쌀과자를 내 입에다가 넣어 주었다. 그런 후에 내 앞에는 즉시 영의 세계가 보였다. 주님께서 나타나셨고 나를 구름 위에 태우시고 어디론가 가시는데 보니까 구름이 둘러 있는 궁으로 무지개 빛이 조금 아른거리는 듯한 아름다운 궁이었는데 나는 즉시 알았다.

'아하~ 엘리야의 집이구나.'

오늘은 연못가를 거쳐서 온 것이 아니라 그냥 이렇게 구름을 타고 바로 엘리야의 집으로 주님이 나를 데리고 가신 것이다. 즉 믿음의 선진들의 집에 구름을 타고 갈 수도 있고 또한 연못 위의 오른편 터널을 통하여서도 갈 수 있는 것이다.

주님과 엘리야 그리고 나는 엘리야의 정원에 있는 정자에 올라가서 앉았다. 주님은 말씀하셨다. 나보고 '질문할 것이 있으면 하라' 고 그런데 나도 잘 모르겠다. 무엇을 질문하여야 할지를 몰라서 난감하여 나는 내 얼굴의 이마를 그 테이블에 갖다 대면서 '주님 그리고 엘리야님, 나는 잘 모르겠어요. 저는 무엇을 질문해야 할지도 모르는 자입니다' 라고 말했다.

그러자 엘리야가 즉시 나에게 알려주기 시작하였다.
즉 첫째는 엘리야가 **7번 기도하니까** 그 기도에 응답하여 주님이 손바닥만 한 구름이 생기게 하셨고 이어서 소나기가 부어질 정도의 구름을 주님께서 모이게 하셨다는 것이다.

[왕상 18:1–2]

1 많은 날을 지내고 제 삼년에 여호와의 말씀이 엘리야에게 임하여
가라사대 너는 가서 아합에게 보이라 내가 비를 지면에 내리리라 2
엘리야가 아합에게 보이려고 가니 그 때에 사마리아에 기근이 심하였
더라

[왕상 18:15–20]

15 엘리야가 이르되 내가 모시는 만군의 여호와의 사심을 가리켜 맹
세하노니 내가 오늘날 아합에게 보이리라 16 오바댜가 가서 아합을
만나 고하매 아합이 엘리야를 만나려 하여 가다가 17 엘리야를 볼 때
에 저에게 이르되 이스라엘을 괴롭게 하는 자여 너냐 18 저가 대답하
되 내가 이스라엘을 괴롭게 한 것이 아니라 당신과 당신의 아비의 집
이 괴롭게 하였으니 이는 여호와의 명령을 버렸고 당신이 바알들을
좇았음이라 19 그런즉 보내어 온 이스라엘과 이세벨의 상에서 먹는
바알의 선지자 사백 오십인과 아세라의 선지자 사백인을 갈멜산으로

모아 내게로 나오게 하소서 20 아합이 이에 이스라엘 모든 자손에게
로 보내어 선지자들을 갈멜산으로 모으니라

[왕상 18:22]

엘리야가 백성에게 이르되 여호와의 선지자는 나만 홀로 남았으나 바알의 선지자는 사백 오십인이로다

[왕상 18:23-26]

23 그런즉 두 송아지를 우리에게 가져오게 하고 저희는 한 송아지를
택하여 각을 떠서 나무 위에 놓고 불은 놓지 말며 나도 한 송아지를
잡아 나무 위에 놓고 불은 놓지 말고 24 너희는 너희 신의 이름을 부
르라 나는 여호와의 이름을 부르리니 이에 불로 응답하는 신 그가 하
나님이니라 백성이 다 대답하되 그 말이 옳도다 25 엘리야가 바알의
선지자들에게 이르되 너희는 많으니 먼저 한 송아지를 택하여 잡고
너희 신의 이름을 부르라 그러나 불을 놓지 말라 26 저희가 그 받은
송아지를 취하여 잡고 아침부터 낮까지 바알의 이름을 불러 가로되
바알이여 우리에게 응답하소서 하나 아무 소리도 없고 아무 응답하는
자도 없으므로 저희가 그 쌓은 단 주위에서 뛰놀더라

[왕상 18:29]

이같이 하여 오정이 지났으나 저희가 오히려 진언을 하여 저녁 소제 드릴 때까지 이를지라도 아무 소리도 없고 아무 응답하는 자도 없고 아무 돌아보는 자도 없더라

[왕상 18:36-46]

36 저녁 소제 드릴 때에 이르러 선지자 엘리야가 나아가서 말하되 아
브라함과 이삭과 이스라엘의 하나님 여호와여 주께서 이스라엘 중에
서 하나님이 되심과 내가 주의 종이 됨과 내가 주의 말씀대로 이 모든
일을 행하는 것을 오늘날 알게 하옵소서
37 여호와여 내게 응답하옵소서 내게 응답하옵소서 이 백성으로 주
여호와는 하나님이신 것과 주는 저희의 마음으로 돌이키게 하시는 것
을 알게 하옵소서 하매 38 이에 여호와의 불이 내려서 번제물과 나무
와 돌과 흙을 태우고 또 도랑의 물을 핥은지라 39 모든 백성이 보고
엎드려 말하되 여호와 그는 하나님이시로다 여호와 그는 하나님이시
로다 하니 40 엘리야가 저희에게 이르되 바알의 선지자를 잡되 하나
도 도망하지 못하게 하라 하매 곧 잡은지라 엘리야가 저희를 기손 시
내로 내려다가 거기서 죽이니라 41 엘리야가 아합에게 이르되 올라가
서 먹고 마시소서 큰 비의 소리가 있나이다 42 아합이 먹고 마시러 올
라가니라 엘리야가 갈멜산 꼭대기로 올라 가서 땅에 꿇어 엎드려 그
얼굴을 무릎 사이에 넣고 43 그 사환에게 이르되 올라가 바다편을 바
라보라 저가 올라가 바라보고 고하되 아무 것도 없나이다 가로되 일
곱번까지 다시 가라 44 일곱번째 이르러서는 저가 고하되 바다에서
사람의 손만 한 작은 구름이 일어나나이다 가로되 올라가 아합에게
고하기를 비에 막히지 아니하도록 마차를 갖추고 내려가소서 하라 하
니라 45 조금 후에 구름과 바람이 일어나서 하늘이 캄캄하여지며 큰
비가 내리는지라 아합이 마차를 타고 이스르엘로 가니 46 여호와의
능력이 엘리야에게 임하매 저가 허리를 동이고 이스르엘로 들어가는
곳까지 아합 앞에서 달려갔더라

그래서 엘리야가 종을 통해 아합에게 말하기를 비가 올 터이니 마차를 타고 빨리 내려가라고 하였다는 것이다. 이렇게 주님이 바알의 선지자 450명을 죽이게 하신 후에 엘리야의 정성어린 간절한 7번의 기도에 하나님께서 응답하셨다는 것이다.

그래서 이때 성경에서 말하는 것이 이해가 되었다.
성정이 같은 사람이로되 하나님의 사람 엘리야가 7번 기도하니 3년 동안 기근이 있다가 비가 내려졌다는 것이다. 이것은 엘리야가 이스라엘의 바알 선지자 450인을 죽이고 난 후에 갈멜산에 올라가서 이스라엘을 위하여 긍휼을 하나님께 구하여 비를 내려달라고 구하였는데 하나님께서는 이 기도를 들어주신 것이다.

물론 먼저 하나님께서 뜻을 하늘에서 세우신다.

[왕상 18:1]
많은 날을 지내고 제 삼년에 여호와의 말씀이 엘리야에게 임하여 가라사대 너는 가서 아합에게 보이라 내가 비를 지면에 내리리라

이것을 달성하기 위하여 지상에서는 이스라엘의 바알 선지자 450명을 모이게 하여 죽였다. 즉 바알 신을 섬기는 제사장들을 다 죽인 것이다. 그런 후에 엘리야는 갈멜산에 올라가서 하나님께 다시 이스라엘에 비를 달라고 7번 간구 기도한 것이다. 이 기도에 하나님께서 응답하셨다.

엘리야는 처음부터 알고 있었다.
이스라엘의 아합과 이세벨이 하나님을 제쳐두고 바알 신과 아세라 신을 섬기니 엘리야는 자신의 기도가 없으면 이스라엘에 우로가 있지 아니하리라 말하면서 그는 주님이 지시한 그릿 시냇가에 가서 지냈다. 다른 곳은 기근이 있었으나 그곳에서는 까마귀가 아침 저녁마다 떡과 고기를 물어왔고 그릿 시냇가에 물이 마를 때까지 엘리야는 그곳에 머물 수 있었던 것이다. 엘리야는 처음부터 하나님께서 어떻게 하실 것인가를 다 알고 있었다.

[왕상 17:1–9]

1 길르앗에 우거하는 자 중에 디셉 사람 엘리야가 아합에게 고하되
나의 섬기는 이스라엘 하나님 여호와의 사심을 가리켜 맹세하노니 <u>내
말이 없으면 수년 동안 우로가 있지 아니하리라</u> 하니라 2 여호와의
말씀이 엘리야에게 임하여 가라사대 3 너는 여기서 떠나 동으로 가서
요단 앞 그릿 시냇가에 숨고 4 <u>그 시냇물을 마시라 내가 까마귀들을
명하여 거기서 너를 먹이게 하리라</u> 5 저가 여호와의 말씀과 같이 하
여 곧 가서 요단 앞 그릿 시냇가에 머물매 6 까마귀들이 아침에도 떡
과 고기를, 저녁에도 떡과 고기를 가져왔고 저가 시내를 마셨더니 7
땅에 비가 내리지 아니하므로 얼마 후에 그 시내가 마르니라 8 여호
와의 말씀이 엘리야에게 임하여 가라사대 9 너는 일어나 시돈에 속한
사르밧으로 가서 거기 유하라 내가 그 곳 과부에게 명하여 너를 공궤
하게 하였느니라

두 번째로 엘리야가 마음으로 내게 깨닫게 하여 준 것은 450인을

죽이고 나니까 이세벨이 그를 죽이려하니 엘리야는 로뎀나무 밑에 가서 차라리 주님께 죽기를 구하였다는 것이다.

[왕상 19:2-8]

2 이세벨이 사자를 엘리야에게 보내어 이르되 내가 내일 이맘때에는
정녕 네 생명으로 저 사람들 중 한 사람의 생명 같게 하리라 아니하면
신들이 내게 벌 위에 벌을 내림이 마땅하니라 한지라 3 저가 이 형편
을 보고 일어나 그 생명을 위하여 도망하여 유다에 속한 브엘세바에
이르러 자기의 사환을 그곳에 머물게 하고 4 스스로 광야로 들어가
하룻길쯤 행하고 한 로뎀나무 아래 앉아서 죽기를 구하여 가로되 여
호와여 넉넉하오니 지금 내 생명을 취하옵소서 나는 내 열조보다 낫
지 못하니이다 하고 5 로뎀나무 아래 누워 자더니 천사가 어루만지며
이르되 일어나서 먹으라 하는지라 6 본즉 머리맡에 숯불에 구운 떡과
한 병 물이 있더라 이에 먹고 마시고 다시 누웠더니 7 여호와의 사자
가 또 다시 와서 어루만지며 이르되 일어나서 먹으라 네가 길을 이기
지 못할까 하노라 하는지라 8 이에 일어나 먹고 마시고 그 식물의 힘
을 의지하여 사십주 사십야를 행하여 하나님의 산 호렙에 이르니라

그 때에 천사가 나타나 음식을 두 번 주고 40일을 걸어서 행하여 호렙산에 이른 것이다. **호렙산에서 하나님께서 세미한 음성으로 첫째는 장래에 일어날 일들을 가르쳐 주셨다.** 다음의 아람 왕으로 하사엘이 될 것이고 다음의 이스라엘 왕으로 예후가 될 것이며 엘리야를 이어받을 후계자는 엘리사가 될 것임을 알려주신 것이다.

[왕상 19:15-18]

15 여호와께서 저에게 이르시되 너는 네 길을 돌이켜 광야로 말미암
아 다메섹에 가서 이르거든 하사엘에게 기름을 부어 아람 왕이 되게
하고 16 너는 또 님시의 아들 예후에게 기름을 부어 이스라엘 왕이 되
게 하고 또 아벨므홀라 사밧의 아들 엘리사에게 기름을 부어 너를 대
신하여 선지자가 되게 하라 17 하사엘의 칼을 피하는 자를 예후가 죽
일 것이요 예후의 칼을 피 하는 자를 엘리사가 죽이리라 18 그러나 내
가 이스라엘 가운데 칠천인을 남기리니 다 무릎을 바알에게 꿇지 아
니하고 다 그 입을 바알에게 맞추지 아니한 자니라

그리고 두 번째는 하나님께서 엘리야에게 혼자만 바알에게 무릎을 꿇지 아니한 것이 아니라 이스라엘에 바알에게 무릎 꿇지 아니한 자가 7000명이나 있다는 사실을 알려주고자 하셨던 것이다. 즉 엘리야의 잘못된 생각을 고쳐주기 원하셨다.

[왕상 18:22]

엘리야가 백성에게 이르되 여호와의 선지자는 나만 홀로 남았으나 바알의 선지자는 사백 오십인이로다

엘리야가 나에게 알게 하여 준 것은 '일곱 번' 그렇게 반복하는 것은 기적이 일어나게 하는 키라는 사실이다.

(i) 엘리야가 비오기를 일곱 번 기도하니 손바닥만 한 구름이 나타나고 그 다음 큰 호우가 있었다.

(ii) 나아만 장군이 요단강에 일곱 번 몸을 담그니 문둥병이 깨끗이

나았다.
즉 일곱 번 하는 것은 기적을 시작하게 하는 것이자 한 번 시작된 기적은 그 기적을 완성케 하는 것을 알게 하여 준 것이다.
(iii) 그리고 여리고가 7일 동안 그 여리고성을 도는데 6일까지는 하루에 한 번 그러나 7일째는 일곱 번을 돌았을 때에 그 여리고성이 무너져 내린 것이다.
(iv) 엘리사가 죽은 아이에게 엎드리니 아이가 일곱 번 재채기하고 살아났다. 즉 이 일곱 번 재채기가 아이를 살리게 하는 기적의 시작이었다는 것이다.

[왕하 4:32-37]

32 엘리사가 집에 들어가 보니 아이가 죽었는데 자기의 침상에 눕혔
는지라 33 들어가서는 문을 닫으니 두 사람 뿐이라 엘리사가 여호와
께 기도하고 34 아이의 위에 올라 엎드려 자기 입을 그 입에, 자기 눈
을 그 눈에, 자기 손을 그 손에 대고 그 몸에 엎드리니 아이의 살이 차
차 따뜻하더라 35 엘리사가 내려서 집 안에서 한번 이리 저리 다니고
다시 아이 위에 올라 엎드리니 아이가 일곱 번 재채기 하고 눈을 뜨는
지라 36 엘리사가 게하시를 불러서 저 수넴 여인을 불러오라 하니 곧
부르매 여인이 들어가니 엘리사가 가로되 네 아들을 취하라 37 여인
이 들어가서 엘리사의 발 앞에서 땅에 엎드려 절하고 아들을 안고 나
가니라

이 외에도 하나님께서 나에게 천상에서 알게 하여 주신 것들이 있다.

첫째는 독이 든 국에 가루를 푸니 독이 사라진 사건이다.

[왕하 4:39-41]

39 한 사람이 채소를 캐러 들에 나가서 야등덩굴을 만나 그것에서 들외를 따서 옷자락에 채워가지고 돌아와서 썰어 국 끓이는 솥에 넣되 저희는 무엇인지 알지 못한지라 40 이에 퍼다가 무리에게 주어 먹게 하였더니 무리가 국을 먹다가 외쳐 가로되 하나님의 사람이여 솥에 사망의 독이 있나이다 하고 능히 먹지 못하는지라 41 엘리사가 가로되 그러면 가루를 가져오라 하여 솥에 던지고 가로되 퍼다가 무리에게 주어 먹게 하라 하매 이에 솥 가운데 해독이 없어지니라

이것도 항상 성경책을 읽으면서 궁금하였던 점이다. 가루에 무엇이 들어 있길래 해독 작용을 하는가? 이것이 다 우리 인간의 생각이다. 그래서 이 지상에서도 가루를 어디 죽을 독을 먹거나 하였을 때에 해독제로 쓸 수가 있는가 하는 것이 우리 인간에게 드는 생각이다. 그러나 천상에서 하나님께서 나에게 깨닫게 하여주신 것은 이러한 인간의 생각이 맞지 않고 결국은 하나님의 능력으로 행하여졌다는 것을 알게 하여 주셨다. 즉 주님께서 명령하니 물이 포도주로 변한 것과 같은 원리라는 것이다. 즉 밀가루를 독이 있는 물에 풀었을 때에 독은 없어지라고 명령하신 것으로 알게 하여 주신 것이다. 할렐루야.
하나님의 말씀 한 마디이면 모든 것이 다 가능한 것이다.

두 번째는 제자들이 빌려온 도끼가 물 위에 떠오른 사건이다.

[왕하 6:1-7]

1 선지자의 생도가 엘리사에게 이르되 보소서 우리가 당신과 함께 거한 곳이 우리에게는 좁으니 2 우리가 요단으로 가서 거기서 각각 한 재목을 취하여 그곳에 우리의 거할 처소를 세우사이다 엘리사가 가로되 가라 3 그 하나가 가로되 청컨대 당신도 종들과 함께 하소서 엘리사가 가로되 내가 가리라 하고 4 드디어 저희와 함께 가니라 무리가 요단에 이르러 나무를 베더니 5 한 사람이 나무를 벨 때에 도끼가 자루에서 빠져 물에 떨어진지라 이에 외쳐 가로되 아아, 내 주여 이는 빌어온 것이니이다 6 하나님의 사람이 가로되 어디 빠졌느냐 하매 그 곳을 보이는지라 엘리사가 나무가지를 베어 물에 던져서 도끼로 떠오르게 하고 7 가로되 너는 취하라 그 사람이 손을 내밀어 취하니라

우리는 이 사건을 보면서 어떻게 나뭇가지 하나를 물에 던졌다고 하여 그 쇳덩어리인 도끼가 물 위로 떠 오를 수 있을까? 우리 인간은 수도 없이 고민하였을 것이다. 왜냐하면 나도 성경책을 읽으면서 그렇게 고민하였으니까 말이다.
그런데 이것도 하나님께서 그 나뭇가지를 물에 던지는 순간에 도끼를 향해 물에 떠 오르라고 명령하셨다는 것이다. 우리 하나님께서는 돌에게도 바위에게도 명령하실 수 있는 분이신 것이다.

이와 유사한 사건이 누가복음에 나온다.
하나님께서 명령하시면 돌들로 소리지르게 하실 수 있다는 것이다. 즉 하나님은 자연에게 어떠한 고체인 물체에도 명령하실 수 있다는 것이다.

[눅 19:37-40]

37 이미 감람산에서 내려가는 편까지 가까이 오시매 제자의 온 무리
가 자기의 본바 모든 능한 일을 인하여 기뻐하며 큰 소리로 하나님을
찬양하여 38 가로되 찬송하리로다 주의 이름으로 오시는 왕이여 하늘
에는 평화요 가장 높은 곳에는 영광이로다 하니 39 무리 중 어떤 바리
새인들이 말하되 선생이여 당신의 제자들을 책망하소서 하거늘 40 대
답하여 가라사대 내가 너희에게 말하노니 만일 이 사람들이 잠잠하면
돌들이 소리지르리라 하시니라

그뿐 아니다. 주님은 흉용하는 파도를 보고 잠잠하라고 하시니 죽일 것 같이 뛰놀던 파도가 잠잠케 되었다는 것이다.
그 때에 이것을 본 제자들은 이렇게 말했다.
'저가 뉘기에 바람과 바다도 순종하는고' 라고

우리 예수님은 창조주 하나님이시기에 이 세상의 모든 것이 다 순종하게 되어 있는 것이다.
할렐루야.

29 룻기, 사무엘상하, 열왕기상하, 역대상하

엘리사의 뼈에 닿은 시체가 다시 살아난 이유를 알게 되다.

2018년 8월 13일

아침에 기도 시간이었다.

기도하는 중이었는데 주님께서 나의 손과 자신의 손을 겹쳐 보여 주시면서 주님의 손과 내 손에 뚫어진 구멍들이 일치함을 보여 주시고 그 다음 주님께서 이전에 천국에서 같이 일하자 하시면서 내 오른손 팔목에 팔찌 두 개를 끼워주신 것을 보여주셨다. 나는 그때에 힘이 쭈욱 빠져버렸다. 눈에서는 갑자기 눈물이 흘러내렸다. '아하 그랬지. 주님께서 나와 함께 일하시자 하셨지 그리고 늘 주님의 손에 구멍이 뚫린 것처럼 내 손에도 뚫려 있다는 것을 항상 인식시켜 주셨지' 하는 생각이 들면서 나의 온 몸의 힘이 쭈욱 빠지고 주님의 임재가 강하게 느껴졌다.

나는 누웠다. 도저히 앉아 있을 수조차 없이 힘이 빠진 상태였다. 꼭 누군가 나를 위에서 짓누르는 느낌이었고 그래서인지 더 일어날 수가 없었다. 나의 오른편에 천사 시온이가 나타났다. 그는 나에게 쌀과자를 주었고 나는 그것을 먹었다.

그러자 주님께서 나타나셔서 내게 쌀 수프 다섯 숫가락을 먹이셨다. 나는 내가 왜 이것을 먹어야 하는지도 모르면서 그 쌀 수프를 받아 먹었다. 그리고서는 주님은 나를 어린아이의 모습 그대로 7–8살의 곱슬머리를 한 단발머리의 소녀를 데리고 날아서 분명히 성부 하나님의 궁으로 데리고 가신 것이었다.

주님과 나는 항상 서는 자리에 섰다.

나의 왼쪽 앞에는 청색과 황금색의 노트가 흰 동그란 테이블 위에 놓여 있었는데 나는 즉시 알아지는 것이 나의 어린아이의 모습으로서는 그것에 절대로 손을 대서는 안 된다는 것이었다. 그러자 주님께서 내 어린아이의 입술에 뽀뽀를 해주셨다. 그러자 나는 어린아이의 모습에서 즉시 어른의 모습, 즉 신부의 모습으로 바뀌어졌다. '와우, 어찌 이런 일이~'

나는 놀랍기만 하였다.

나의 모습은 어린아이의 모습에서 즉시 어른으로 바뀌었는데 신부가 웨딩 때 입는 옷을 입은 것같이 단장하고 있었다. 그러자 이제 나는 내 왼쪽 앞쪽으로 흰 조그만 테이블 위에 놓여 있는 그 청색과 황금색의 노트들을 만져도 되는 자격이 주어진 것을 알게 되었다. 나는 두 공책을 들었다. 그리고 안을 보았다.

주님께서는 '그것들이 네가 무엇인지 알지?' 라고 물으셨다.

나는 '네' 라고 대답하였다.

그러면서 주님께서는 '네가 저번에 어디까지 썼지?' 하고 물으셨다. '네 주님, 이전에 엘리사가 나아만 장군이 왔을 때에 왜 안 나와 봤는지에 대하여 썼어요.'

그리고서 나는 엘리사에 대하여 더 질문할 것이 있는지를 생각하여 보았다.

그러자 생각이 났다. '아하 그것'
엘리사가 죽었는데 뼈에 다른 사람이 닿으니 그 사람이 살아난 이야기요.

[왕하 13:21]

마침 사람을 장사하는 자들이 그 적당을 보고 그 시체를 엘리사의 묘실에 들이던지매 시체가 엘리사의 뼈에 닿자 곧 회생하여 일어섰더라.

'주님, 저는 이것이 이해가 잘 안 되고 어떻게 해서 그런 일이 일어났는지요.'
그러자 주님은 나와 함께 엘리사의 집에 가기를 원하셨다.
그런데 나는 이곳이 지금 성부 하나님 집인데 성부 하나님으로부터 아무 이야기도 안 들으시고 가시나? 하고 의아하게 생각하고 있는데 성부 하나님께서 나에게 '예수와 함께 가거라' 라고 하시는 것이 알아졌다.
그러자 주님과 나는 즉시 엘리사의 집 안에 와 있었다.
꼭 나무를 쪼개놓은 것 같은 꾸불거리는 곡선 모양의 테이블에 그 머리에는 주님이 앉으시고 그리고 저편에 엘리사 이편에 내가 앉았다. 나는 물었다.
"죽은 시체가 엘리사의 죽은 뼈에 닿았는데 어찌 그 사람이 살아났지요?"
그 때에 엘리사가 이렇게 말했다.
"나는 그 때 이미 떠나고 없었어요."

그렇지 엘리사가 그 죽은 뼈하고 같이 있었을 리는 없다.
그는 죽은 즉시 이미 그 영이 몸을 떠나서 낙원에 올라와 있었다는 이야기이다.

‘그러면 그 사람이 살아난 것은 어떻게 하여?’ 라는 궁금증이 일어났다. 그러자 한참 후에야 그냥 알아지는데 ‘아하, 그것은 하나님의 능력이었구나!’ 알아졌다. ‘아하, 그러면 그렇지..., 무슨 사람의 뼈가 힘이 있고 능력이 있어?’ 그 뼈 자체는 아무런 능력이 없는 것이다. 그러면 어떻게 그러한 일이 일어났는가 하는 것이다. 그것을 오늘 주님이 내게 알게 하여 주셨다.
그것은 죽은 엘리사가 하나님의 사람이었다는 것을 다른 사람들에게 알게 하기 위하여 주님이 하나님께서 그 사람을 살려 주셨다는 것이다. 즉 그 사람을 살린 것은 그 뼈가 아니라 하나님의 능력이었다는 것이다.
할렐루야. 할렐루야. 그제야 그 모든 것이 이해가 되어졌다.
알게 하여 주시는 하나님을 찬양합니다.

[왕하 13:20-21]

엘리사가 죽으매 장사하였더니 해가 바뀌매 모압 적당이 지경을 범한지라
Elisha died and was buried. Now Moabite raiders used to enter the country every spring.
마침 사람을 장사하는 자들이 그 적당을 보고 그 시체를 엘리사의 묘실에 들이던지매 시체가 엘리사의 뼈에 닿자 곧 회생하여 일어 섰더라

Once while some Israelites were burying a man, suddenly they saw a band of raiders; so they threw the man's body into Elisha's tomb. When the body touched Elisha's bones, the man came to life and stood up on his feet.

그렇다. 결국 우리 인간은 아무것도 아니다. 단지 하나님께서 쓰시는 도구일 뿐이다. 즉 나무 막대기일 뿐이다. 할렐루야. 모든 것을 주님이 하시고 또 주님의 뜻대로 움직여 가시는 것이다. 할렐루야. 그러므로 무슨 죽은 뼈가 신령하여 그 시체가 살아난 것이 아니고 그 엘리사의 뼈에 무슨 힘이 있어서 그런 것도 아닌 것이다.
오직 하나님께서 그분의 능력을 보여 주신 것뿐이다.

할렐루야. 주님을 찬양합니다.

30 룻기, 사무엘상하, 열왕기상하, 역대상하

깨달아지지 않던 성경 구절이 우리 인간의 이성적인 생각을 내려놓으니 깨달아졌다.

2018년 9월 18일

아침에 여러 시간 기도 후에 천국에 올라가게 되었다.

나는 8월 17일부터 9월 15일까지 해외선교를 하게 되었는데 먼저 한국에 간 이유는 내가 대한예수교장로회 합동측 해외총회 남서울노회장 취임을 하기 위해서였다. 그리고 그 인준식을 마치고 나는 곧바로 케냐로 선교를 떠났고 인도를 거쳐서 이렇게 다시 미국에 도착한 지 약 3일째였다.

나는 아침에 열심히 기도하고 천국을 올라가게 된 것이다.

수레 바깥에서 나를 인도하는 천사가 나타났다. 그리고 수레를 끄는 열 마리의 말과 수레를 모는 천사가 나타났다. 나는 수레를 탔고 그 수레 안에는 들어가는 문 반대편에 흰 날개 달린 천사가 한 명 앉아 있었다. 이 천사는 자신을 이 수레 안에서 나를 수종하는 천사라 했다. 그리고 수레 중앙 테이블에는 청색의 노트와 그 아래 황금색의 노트가 포개어져 놓여 있었고 그리고 그 옆에는 두꺼운 쑥색의 구약 책(이 책은 구약 성경의 믿음의 선진들을 만나서 내가 앞으로 쓸 책이었다. 주님께서 내가 쓸 책을 미리 보여 주시는 것이다)이 보였다. 이 구약 책은 가장자리 테두리가 약 5mm 정도의 황금색으로 둘러져 있었다. 나는 수레 안의 내 자리로 와서 앉았다. 이 수레는 즉시 나를 연못가에 내려놓았다.

수레에서 내리는 나는 면류관이 없는 곱슬거리는 단발머리를 하고 있었고 드레스는 약간 노란색이 나는 상아색의 드레스를 입고 있었다. 그리고 나는 곧 주님을 뵈었는데 주님 앞에서 나는 엎드러졌고 나는 주님께 마음으로 말했다.

'주님, 제가 온몸을 씻어야 해요. 저는 더러워요.'

즉 약 한 달 동안 거의 기도하지 못하고 집회하느라, 선교지 답사하느라 정신이 없었기 때문이다. 그러니 내가 얼마나 더러워져 있는지는 내가 잘 알고 있었다.

그러자 순간 주님과 나는 벌써 이사야 집 옆에 있는 생명강가에 와 있는 것이었다.

그래서 나는 즉시 생명강가 안으로 들어가서 온몸을 담구었다. 천사들이 나를 도왔다. 내 몸이 씻겨지는데 있어서 천사들이 나를 생명 강물 속으로 눕히고 꺼내고 하였다. 그럼으로써 나는 온몸이 다 씻겨져 내려가는 것을 느꼈다.

머리까지 들어가서 온몸이 씻겨진 후에 나는 다시 생명강가로 나왔다. 생명강가로 나오니 주님과 이사야가 나를 기다리고 있었다. 주님과 이사야가 서로 눈짓으로 대화를 주고받는 것이 보이더니 주님은 곧장 나를 다시 연못가로 데리고 오셨다.

주님이 마음으로 말씀하신다.

"준비해야지!"

즉 내가 벤치 옆에 놓여 있는 꽃신을 신고 연못 위로 걸어 들어가라는 말씀이시다.

나는 곧 벤치 옆에 놓여 있는 꽃신을 신고 연못 위로 들어가서 오른편 터널의 문을 열고 들어가 문을 닫았다(나는 이렇게 하여 믿음의 선진들의 집으로 인도함을 받았다). 그러자 그 터널 안에 있는 내 발밑의 물이 나를 즉시 터널 끝으로 인도하였고(즉 내가 움직인 것이 아니라 터널 안의 물이 나를 끝에서 끝으로 즉시 이동시킨 것) 나는 어느새 다윗의 집(궁)에 와 있었다.

물론 주님은 나보다 먼저 와 계셨다. 항상 주님은 이렇게 먼저와 계신다. 나처럼 이렇게 터널을 거쳐서 오시는 것이 아니라 즉시가 계신 것이다. 나만 이 연못 위의 터널을 통하여 이렇게 믿음의 선진들의 집으로 온다. 나는 그 이유를 아직 잘 모른다. 왜 그런지....

그러나 주님께서 나를 그렇게 하도록 하신 것이다.

다윗의 궁 안에는 긴 직사각형의 테이블이 놓여 있었고 주님께서는 테이블 머리에 앉으시고 나는 그의 우편 쪽으로 그리고 그의 왼편 쪽으로는 먼저 다윗이 앉았고 그리고 다윗의 옆에 아비가일이 앉아 있었다. 주님께서 다윗에게 이렇게 말씀하시는 것이 알아졌다.

'사라가 질문이 있다.'

그러자 내가 '아차 내게 무슨 질문이 있지?' 하고 생각하니 아침 시간에 성경 말씀을 읽을 때에 다음 구절을 가지고 고민한 것이 즉시 생각이 났다.

[삼하 5:24]

뽕나무 꼭대기에서 걸음 걷는 소리가 들리거든 곧 동작하라 그 때에 여호와가 네 앞서 나아가서 블레셋 군대를 치리라 하신지라

여기서 나는 매우 고민하였었다. 도대체 뽕나무 꼭대기에서 걸음을 걸은 자가 누구일까? 하는 것이었다. 하나님이셨나? 천사였나? 어떻게 뽕나무 꼭대기에서 발걸음 소리가 들리게 하지? 하는 질문이 내게는 가시지 않았고 도대체 이 말씀이 무슨 말씀인지가 궁금했었다. 그래서 나는 이 구절이 천상에서 생각이 나면서 주님께 질문을 드렸다.

"주님, 이것이 도대체 무슨 말이에요?"

주님이 한참 동안 침묵하셨다.
즉 가르쳐 주시지 않으시는 것이었다.

그러자 다윗이 이렇게 말하는 것이 그냥 알아졌다.
'주님, 사라의 머리로는 도저히 알 수 없어요.' 라고 말이다. 대개는 천국에서 질문을 가지면 즉시 앎이 찾아온다든지 하면서 즉시 그 답이 알아지는데 그러한 경우는 주님께서 그 답을 천상에서 깨우쳐 주시는 것이다. 그런데 오늘은 이러한 앎이 즉시 찾아오지도 않았고 나는 그 답을 도무지 천상에서도 알 수 없었다.
그리고 나는 지상으로 내려올 수밖에 없었다.

그런 후에 오후에 차를 운전하면서 다시 이 구절이 생각이 나는 것

이었다.

'뽕나무 꼭대기에서 발걸음 소리가 나다니...'

'어떻게 그것이 가능하지?' 하고 생각하면서 운전하고 있었다. 발걸음 소리라고 한다면 그들이 '뚜벅뚜벅' 누군가가 걷는 소리를 들었다는 것이다. 그 소리는 분명 바람이 스치는 소리도 아닌 사람의 발걸음 소리였다는 것이다.

그런데 설사 나뭇가지 위에서 누가 걷는다 하더라도 이러한 소리가 날 수가 없다.

그런데 분명히 뽕나무 꼭대기에서 누군가가 걸어서 사람의 발걸음 소리가 난다는 것이다. 그런데 나뭇가지 위에 걸어서 사람의 발걸음 소리가 난다는 것은 참으로 불가능하다. 왜냐하면 발바닥이 나뭇가지 위에 편평하게 닿아서 '뚜벅뚜벅' 같은 발걸음 소리를 내야 하는데 나뭇가지 위는 그 위가 편평하여 발로 걸어 다닐 수 있는 것이 아니다. 나뭇가지는 나뭇가지이다.

'그런데 거기서 어떻게 사람의 발걸음 소리가 났을까?' 하는 것이다.

내 생각이 거기까지 이르자 나는 갑자기 알아지는 것이 '아하 그렇구나! 뽕나무 가지 위에서 나는 그 발걸음 소리는 하나님의 능력으로 난 것이었구나' 알아진 것이다. 즉 무에서 유를 창조하듯이....

우리 하나님은 불가능이 없으신 하나님이신 것이다.

그렇다. 뽕나무 꼭대기에서 난 사람의 발걸음 소리는 실제로 그 위를 걸어서 그러한 소리가 나는 것이 아니라 바로 하나님께서 그렇게 사람의 발걸음 소리가 들리게 하셨다는 것이다. 무에서 유를 창조하시는 하나님이 그런 일은 아주 쉽게 하실 수 있는 분이신 것이다. 물이 포도주로 변하게 하듯이... 말씀으로 보이는 이 모든 세상을 창조하셨듯이 말이다. 할렐루야.

즉 그 발걸음 소리는 하나님의 능력으로 소리가 나게 하신 것이다. 할렐루야.

'아하~ 그렇구나! 그렇구나! 하나님께서 그 뽕나무 꼭대기에서 사람의 발걸음 소리를 나게 하셨네...' 물을 포도주로 만드신 것처럼...

이런 일을 하시는 것은 하나님께는 아무것도 아닌 것이다.

할렐루야.

특히 하나님께서는 이스라엘 민족이 다른 나라와 전쟁할 때에 기적을 많이 베푸셨다. 예를 들자면 이스라엘이 가나안을 쳐들어갔을 때에 그들이 가나안을 정복할 수 있도록 하나님께서는 여리고성이 무너져 내리게 하셨다.

그뿐 아니라 히스기야 왕 때에 앗수르 제국의 산헤립 왕이 쳐들어왔을 때에 군사의 힘으로 하면 남유다가 질 것이었으나 오직 남유다의 히스기야 왕과 백성들이 하나님만 의지하니 하룻밤 사이에 천사 한 명이 앗수르 군사들 18만 5천 명을 죽였었다. 그리고 특히 이스라엘과 싸우는 적군이 자기들끼리 서로 찔러 죽이는 사건들을 발생케 하신 분이 하나님이셨던 것이다.

할렐루야.

그러므로 구약에서 이스라엘과 다른 나라와의 전쟁에 있어서 그 전쟁의 이기고 짐은 하나님께 속한 것임을 여러 번 보여주셨다. 전쟁의 이기고 짐이 사람의 수가 많고 적음이 아니라 그리고 얼마나 날카로운 칼인가 창인가에 달려 있는 것이 아님을 하나님께서는 여러 번 증명시켜 보여 주셨다. 결국 전쟁의 이기고 짐은 하나님께서 어느 편에 함께 하고 계시는가에 따라서 결정되더라는 것이다. 이러한 것처럼 오늘 이 성경 구절의 사건도 하나님께서 특별히 기적으로 뽕나무 꼭대기에서 사람의 발걸음 소리 같은 것을 하나님의 능력으로 들리게 하여 주셔서 신호를 보내신 것을 알 수 있는 것이다. 주여!

그러면 그 성경 구절을 다시 한번 보자.

[삼하 5:18-25]

18 블레셋 사람이 이미 이르러 르바임 골짜기에 편만한지라 19 다윗
이 여호와께 물어 가로되 내가 블레셋 사람에게로 올라가리이까 여호
와께서 저희를 내 손에 붙이시겠나이까 여호와께서 다윗에게 말씀하
시되 올라가라 내가 단정코 블레셋 사람을 네 손에 붙이리라 하신지
라 20 다윗이 바알브라심에 이르러 거기서 저희를 치고 가로되 여호
와께서 물을 흩음 같이 내 앞에서 내 대적을 흩으셨다 하므로 그곳 이
름을 바알브라심이라 칭하니라 21 거기서 블레셋 사람들이 그 우상을
버렸으므로 다윗과 그 종자들이 치우니라 22 블레셋 사람이 다시 올
라와서 르바임 골짜기에 편만한지라 23 다윗이 여호와께 묻자온대 가
라사대 올라가지 말고 저희 뒤로 돌아서 뽕나무 수풀 맞은편에서 저
희를 엄습하되 24 뽕나무 꼭대기에서 걸음 걷는 소리가 들리거든 곧
동작하라 그 때에 여호와가 네 앞서 나아가서 블레셋 군대를 치리라
하신지라 25 이에 다윗이 여호와의 명대로 행하여 블레셋 사람을 쳐

서 게바에서 게셀까지 이르니라

즉 하나님께서 이 뽕나무 꼭대기에서 사람의 발걸음 소리가 들리게 하셔서 다윗에게 신호를 보낸 것이다. 그 소리가 들릴 때에 일어나 블레셋 사람들을 치라고 명령하신 것이다. 그리고 결국 이스라엘이 블레셋을 이기게 하신 것이다.
할렐루야.
전쟁의 이기고 짐은 하나님께 달린 것이 맞다. 누가 그 전쟁에서 하나님을 의지하는가를 보시는 것이다. 다윗은 묻고 또 물었다. 전능하신 하나님만을 의지한 것이다.

그는 골리앗 앞에서 이렇게 말한다.
너는 칼과 창과 단창으로 나에게 나아오지만 나는 만군의 여호와의 이름으로 너에게 나아가노라.

할렐루야.

깨우치게 해주신 주님을 찬양합니다.

나는 이렇게 천상에서 미처 다 깨닫지 못한 사실을 오늘 주님께서는 이렇게 지상에서 깨닫게 하여 주신 것이다. 할렐루야.
그래서 나는 천상에서 다윗이 왜 주님께 '사라의 머리로는 알 수 없어요' 라고 말했는지 이제 이해가 갔다. 우리 인간의 머리로는 아무리 생각하여 추론하여 알려고 한들 알 수가 없는 것이다. 하나님이 하시는 일을 우리 인간의 머리로는 알 수 없다. 그리하여 천상에서 내가 이해하지 못했던 것을 하나님께서는 지상에 내려왔을 그것을 다시 생각나게 하셔서 깨닫게 하여 주신 것이다.
할렐루야.

우리 인간의 한계는 성경에서 '뽕나무 꼭대기에서 발걸음 소리가 났다' 하면 우리는 누군가가 그 뽕나무 꼭대기에서 실제로 걸어서 소리가 났다라고 생각한다. 이것이 인간의 한계이다. 우리는 좀처럼 이러한 생각에서 벗어나서 생각하지 못한다. 그러나 그것은 사람이 걸은 것이 아니라 하나님께서 걸은 것이 아니라 천사가 걸은 것이 아니라 오히려 그 소리는 하나님의 능력으로 만들어 내어진 것으로서 하나님께서 무에서 유를 창조하시듯이 그 발걸음 소리가 갑자기 만들어졌다는 것이다.
할렐루야.
그래서 천상에서 다윗은 내가 보통 사람들이 생각하는 그러한 생각을 하고 있으니 '사라의 머리로는 알 수 없어요' 라고 표현하였던 것이다. 지상에서 이 모든 것이 알아지자 내 입가에는 미소가 번졌다.
'그랬구나. 하하...'
결론은 우리 주님께서는 우리가 보통 인간들이 가지고 생각하는 이성적인 생각을 내려놓으니 다 깨닫게 하여주시는 것이다. 지상에서도 말이다. 할렐루야. 주님을 찬양합니다.

31 룻기, 사무엘상하, 열왕기상하, 역대상하

내 마음에 합한 자는 어떠한 자인지 천상에서 가르쳐 주시다.

2018년 9월 19일

아침에 기도를 하고 천국에 올라가게 되었다.

특히 인도 선교지를 다녀와서 13억의 인구 중에서 얼마 안 되는 크리스천 빼고는 다 지옥을 간다는 사실 앞에 나는 인도에서도 울었지만 또 인도를 다녀온 후 오늘 아침 기도 시간에도 그들의 영혼들을 위하여 눈물이 흘러 내렸다.

그러한 가운데 주님의 영혼들을 향한 한없이 아픈 마음이 느껴지면서 갑자기 내 몸에 힘이 쭈~욱 빠져버렸다. 이러한 경우는 주님의 임재가 내 몸에 강하게 임할 때이다.

그러자 내 옆에는 시온 천사가 온 것이 보였다. 그는 늘 그러듯이 내게 쌀과자를 내 입에다가 넣어 주었다. 내 몸은 내 손 하나를 들 수 있는 힘이 없을 정도로 힘이 쭈욱 빠져 있었다. 또한 내 입안에 들어온 과자를 씹을 힘조차도 없었다. 그런데 오늘 시온 천사가 내 입에 넣어준 쌀과자는 조금 부풀러져 있는 솜과자 같았다. 나는 그것을 씹어 먹었다(이것은 영적으로 일어나는 일이다). 그러자 즉시 내 앞에 주님이 보였고 어린 내가 보였다. 주님은 정말 너무 잘생기시고 어질고 자비로운 얼굴을 가지고 계셨다. 턱수염과 콧수염이 있었지만 너무 잘생긴 청년의 모습이었고 인자하신 얼굴로 속에도 흰옷을 입으셨고 또 겉에도 흰 옷을 걸치셨다. 그러한 주님이 나를 맞아주시는데 나는 7-8살 정도의 어린아이의 모습이었고 곱슬거리는 금 갈색의 단발머리에 무릎까지 내려오는 긴팔 원피스 같은 흰 옷을 입고 있었다. 주님은 나를 보고 '내 딸아, 내 아기야' 라고 말씀하셨다. 오늘따라 계단이 황금계단인데 어린 아이인 내게는 조금 크고 높아 보였다. 그러나 각 계단이 천국에서는 올라가기 힘든 것이 아니라 전혀 힘들지 않고 껑충껑충 뛰듯이 올라갔다. 주님의 손을 잡고....

주님도 나를 보시고 너무 기뻐하셨다.

계단 끝에 올라서서는 주님은 주님의 보좌로 급히 가셨고 나는 그 자리에서 어린아이의 모습에서 숙녀로 바뀌었는데 (나는 왜 이렇게 바뀌었는지 아직도 모른다) 나는 긴 머리에 면류관을 쓴 그리고 흰 드레스를 입은 아름다운 숙녀였다. 즉 계단을 올라갈 때에는 어린아이의 모습이었는데 계단 끝에 올라서서는 숙녀로 변한 것이다. 이렇게 변한 나의 모습은 한국 집회와 외국 선교 때문에 주님을 오랫동안 못 만나 울며 그리워해서 눈이 퉁퉁 부어있는 상태였다. 눈이 안 보일 정도로 퉁퉁 부어 보였다.

그리고 그 계단 끝 위에서는 전체적으로 분홍색 옷을 입고 날개도 분홍색인 두 날개를 가진 천사 두 명이 나를 맞아주었다. 이들은 단발머리에 아름다운 링을 가진 천사들로서 보통 내가 천국으로 가면 수레에서 내리는 나를 두 손으로 하나씩 잡아서 주님께로 인도하는 천사들인데 오늘은 여기에 서 있는 것이었다. 여기서 그들이 나를 맞아주는 것이었다. 이들은 얼굴, 머리, 옷, 날개 등 다 분홍색이 나는 천사들이다. 이들이 오늘따라 계단 끝 위에서 지극 정성으로 인사하면서 나를 맞아주었다. 그리고 나는 그 계단 끝에서 주님이 계신 보좌 앞으로 걸어가야 했다.

나는 걸어서 주님 보좌 앞으로 왔는데 주님께서 내 눈을 보시더니 두 손으로 만져주시는 순간에 나의 부었던 눈이 다 가라앉았고 내 눈이 정상적으로 보이기 시작한 것이다. '와우~'

그리고 주님께서는 즉시 나를 연못가로 데리고 오셔서 내 두 발을 씻기기 시작하셨다. 나는 주님께 말씀드렸다. '주님, 안 되요 안 되요' 라고 말렸으나 주님께서는 '내가 해야 한단다.' 하시면서 내 두 발을 씻기시고 또 다른 천사들이 와서 생명수를 내 머리에 부어서 내 몸 전체를 씻긴 것이다. 그러고서는 나는 평상시와 같이 벤치 옆에 놓인 꽃신을 신고 연못 위로 걸어 들어갔는데 오늘따라 꽃신은 하늘색이 섞인 꽃무늬 있는 앞에 코가 높은 꽃신이었다. 나는 그 꽃신을 신고 연못 위로 걸어 들어갔다.

연못 중앙에는 두 터널이 있는데 왼편 터널과 오른편 터널이 있는데 나는 오른편 터널로 들어갔다. 그러자 그 터널 안에 바닥의 물이 나를 즉시 그 반대편 터널 끝으로 옮겨 놓았다. 그래서 내가 도착한 곳은 뽀얗게 하얀 궁의 지붕들이 여러개 많이 있는 궁이었다. 그 지붕들은 둥글기도 하고 사각형이기도 하고 등등 여러 가지 모양을 가졌으나 그 궁의 몸통은 아주 고딕스러운 황금들로 되어 있었다. '와우~~~~'

그 안으로 들어서자 그곳은 다윗의 궁이었다.

궁 안에 긴 테이블 머리에 주님이 앉으셨고 그다음 내가 주님의 오른편에 다윗과 아비가일이 왼편에 앉았는데 다윗은 얼굴이 갸름하게 생긴 참 잘생긴 청년이었다.
성경은 그의 생김새에 대하여 이렇게 기록하고 있다.

[삼상 17:42]
그 블레셋 사람이 둘러보다가 다윗을 보고 업신여기니 이는 그가 젊고 붉고 용모가 아름다움이라

[삼상 16:12]
이에 보내어 그를 데려오매 그의 빛이 붉고 눈이 빼어나고 얼굴이 아름답더라 여호와께서 가라사대 이가 그니 일어나 기름을 부으라

즉 다윗은 지상에서도 그 용모가 빼어나고 얼굴이 아름다웠다고 적고 있다. 그리고 아비가일이 다윗의 왼편에 앉아 있었는데 그녀는 아름답고 젊은 처녀의 모습이었다. 내 정면 왼쪽 테이블 위에는 청색과 황금색의 노트가 포개어져 놓여 있었고 그 오른쪽으로는 성경책이 펴져 있었다.

나는 주님과 다윗에게 질문하였다.
'주님, 다윗은 주님께 내 마음에 합한 자라고 말씀을 들었는데 저도 그런 자가 되려면 어떻게 해야 하나요?' 라고 물었다.

그러자 주님과 다윗이 그 입가에 기쁜 미소를 지었다. 아비가일도

기쁜 미소를 짓는 것이 보였다. 그에 대한 대답을 주님은 말없이 나에게 알게 하여 주셨다. 즉 마음으로 그냥 알아지는 것이다.

첫째는 주님만 의지하여야 한다는 것이다.
즉 다른 어떤 것 돈, 내가 가진 달란트 이런 것들이 아니라 오직 주님만 의지하여야 한다는 것이었다.

두 번째는 주님의 능력으로 살아가야 한다는 것이었다.
'와우~ 그렇다.'
주님의 능력으로 산다는 것은 나의 모든 것, 나의 생명부터 그리고 내가 필요로 하는 모든 것들도 주님의 능력으로 살아가라는 것이다.
내 힘으로 내가 벌어서 내가 노력하여 그렇게 살아가는 것이 아니라 주님이 모든 것을 주실 것이므로 그것을 믿고 오직 그 나라와 그 의를 구하는 자세로 살아가면 하나님께서는 하나님의 능력으로 나를 살 수 있도록 모든 것을 공급하신다는 것이다.
할렐루야 정말 그렇다.
또한 어떤 전쟁에서도 하나님이 이기게 하실 것이고 마치 다윗이 골리앗을 맞이 하였을 때에 하나님의 능력으로 다윗이 골리앗을 죽일 수 있었던 것처럼 말이다. 할렐루야. 하나님께서 다 하시는 것이다. 또한 다윗이 통일왕국의 왕으로 앉은 것도 하나님의 능력이었다. 다윗은 정말 그의 삶 전체가 하나님의 능력으로 살아갔던 것이다. 바로 이것이다. 하나님의 능력으로 살아가는 것.
할렐루야.

'주님 저도 그렇게 살아가게 하여주소서!'
'제가 그렇게 살아가겠나이다.' 하고 내 마음속으로 다짐하며 말하였다.
할렐루야.

그리고 세 번째는 무엇이든지 다윗처럼 하나님께 물어서 행하라는 것이다.

즉 자신의 뜻대로 모든 것을 결정하는 것이 아니라 하나님께 일일이 물어서 다윗은 행하였다는 것이다. 이것이 그렇게 하나님의 마음을 흡족하게 하였던 것이다.
할렐루야. 즉 다윗은 자신의 뜻대로 사는 자가 아니었다. 무엇이든 주님께 물어보고 행하였다는 것이다. 그래서 주님은 다윗을 보고 '내 마음에 합한 자' 라고 했다는 것을 알게 하여 주셨다. 그러나 그의 마지막에 인구조사를 할 때에는 다윗이 주님께 물어보지 아니하였던 것이다. 그리하여 다윗이 하나님 앞에 죄를 짓게 된 것을 알게 하여 주셨다. 그래서 결국 다윗의 범죄로 온역이 3일 동안 있어서 백성이 7만 명이 죽은 것이었다. 이렇게 내가 천상에서 주님과 다윗 그리고 아비가일이 앉아 있는 상태에서 생각하고 있는데 나의 건너편에 앉은 다윗의 눈에는 눈물이 글썽하는 것이 보였다. 즉 다윗은 주님께 물어보지 않아서 죄를 짓게 된 것이다.
주님께 인구조사를 할까요 말까요 라고 물었더라면 주님께서 '하지 말아라' 라고 하셨을 것인데. 다윗은 이때는 하나님께 묻지 않고 행하였다. 그것이 하나님 앞에 죄가 된 것이다. 결국 하나님께 물어보지 않고 행한 것이 하나님 앞에 죄가 되고 말았다. 주님께서는 내가 주님의 마음에 합한 자가 되기 위해서는 위의 세 가지를 만족해야 한다고 말씀하여 주셨다.

하나님께서 왜 다윗을 '내 마음에 합한 자'라고 하셨는지를 오늘 천상에서 가르쳐 주신 것이다.
할렐루야.

다시 정리하면

하나님 마음에 합한 자가 되려면

1. 주님만 의지할 것
2. 주님의 능력으로 살 것
3. 주님께 물어보고 행할 것

이렇게 살면 주님께서 나에게도 너는 내 마음에 합한 자라고 하실 수 있다는 것이다. 할렐루야. 할렐루야 주님을 찬양합니다.
주님 오직 저는 주님만을 기쁘게 해드리고 싶습니다.
나는 그렇게 주님께 말씀드리고 내려오게 되었다.
할렐루야.

32 룻기, 사무엘상하, 열왕기상하, 역대상하

하나님께서 다윗으로 하여금 인구조사를 허락하신 진짜 이유 : 하나님의 이중적 목적이 있었다.

2018년 9월 22일

아침에 기도하고 천국에 올라가게 되었다.

나를 데리러 온 수레는 나를 싣고 즉시 연못가에 나를 내려다 놓았다. 주님이 나를 연못가에서 맞아주셨다. 수레에서 내리는 나는 약간 노르스름한 드레스를 입고 있었다. 주님께서는 내 두 손을 생명수에 씻기셨다. 그리고서는 내 두 발도 씻기셨다. 그러자 천사들이 생명수를 담은 항아리를 가져와서 내 머리 위로 부었다.

그러자 내 온몸이 생명수로 씻겼는데 그러자 내 드레스가 새하얀 드레스로 바뀌었다. 나는 오늘 새로운 사실을 알았다. '아하! 노란 드레스가 내가 생명수로 씻기니까 그 옷이 하얗게 변하는 것이구나!' 알게 된 것이다. 이전에도 이러한 일이 있었던 것을 기억한다. 나는 꽃신을 신고 연못 위를 걸어 들어갔다. 오른편 터널 속으로 들어갔더니 내 발밑에 있는 물이 나를 즉시 다윗의 궁 즉 다윗의 집안으로 인도하였다.

궁 안에는 직사각형 테이블이 놓여 있었고 주님이 테이블 머리에 벌써 와 계셨고 다윗이 예수님의 왼편에 나는 오른편 쪽으로 같은 테이블을 놓고 앉았다. 다윗의 옆에는 아비가일이 앉아 있었다. 다윗은 오늘 위 아래로 흰 옷을 입고 있었다.

나는 다윗의 노년에 하였던 인구조사에 대한 의문을 가지고 있었다. '왜 다윗은 인구조사를 원했는가?' 또 '주님은 그 죄의 댓가로 왜 7만 명이나 되는 이스라엘 민족을 온역으로 치셨는가?' 하는 것이었다. '죄는 다윗이 지었는데 왜 엉뚱하게 이스라엘 백성이 7만 명이나 죽어야 했는가?' 하는 의문들이었다.
나로서는 도저히 풀리지 않는 질문들이었다.

그러나 천상에서 하나님께서는 성경 구절들을 생각나게 하심으로 하나씩 풀리게 하셨다. 할렐루야.

[삼하 24:9-17]

9 요압이 인구 도수를 왕께 고하니 곧 이스라엘에서 칼을 빼는 담대
한 자가 팔십만이요 유다 사람이 오십만이었더라 10 다윗이 인구 수
를 조사한 후에 그 마음에 자책하고 여호와께 아뢰되 내가 이 일을 행
함으로 큰 죄를 범하였나이다 여호와여 이제 간구하옵나니 종의 죄를
사하여 주옵소서 내가 심히 미련하게 행하였나이다 하니라 11 다윗
이 아침에 일어날 때에 여호와의 말씀이 다윗의 선견자 된 선지자 갓
에게 임하여 가라사대 12 가서 다윗에게 말하기를 여호와의 말씀에
내가 네게 세가지를 보이노니 너는 그 중에서 하나를 택하라 내가 그
것을 네게 행하리라 하셨다 하라 13 갓이 다윗에게 이르러 고하여 가
로되 왕의 땅에 칠년 기근이 있을 것이니이까 혹시 왕이 왕의 대적에

게 쫓겨 석달을 그 앞에서 도망하실 것이니이까 혹시 왕의 땅에 삼일
동안 온역이 있을 것이니이까 왕은 생각하여 보고 나를 보내신 이에
게 대답하게 하소서 14 다윗이 갓에게 이르되 내가 곤경에 있도다 여
호와께서는 긍휼이 크시니 우리가 여호와의 손에 빠지고 내가 사람의
손에 빠지지 않기를 원하노라 15 이에 여호와께서 그 아침부터 정하
신 때까지 온역을 이스라엘에게 내리시니 단부터 브엘세바까지 백성
의 죽은 자가 칠만인이라 16 천사가 예루살렘을 향하여 그 손을 들어
멸하려 하더니 여호와께서 이 재앙 내림을 뉘우치사 백성을 멸하는
천사에게 이르시되 족하다 이제는 네 손을 거두라 하시니 때에 여호
와의 사자가 여부스 사람 아라우나의 타작마당 곁에 있는지라 17 다
윗이 백성을 치는 천사를 보고 곧 여호와께 아뢰어 가로되 나는 범죄
하였고 악을 행하였삽거니와 이 양 무리는 무엇을 행하였나이까 청컨
대 주의 손으로 나와 내 아비의 집을 치소서하니라

즉 다윗도 자신의 잘못을 깨닫고 자신의 죄 때문에 이스라엘 민족이 7만 명이나 죽는 것을 보고 그는 하나님께 차라리 자신과 자신의 아비의 집을 치라고 말씀드렸다.

우리는 여기서 실상 주님께서 죄를 지은 다윗을 치시지 않고 오히려 그의 백성 7만 명을 치셨다. 왜?

나는 천국에서 주님과 다윗 앞에서 이러한 질문을 가졌다.
그랬더니 그것이 하나씩 알아지는 것이었다. 천상에서.
'아하~ 그렇구나!'

성경의 다른 곳에 하나님께서 '이스라엘을 치시고자 다윗으로 하여금 인구조사를 하게 하였더니' 하는 성경 구절이 생각나는 것이었다.

[삼하 24:1]
여호와께서 다시 이스라엘을 향하여 진노하사 저희를 치시려고 다윗을 감동시키사 가서 이스라엘과 유다의 인구를 조사하라 하신지라

즉 다윗에게 인구 조사할 생각이 난 것이 하나님으로부터 온 것이었다. 다윗이 하고자 한 것이 아니었다. 주님이 먼저 생각을 주셨다는 것이다. 그리고 다윗은 그 생각을 받아들였다. 왜냐하면 다윗도 이제는 자신이 이루어 놓은 것을 자랑하고자 하는 마음이 있었기 때문이다. 이제는 통일 왕국의 왕이 된 자신을 보고서 그 국력을 자랑하고자 하는 마음이 있었기 때문이다. 그리하여 하나님께서는 다윗이 그러한 국력을 자랑하고 싶어하는 죄를 짓게 될 것을 하나님은 먼저 알고 계셨다. 그래서 하나님께서 그로 인한 죄를 짓게 함으로써 그 후에 하나님께서는 다윗으로 하여금 회개케 할 마음이 계셨던 것이다.

'주여~~~'

항상 하나님께서는 어떠한 일을 행하실 때에 이중 목적이 있으신 것이 여러 번 성경에서 발견된다. 즉 먼저는 이스라엘을 치시기 위하여 두 번째는 하나님을 더 의지하지 않고 다윗 안에 있는 국력을 자랑하고픈 마음을 하나님께서는 동시에 처리하기를 원하셨던 것이다.

사무엘하 24장 1절을 보면

[삼하 24:1]

여호와께서 다시 이스라엘을 향하여 진노하사 저희를 치시려고 다윗을 감동시키사 가서 이스라엘과 유다의 인구를 조사하라 하신지라

그런데 여기서 왜 하나님께서는 이스라엘을 향하여 진노하셨을까? 다윗이 인구조사를 하게 된 이유 중의 하나가 하나님 입장에서 보면 이것이 매우 중요한 이유인 것이다. 즉 그래서 하나님께서 다윗을 감동시켜서 인구조사를 하게 하신 것이다. 구약에서 하나님께서 하나님의 백성 이스라엘에게 매우 진노하시는 일은 하나님이 아닌 다른 신을 섬기는 것이었다. 아마도 백성들 중에서 하나님이 아닌 다른 신들을 섬기고 절하는 자들이 생겨남에 따라서 하나님의 진노를 산 것이 분명하다.

그래서 하나님께서는 이렇게 다른 신을 섬기는 이스라엘 사람들을 치시려고 다윗의 마음을 감동시키시사 인구조사를 하게 하였다는 것이다. 즉 그 결과 다윗은 인구조사를 하게 되었고 결국 그 죄의 댓가로 이스라엘 민족의 7만 명이 온역으로 죽게 되었다.

그리고 성경은 이 동일한 사건을 성경에는 두 곳에서 말하고 있다. 우리는 이 두 곳을 비교할 필요가 있다.

사무엘하 24장에서는 하나님이 다윗을 감동시켜서 인구조사를 하

게 하였다라고 기록하고 있고 또한 역대상 21장 1절에서는 사단이 다윗을 격동하여 이스라엘을 계수하게 했다고 기록하고 있다.

[삼하 24:1]

여호와께서 다시 이스라엘을 향하여 진노하사 저희를 치시려고 다윗을 감동시키사 가서 이스라엘과 유다의 인구를 조사하라 하신지라

[대상 21:1]

사단이 일어나 이스라엘을 대적하고 다윗을 격동하여 이스라엘을 계수하게 하니라

그러면 이 두 구절을 합하여서 보면 즉 다윗이 자신의 국력을 자랑하고 싶어서 인구조사를 해야겠다는 생각을 하나님께서 사단을 시켜서 다윗의 생각속에 넣었다라고 볼 수 있는 것이다. 즉 하나님이 부리시는 사단이 다윗에게 '네가 얼마나 강한지 보라, 그것을 인구조사를 하여 확인하여 보라, 아무도 너를 건드릴 자 없을 것이다. 그것을 네가 다 이루었느니라.' 이렇게 사단이 다윗을 부추겼을 것이다. 그리하여 다윗이 사단에 의하여 격동되어 다윗은 요압 장군에게 명령하여 인구를 조사하라고 지시를 내렸던 것이다.

이것은 첫째는 하나님이 아닌 다른 신을 섬기는 이스라엘을 치시기 위한 목적이라고 할 수 있고 둘째는 이러한 하나님이 아닌 다른 것에 그 힘을 의지하고자 하는 다윗을 회개시키고 돌이키게 하시기 위함이라고 볼 수 있는 것이다.

할렐루야.

[대상 21:2-5]

2 다윗이 요압과 백성의 두목에게 이르되 너희는 가서 브엘세바에서
부터 단까지 이스라엘을 계수하고 돌아와서 내게 고하여 그 수효를
알게 하라 3 요압이 가로되 여호와께서 그 백성을 지금보다 백배나
더하시기를 원하나이다 내 주 왕이여 이 백성이 다 내 주의 종이 아니
니이까 내 주께서 어찌하여 이 일을 명하시나이까 어찌하여 이스라엘
로 죄가 있게 하시나이까 하나 4 왕의 명령이 요압을 재촉한지라 드
디어 떠나서 이스라엘 땅에 두루 다닌 후에 예루살렘으로 돌아와서 5
백성의 수효를 다윗에게 고하니 이스라엘 중에 칼을 빼만한 자가 일
백 십만이요 유다 중에 칼을 빼만한 자가 사십 칠만이라

이렇게 인구조사를 한 후에 하나님께서는 갓 선지자를 보내어서 다윗에게 세 가지 재앙 중 하나를 선택하라고 한다. 하나님께서 말씀하신 그 세 가지 재앙은 삼년 기근이거나 또는 다윗이 석 달을 대적에게 패하여 대적의 칼에 쫓기든지, 아니면 여호와의 칼 즉 온역이 사흘 동안 이스라엘 온 지역에 있을 일, 세 가지였다.

다윗은 말하기를 자신은 사람의 손에 빠지는 것을 원치 아니한다 하였고 하나님의 손에 빠지기를 원한다 하니 하나님께서는 이스라엘에 여호와의 칼 즉 온역을 3일 동안 내리게 된 것이다. 이로 인하여 이스라엘 민족 7만 명이 죽게 된다.

[대상 21:7-14]

7 하나님이 이 일을 괘씸히 여기사 이스라엘을 치시매 8 다윗이 하나님께 아뢰되 내가 이 일을 행함으로 큰 죄를 범하였나이다 이제 간구하옵나니 종의 죄를 사하여 주옵소서 내가 심히 미련하게 행하였나이다 하니라 9 여호와께서 다윗의 선견자 갓에게 이르시되 10 가서 다윗에게 말하여 이르기를 여호와의 말씀이 내가 네게 세가지를 보이노니 그 중에서 하나를 택하라 내가 그것을 네게 행하리라 하셨다 하라 11 갓이 다윗에게 나아가 고하되 여호와의 말씀이 너는 마음대로 택하라 12 혹 삼년 기근일지, 혹 네가 석달을 대적에게 패하여 대적의 칼에 쫓길 일일지, 혹 여호와의 칼 곧 온역이 사흘 동안 이 땅에 유행하며 여호와의 사자가 이스라엘 온 지경을 멸할 일일지 하셨나니 내가 무슨 말로 나를 보내신 이에게 대답할 것을 결정하소서 13 다윗이 갓에게 이르되 내가 곤경에 있도다 여호와께서는 긍휼이 심히 크시니 내가 그의 손에 빠지고 사람의 손에 빠지지 않기를 원하나이다 14 이에 여호와께서 이스라엘 백성에게 온역을 내리시매 이스라엘 백성의 죽은 자가 칠만이었더라

와우~~

즉 다윗의 죄로 인하여 죄짓지 아니한 이스라엘 민족 7만 명이 죽게 된다. 그때에 다윗은 안타까워서 하나님께 이렇게 간구하였다.

"하나님, 죄는 제가 지었으니 이스라엘 민족을 치지 마시고 차라리 나와 내 집을 치소서" 라고 간구하였다.

그러나 우리는 여기서

사무엘하 24장에서 이미 말한 것처럼

[삼하 24:1]
여호와께서 다시 이스라엘을 향하여 진노하사 저희를 치시려고 다윗을 감동시키사 가서 이스라엘과 유다의 인구를 조사하라 하신지라

이것이 다윗의 죄 값에 이스라엘 민족 7만 명이 죽은 이유인 것이다.
즉 죄는 다윗이 짓게 하시고 벌은 이스라엘 민족이 받았던 것이다.
하나님의 원래 목적이 그것이었으니까.... 이 모든 것이 천상에서 다윗의 집(궁) 안에서 주님과 다윗 그리고 아비가일이 나와 같이 앉아 있는 테이블에서 깨달아졌다.
할렐루야.

그러므로 하나님께서 실제적으로 하나님을 멀리하고 이방신을 섬기는 자들을 벌하시기 위하여 다윗에게 인구조사를 시키셨다는 것을 알 수 있다.
그리고 하나님께서는 또 다윗에게 있는 자기의 업적을 자랑하고 싶은 마음, 그리고 하나님이 아니라 자신이 가진 국력을 의지하는 마음을 들추어내셔서 회개시키기를 원하셨다는 것을 우리는 알 수 있는 것이다.
그러므로 다윗의 말년에 인구조사는 하나님의 두 가지 목적하에 일어났다는 것을 알 수 있다. 첫 번째 이유는 이스라엘 민족이 하나님을 버린 죄 때문에 이스라엘을 벌하시기 위하여 두 번째는 다

윗의 자랑하고픈 마음 하나님이 아닌 다른 것을 더 의지하는 마음을 처리하기 위하여서였던 것이다.
할렐루야. 깨우쳐 주시는 하나님을 찬양합니다.

성경에는 이러한 말씀이 있다.
즉 아버지의 이빨이 시다 하여 아들의 이빨이 시지 아니하리라 하는... 이 말씀이 이 경우에 해당하는 것은 다윗의 죄 때문에 이스라엘 민족이 온역으로 죽은 것이 아니라 결국 하나님을 버리고 이방신을 섬겼던 자들이 온역에 걸려 죽은 것이었다. 할렐루야.

[겔 18:1-4]

1 여호와의 말씀이 또 내게 임하여 가라사대 2 너희가 이스라엘 땅에 대한 속담에 이르기를 아비가 신 포도를 먹었으므로 아들의 이가 시다고 함은 어찜이뇨 3 나 주 여호와가 말하노라 내가 나의 삶을 두고 맹세하노니 너희가 이스라엘 가운데서 다시는 이 속담을 쓰지 못하게 되리라 4 모든 영혼이 다 내게 속한지라 아비의 영혼이 내게 속함 같이 아들의 영혼도 내게 속하였나니 범죄하는 그 영혼이 죽으리라

또한
신명기 28장 15절 이하에 나타나 있는 하나님의 명령을 지키지 아니할 때에 자신의 몸에 염병이 찾아와 멸하여질 것이라는 말씀이 나온다. 이것이 결코 우연이 아닌 것이다. 하나님의 말씀은 그대로 이루어짐을 우리는 이 인구조사에서도 찾아볼 수 있는 것이다.

[신 28:15]

네가 만일 네 하나님 여호와의 말씀을 순종하지 아니하여 내가 오늘 날 네게 명하는 그 모든 명령과 규례를 지켜 행하지 아니하면 이 모든 저주가 네게 임하고 네게 미칠 것이니

[신 28:20-22]

20 네가 악을 행하여 <u>그를 잊으므로</u> 네 손으로 하는 모든 일에 여호와
께서 저주와 공구와 견책을 내리사 망하며 속히 파멸케 하실 것이며
21 여호와께서 네 몸에 염병이 들게 하사 네가 들어가 얻을 땅에서 필
경 너를 멸하실 것이며 22 여호와께서 폐병과 열병과 상한과 학질과
한재와 풍재와 썩는 재앙으로 너를 치시리니 이 재앙들이 너를 따라
서 너를 진멸케 할 것이라

그들이 하나님을 잊어버리므로 그 몸에 염병이 들게 하셔서 필경 멸하실 것이라고 분명히 말씀하고 있는 것이다.

즉 다윗의 인구조사로 3일 온역의 재앙이 있게 되어 이스라엘 민족 7만 명이 죽게 된 것은 결국 그들의 죄 때문에 하나님께서 치셨다는 것이다. 그리고 다윗은 자신의 죄 때문에 3일 온역이 온 이스라엘에 있게 되어서 자신의 백성 7만 명이 죽어가는 것을 가슴 아프게 지켜보아야 했던 것이다. 즉 이것이 다윗의 자신의 인구조사에 대한 죄의 댓가를 치르는 것이었다.
할렐루야.

깨닫게 하여주시는 주님을 찬양합니다.

[대상 21:15-17]

15 하나님이 예루살렘을 멸하러 사자를 보내셨더니 사자가 멸하려 할
때에 여호와께서 보시고 이 재앙 내림을 뉘우치사 멸하는 사자에게
이르시되 족하다 이제는 네 손을 거두라 하시니 때에 여호와의 사자
가 여부스 사람 오르난의 타작마당 곁에 선지라 16 다윗이 눈을 들어
보매 여호와의 사자가 천지 사이에 섰고 칼을 빼어 손에 들고 예루살
렘 편을 가리켰는지라 다윗이 장로들로 더불어 굵은 베를 입고 얼굴
을 땅에 대고 엎드려 17 하나님께 아뢰되 명하여 백성을 계수하게 한
자가 내가 아니니이까 범죄하고 악을 행한 자는 곧 내니이다 이 양무
리는 무엇을 행하였나이까 청컨대 나의 하나님 여호와여 주의 손으로
나와 내 아비의 집을 치시고 주의 백성에게 재앙을 내리지 마옵소서

할렐루야!
이제야 모든 것이 이해가 되었다.

33 룻기, 사무엘상하, 열왕기상하, 역대상하

주님께서 내가 '구약에 대하여' 책 쓰는 것을 미적거리고 있는 나에게 회초리를 드셨다.

2018년 10월 3일

아침에 기도를 하고 천국에 올라갔다.

나를 데리러 온 천사가 보였다.

그리고 나를 데리러 온 열 마리의 말이 보였고 또한 말을 모는 천사도 보였다. 그런데 그들보다도 그들과 겹쳐서 내 눈에는 너무나 또렷하게 흰 보자기에 싸인 갓난아이가 보이는 것이었다. 와우 이것이 무엇이지? 그 아이의 주위는 분명히 불꽃들로 둘러싸였는데 그 불꽃들은 아이를 태우지 않았다. 아이는 그 불꽃 속에서도 너무나 고요하게 자고 있는 것처럼 보였다. 평강 그 자체였다. 나는 너무 소스라치게 놀랐다.

'왠 갓난아이가 내 눈에 보일까?'

처음에는 그 불이 혹 지옥불인가 하고 의심을 하고 쳐다보았는데 그것이 아니라 그 불은 아무래도 하나님의 영광을 나타내는 불처럼 보였다. 마치 모세가 떨기나무에 불이 붙었는데도 나무가 타지 않는 것을 보는 것처럼 그랬다. 그리고 나서 그 아이가 흰 보자기에 싸인 채로 수레 안으로 저절로 들어가는 것처럼 잠깐 보였다.

그런 후에 나는 수레 안으로 들어섰는데 반대편에 앉아 있는 두 흰 날개를 펼치고 앉아 있는 천사가 이렇게 말했다.

“주인님 어서 오세요.”

이 천사는 이전에도 말한 것처럼 얼마 이전부터 이 수레 안에서 나를 수종하는 천사이다. 그러자 그 보자기에 싸인 아이가 잠깐 수레 안에서 보이더니 곧 수레 바깥으로 무엇엔가 이끌려서 올라가듯이 하늘로 날아가듯이 사라져 버리는 것이었다.

‘와우~ 도대체 무슨 일일까? 왜 나에게 오늘 갓난아이가 보일까? 내가 임신한 것도 아닌데...’ 그렇다고 누가 임신을 했나? 나는 자식이 없어서 며느리도 없고 사위도 없다. 그러면 도대체 그 아이가 누구의 아이란 말인가? 나는 아무리 생각해도 그 아이가 누구의 아이인지 생각이 떠오르지 아니하였다.

그러자 나를 태운 수레는 즉시 나를 연못가로 가서 나를 내려놓았는데 보통 나를 태운 수레가 연못가에 오면 공중에서부터 더 화려하고 수려한 아름다운 수레로 항상 다시 바뀌는 것을 내가 보았다. 오늘도 아니나 다를까 영락없이 그리하였다(왜 이 연못가에 가까이 와서는 공중에서 수레 자체가 아주 더 아름다운 수레 장식으로 바뀌는지 그 이유에 대하여 나중에 알게 되었다).

그리고 분명히 열 마리의 흰 말들이 끄는 수레지만 연못가에 내려앉을 때에는 깃털이 내려앉듯이 그렇게 사뿐하게 내려앉는 것이었다. 수레는 연못가에 공중에서부터 사뿐히 내려앉았고 나는 수레에서 내려서 주님께로 걸어갔다. 수레에서 내린 나의 모습은 노란 챙이 있는 모자에 꽃이 몇 개가 장식된 모자를 쓰고 있었고 머리는 곱슬거리는 갈색의 단발머리를 하고 있었으며 내가 입고 있는 드레스는 노란색의 드레스였다.
그러자 주님이 연못가에서 나를 기다리고 계셨고 아까 내가 본 강보에 싸인 것같이 흰 보자기에 싸인 아이가 주님 앞에 있었다. 즉 아까 수레 안에 보자기에 싸여 있던 아이가 수레 바깥으로 날아가듯이 사라졌던 것이 이 연못가의 주님에게로 온 것이었다. 주님께서는 그 아이를 안고서는 내게로 건네시면서 '받거라' 라고 하시는 것이었다. 그 말씀에 나는 당황하고 당황하였다.
'아니 도대체 왜 내가 이 아이를 받아야 하는지' 나는 몰라했다. 그러나 주님께서 주시므로 내가 받아야 했는데 나는 아직도 그 영문을 몰랐다. 나는 영문도 모르면서 그 아이를 주님으로부터 받았다. 그리하였더니 그 아이는 즉시 보자기에 싸여 있던 그 갓난아이가 일어나 앉아서 장난감을 갖고 노는 아이로 변하였다. '어머나~~~'
나의 놀라움은 계속 되었다.
그리고 그 아이는 다시 몇 살짜리 어린아이로 변하였고 또 변하기를 7-8살짜리 여자 아이로 변하였다. 그 아이는 시온이가 내게 쌀과자를 주면 내 앞에 늘 주님께서 나타나시고 나는 7-8살짜리의 아이로서 무릎까지 내려오는 흰 원피스를 입고 주님 보좌 앞으로 올라가는 계단에서 서 계신 주님을 맞이하였었다. 그런데 그 아이가 그렇게 변하는 것을 보고 나는 내 마음속에 '어머나 저 아이는 분명히 난데...' 하고 생각했다.
다시 그 아이가, 보통 내가 천국에서 드레스를 입고 숙녀의 모습이었던 것과 같은 모습으로 변하는 것이 보였다. 또 그 숙녀는 내게로 들어와서 나랑 똑같이 하나가 되는 모습을 보여 주는 것이었다.

'와우~~~' 나는 이 모든 것을 지켜보면서 놀라고 놀라워하는데 그때 주님께서 이렇게 말씀하시는 것이었다.
'내가 이렇게 너를 창조하였단다.'
'와우~~~'

나는 주님께서 나를 그 갓난아이의 모습으로 창조하였다는 것이 알아질 때에 나는 즉시 주님 앞에 무릎을 꿇으면서 '주님 제가 잘못했어요.' 라고 했다.
왜냐하면 그는 창조주 하나님이시고 그는 나에 대하여 모르는 것이 아무것도 없으시기 때문이다. 갑자기 그 순간 내가 얼마나 그분 앞에서 오만방자하였으며 내가 얼마나 그분 앞에 죄인이라는 것이 느껴졌다. 그래서 나는 '주님 제가 정말 잘못했어요.' 하는 마음에 두 손으로 싹싹 빌며 주님께 엎드려 있었다.

여기서 나는 부연 설명이 좀 필요한 것 같다. 그래서 적는다.
나는 내가 싹싹 비는 마음으로 하나님 앞에 있었는데 정확히 나는 무엇에 대하여 싹싹 빌어야 할지도 모르면서 그렇게 싹싹 빌고 있었다. 아니 꼭 그렇게 해야 할 것 같은 마음이 들어서였다. 그런데 정작 나는 무엇을 잘못하고 있었는지 몰랐으나 내 영은 내가 분명히 잘못하고 있는 것이 알아져서 그렇게 엎드려 싹싹 빌고 있었던 것이다.

그런데 주님께서는 조금 이후에 그 이유를 알게 하셨다.
내가 그렇게 싹싹 비는 마음으로 엎드려 있는데 주님은 실제로 내가 잘못하고 있는 것에 대하여 회초리를 준비하신 것이 보였다. 와~~ 그래서 주님은 미리 내가 내 잘못을 그렇게 잘 모르면서도 싹싹 빌게 만드신 것이다. 무엇인지는 모르나 나는 분명히 잘못하고 있었다.

'어머나? 와우~, 주님이 내게 회초리를 준비하셨네…'

이것은 정말로 놀라운 일이었다.

'천국에서 주님께서 나를 때리려고 회초리를 준비하시다니?..'

그러고 나서 주님께서 내게 말씀하셨다.

"손을 펴거라."

주님께서는 그 회초리로 나를 때리시겠다는 것이다.

'와우~'

나는 두 손을 주님 앞에 펴야만 했다.

그리고 실제로 나를 몇 대 때리셨다. 나는 몇 대를 맞았다. 나는 순간적으로 '어머나, 이렇게 천국에서도 실제로 매를 때리시는구나!' 알아지면서 그런데 맞으면서도 전혀 아프지 않은 것이 이상했다. 주님께서 이렇게 나에게 매를 때리시는 것을 보여주시면서 주님께서 나에게 마음으로 알게 하여 주시는데 '왜 너는 구약에 대한 책을 쓰는데 미적미적 그렇게 열심을 내지 아니하느냐?' 하시면서 때리시는 것이 알아졌다. '와우~'

주님께서 내가 구약에 대한 책을 쓰는데 열심을 내지 아니하는 것에 대하여 나에게 이렇게 매를 들고 꾸중하시는 것이었다.

이것은 내가 무엇을 하나님 앞에 즉 주님 앞에 무엇을 잘못하고 있었는지가 밝혀지는 순간이었다.

그 순간 나는 내가 왜 주님 앞에 두 손 모아 싹싹 비는 마음으로 엎드려져 있었는 지에 대한 이유를 알게 된 것이다. 이것은 이전에 내가 천국에서 예수님을 육체로 낳은 마리아를 처음 만났을 때에 내 몸이 거의 반사적으로 그에게 무릎을 꿇으려 했던 것과 같다.
내가 그렇게 마리아를 보자마자 반사적으로 무릎을 꿇으려 하였을 그 때에 마리아는 '내게 무릎을 꿇으면 안 된다 하면서 오직 예수님만 섬겨야 한다.' 고 하신 것이 생각났다. 즉 자신을 이 지상에서 숭배하는 것에 대하여 자신이 눈물을 흘리고 있음을 세상 사람들에게 전하여 달라고 하였다. 그때 내가 천국에서 그녀를 보자마자 무릎을 꿇으려 했다는 사실 그 사실은 지상에서 마리아 숭배를 하지 말라는 메시지를 지상에 알리게 하기 위한 하나님의 계획이었던 것이다. 그리하여 일부러 내가 마리아를 보았을 때에 그렇게 반사적인 행동을 일으키신 것으로 생각되어졌다.
마찬가지로 오늘 내가 그렇게 미리 주님께 엎드려 싹싹 빈 것은 무슨 이유인지는 모르나 주님께서 회초리를 들만큼 내가 잘못하고 있다는 것을 미리 알고 행동하게 하셨다는 사실인 것이다.
할렐루야.
나는 그래서 '주님께서 단단히 화가 나셨구나!' 알게 되었다.
주님께서는 내가 구약에 대하여 열심히 쓰기를 원하신다는 것을 오늘 제대로 알게 된 것이었다. 그러고서 나는 내려오게 되었다.

나는 사실 구약에 대하여 쓰는 것을 여유 있게 한가하게 생각했다. 왜냐하면 주님께서 쓰라고 하셨지만 나는 하나님의 인에 대하여 사역을 더 열심히 해야 한다고 생각했었기에 늦장을 부리고 있었다. 그렇게 열심히 하고 있지 않았다. 그러나 이것을 주님께서는 이렇게 천국에서 매를 드시면서까지 하여 꾸중하시는 것이었다. 열심을 내라는 것이었다. 할렐루야. 주님 감사합니다. 열심히 하겠습니다.

나에게 오늘 갓난아이를 보여 주신 이유에 대하여 나는 이렇게 생각하여 보았다. 아침에 내가 기도하면서 어떤 순서에 어떤 음악을 넣을까 하고 생각하고 있는데 주님께서는 갑자기 '내가 너를 창조하였다.' 라는 생각을 주시면서 '주만 바라볼지라!' 하는 가사가 생각나게 하여 주셨다. 그 가사를 보면

하나님의 사랑을 사모하는 자
하나님의 평안을 바라보는 자
너의 모든 것 창조하신 우리 주님이
너를 얼마나 사랑하시는지

하나님께 찬양과 경배하는 자
하나님의 선하심을 닮아가는 자
너의 모든 것 창조하신 우리 주님이
너를 자녀 삼으셨네

하나님 사랑의 눈으로
너를 어느 때나 바라보시고
하나님 인자한 귀로써

언제나 너에게 기울이시니
어두움에 밝은 빛을 비춰주시고
너의 작은 신음에도 응답하시니
너는 어느 곳에 있든지 주를 향하고
주만 바라볼지라 (x2)

즉 주님께서 내가 아침에 기도하면서 어떤 음악을 넣을까라고 생각했을 때에 내가 너를 창조하였노라고 말씀하시면서 이 노래를 생각나게 하신 것을 오늘 주님께서는 천국에서 다시 어린 갓난아이를 보여 주시면서 그것을 확인시켜 주신 것이라 볼 수 있다. 항상 그렇듯이 주님은 우리가 이 세상에 살면서 주님께서 우리에게 말씀하신 것을 다시 천국에서 재현시켜 주심으로 말미암아 '내가 그렇게 항상 너희와 함께 하고 있단다' 라고 하는 것을 확인시켜 주신다고 볼 수 있다(적어도 내 경우는 그렇다). 즉 지상에서 일어난 일을 다시 천상에서 되풀이 하여 보여 주심으로 말미암아 우리가 아니 내가 이 지상에서 들은 하나님의 말씀이 진실임을 밝혀주시는 것이다.

나는 또한 주님께서 그 보자기에 싸여있던 갓난아이가 왜 하나님의 영광의 불에 싸여 있었는지를 생각해 보았다. 그것은 하나님께서 나를 이 세상에 보내실 때에 이미 내가 이렇게 하나님께서 시키시는 이 천국 지옥 간증 책들을 써서 세상에 알리게 될 것을 미리 결정하시고 나를 이 세상에 내보내셨다는 것으로 밖에 해석이 안되어졌다. 즉 내가 이 세상에 태어나 하나님의 영광을 나타내는 아이가 될 것을 의미하는 것이다. 아니면 나는 달리 그것을 해석할 방법이 없다.
그렇지 않다면 그냥 이 세상의 모든 아이는 이 세상에 태어날 때 하나님께서 그러한 불에 싸이게 한다는 것도 생각해볼 수 있는데 이것은 더더욱 아닌 것 같다. 왜냐하면 예수 믿지 않을 아이들도 많아 지옥 갈 인생들이 될 텐데 그러한 아이도 이러한 하나님의 영광의 불에 싸여 있을 것인가를 생각해볼 때에 정말 아닌 것이다.
그러면 왜 그 갓난아이가 하나님의 영광의 불에 싸여 있었는가 그리고 그 불에 싸여 있음에도 불구하고 그 갓난아이는 참으로 평안하여 보였다는 사실. 이것은 무엇인가를 뜻한다라고 밖에 생각할 수 없는 것이다.

할렐루야. 늘 우리와 함께 하여 주시고 또 그렇게 함께 하고 있다는 것을 또 증명하여 주시는 주님을 찬양합니다.

34 룻기, 사무엘상하, 열왕기상하, 역대상하

나는 솔로몬의 집에 스바 여왕이 있는 것을 여러 번 본 것에 대하여 지상에서의 나의 생각을 적어본다.

2018년 10월 4일~11일

나도 너무 놀랐다. 스바 여왕이 솔로몬의 집에서 같이 살고 있다는 사실에 대하여 전혀 생각하여 보지 않았던 사실이다. 다윗의 집 즉 궁에는 아비가일이 항상 앉아 있는 것을 보았는데 솔로몬의 집 즉 궁에는 스바 여왕이 앉아 있었다.

아브라함의 집에는 사라가 있었다. 이전에 주님께서 내가 아브라함 집을 방문하였을 때에 사라가 그 집에서 나오는 것을 보고 언제 사라가 아브라함 집에 와 있었을까 하는 의문을 가졌을 때에 주님께서 나에게 이렇게 알려 주셨었다. 천국에서 부부가 원하면 같이 살게 하여 주신다고. 그런데 다윗은 살아있을 당시 8명의 부인이 있었으나 천국에서 다윗의 궁에는 아비가일만 보였다. 또한 솔로몬은 이 땅 위에 살아있을 당시에 700명의 아내와 300명의 첩이 있었으나 그중에 오직 스바 여왕만을 내가 솔로몬의 집에서 여러 번 보았던 것이다.

솔로몬의 첫째 부인은 애굽의 공주였는데 성경은 솔로몬이 그 후에 많은 다른 이방 여인들을 사랑했다라고 되어 있다.

솔로몬은 왕에 즉위(BC 971)한 후 4년이 지나서 여호와의 성전을 건축하여 7년 만에 하나님의 성전을 완성하였다.

[왕상 6:1]

이스라엘 자손이 애굽 땅에서 나온지 사백 팔십년이요 솔로몬이 이스라엘 왕이 된지 사년 시브월 곧 이월에 솔로몬이 여호와를 위하여 전 건축하기를 시작하였더라

그리하여 그는 왕위에 오른 지 11년 만에 여호와의 성전 건축을 마쳤고 그 이후에 스바 여왕이 솔로몬의 지혜를 들으러 시험하러 온 것으로 보인다.

여기에 대하여 성경은 이렇게 기록하고 있다.

[왕상 10:1-10]

1 스바 여왕이 여호와의 이름으로 말미암은 솔로몬의 명예를 듣고 와
서 어려운 문제로 저를 시험코자 하여 2 예루살렘에 이르니 수원이
심히 많고 향품과 심히 많은 금과 보석을 약대에 실었더라 저가 솔
로몬에게 나아와 자기 마음에 있는 것을 다 말하매 3 솔로몬이 그 묻
는 말을 다 대답하였으니 왕이 은미하여 대답지 못한 것이 없었더라
4 스바 여왕이 솔로몬의 모든 지혜와 그 건축한 궁과 5 그 상의 식물

과 그 신복들의 좌석과 그 신하들의 시립한 것과 그들의 공복과 술관
원들과 여호와의 전에 올라가는 층계를 보고 정신이 현황하여 6 왕
께 고하되 내가 내 나라에서 당신의 행위와 당신의 지혜에 대하여 들
은 소문이 진실하도다 7 내가 그 말들을 믿지 아니하였더니 이제 와
서 목도한즉 내게 말한 것은 절반도 못되니 당신의 지혜와 복이 나의
들은 소문에 지나도다 8 복되도다 당신의 사람들이여 복되도다 당신
의 이 신복들이여 항상 당신의 앞에 서서 당신의 지혜를 들음이로다
9 당신의 하나님 여호와를 송축할지로다 여호와께서 당신을 기뻐하
사 이스라엘 위에 올리셨고 여호와께서 영영히 이스라엘을 사랑 하시
므로 당신을 세워 왕을 삼아 공과 의를 행하게 하셨도다 하고 10 이에
저가 금 일백 이십 달란트와 심히 많은 향품과 보석을 왕께 드렸으니
스바 여왕이 솔로몬 왕께 드린 것처럼 많은 향품이 다시 오지 아니하
였더라

스바 여왕은 솔로몬의 지혜를 듣는 것보다 직접 와서 보기를 원했고 또한 여호와의 성전으로 올라가는 계단을 보고 정신이 황홀할 정도로 감탄했다고 한다. 이 스바 여왕이 지금 천국에서 솔로몬의 집 즉 궁에 함께 있는 것이었다.

이 남방 여왕 스바 여왕에 대하여 주님은 이렇게 칭찬하셨다.

[마 12:42]

심판 때에 남방 여왕이 일어나 이 세대 사람을 정죄하리니 이는 그가 솔로몬의 지혜로운 말을 들으려고 땅 끝에서 왔음이어니와 솔로몬보

다 더 큰 이가 여기 있느니라

즉 심판 때에 남방 여왕이 심판하는 권세를 가졌다고 하셨다. 이것은 그녀가 이기는 자에 속하였음을 의미한다고 볼 수 있는 것이다.

그것은 계시록 20:4과 계시록 3:21을 보면 알 수 있다. 즉 이기는 자의 삶을 산 자는 보좌에 앉아서 심판하는 권세를 가지고 있다.

[계 20:4]
나는 또 많은 높은 좌석과 그 위에 앉아 있는 사람들을 보았습니다. 그들은 심판할 권한을 받은 사람들이었습니다. 또 예수께서 계시하신 진리와 하느님의 말씀을 전파했다고 해서 목을 잘린 사람들의 영혼을 보았습니다. 그들은 그 짐승이나 그의 우상에게 절을 하지 않고 이마와 손에 낙인을 받지 않은 사람들입니다. 그들은 살아나서 그리스도와 함께 천 년 동안 왕노릇을 하였습니다. [공동번역]

그런데 주님께서 남방 여인이 일어나 이 세대 사람들을 심판할 것이라 하심은 그 남방 여인인 스바 여왕이 심판의 자리에 앉을 것을 말하고 있다.

그러므로 내가 천국에서 이 스바 여왕을 전혀 상상치도 않았는데 그녀가 솔로몬의 집(궁)에 살고 있는 것이다. 이것은 그녀가 이 지상에 살 때에 솔로몬과 부부의 인연을 맺었다고 볼 수 있다. 할렐루야. 그리하여 스바 여왕이 천국에서 솔로몬의 집에 있는 것이다.

그리고 구전에 의하면 이 스바 여왕이 자신의 나라 에디오피아에 도착하였을 때에 솔로몬의 아들을 낳았다고 한다. 나는 이것을 천국에서 솔로몬의 집에서 스바 여왕을 몇 번 본 이후에 다른 사람으로부터 들은 이야기였다.

이 사실은 내가 천국에서 스바 여왕을 솔로몬의 집에서 본 것이 맞다고 하는 것을 간접적으로 더욱 뒷받침하여 주는 사실이다. 그리고 그 스바 여왕이 낳은 아들이 스바 여왕 다음에 황제가 되었는데 그 이름이 메넬리크(Menelik) 1세이다. 그리고 이 이름은 솔로몬 왕가의 이름으로 알려져 있다. 즉 에디오피아의 왕의 이름이 솔로몬 왕가의 이름을 땄다는 것이다. 그리고 2000년 정도 이후에도 메넬리크라고 이름 하는 솔로몬 왕가의 이름을 딴 황제가 또 생겼다고 한다. 그래서 그의 이름은 메넬리크 2세였다. 이는 에디오피아 왕가가 솔로몬 왕가와 관계가 있다는 것을 말하고 있음을 알 수 있다.

그러므로 결국 나의 결론은 내가 천국에서 솔로몬의 집에는 스바 여왕이 함께 살고 있다는 것이 맞다는 것이다. 할렐루야.

35 룻기, 사무엘상하, 열왕기상하, 역대상하

주님께서 아사 왕은 성 밖에 그리고 느밧의 아들 여로보암은 지옥에 있는 것을 보게 하시다.

2018년 10월 12일

아침에 기도한 후에 천국에 올라갔다.

나를 수레 바깥에서 수호하는 천사가 나에게 이렇게 말했다.

"주인님, 모든 것이 정리되어 있습니다."

나는 무엇이 정리되어 있다는 것인지는 모르나 그 천사가 그렇게 나에게 말했다. 수레 바깥은 꼭 전체적으로 모양이 단호박 같이 둥실둥실하게 생겼고 색깔도 그렇게 보였는데 안으로 타니까 안에는 이전에 보던 그대로였다. 수레 안에 들어서니 반대편에 앉아 있던 하얀 옷 입은 하얀 날개 달린 천사가 "주인님 어서 오세요." 중앙에 놓여 있는 테이블 위에는 청색 노트와 그 아래에 포개어져 있는 황금색 노트가 놓여 있었고 쑥색의 큰 구약에 대한 책이 놓여 있었다. 나는 얼른 내 자리에 와서 앉으니 그 흰 옷 입은 천사가 자기가 앉아 있던 자리에서 일어나더니 내가 문을 열고 들어온 수레의 문을 닫으면서 내게 이렇게 말했다.

"주인님 출발합니다."

'와우~' 나는 오늘 처음으로 이 천사가 자리에서 일어나는 것을 본 것이다. 그는 늘 그 자리에 날개를 펴고 앉아서 나를 반겨 주었는데 오늘은 자신이 일어나서 문을 닫고 '주인님 출발합니다.' 라고까지 말했다. 나는 이것이 새롭게 느껴졌다. 그 천사가 수레 안에서 이제 나를 적극적으로 섬기기 시작했다는 그러한 생각이 들었다.

수레는 연못가의 공중에 도착하니 그 수레가 아주 아름다운 수레로 다시 변하는 것을 보았고 즉 내가 탄 수레가 마치 꼭 신부가 탄 수레처럼 변하는 것을 보았다. 그러고 나서 수레는 공중에서부터 사뿐히 사뿐히 아래로 내려앉는 것이었다.
수레에 매달린 말들도 마찬가지였다. 나는 처음에는 왜 이 수레가 연못가 가까이 와서 더 아름다운 수레로 변하는지를 잘 몰랐으나 나중에서야 그 이유를 알게 되었다. (여기에 대하여 내가 정리하면 다음과 같다. 처음에는 왜 수레가 천국으로 올라갈 때의 수레 장식보다 이 연못가의 공중에 가까이 와서는 내리기 직전에 더 아름다운 수레로 왜 변하는가를 나는 처음에는 인지하지 못하였다. 그냥 매번 그렇게 변하는 것만 본 것이다. 그러나 이런 일이 거듭됨으로써 든 생각이다. 이 연못가는 왕의 도시로 가는 터널이 연못 위에 여기 있다. 그래서 그런지 몰라도 이 레벨은 왕의 도시 즉 왕권을 가진 자들의 레벨과 동일한 레벨이므로 이곳에 도착하면 내리기 바로 직전에 즉시 수레가 더 아름답게 변하는 것이 아닌가 하는 생각이 든 것이다.) 수레가 연못가 바닥에 내려앉았고 수레에서 내리는 나를 보았더니 나는 머리에는 챙이 넓은 분홍색 모자를 쓰고 있었고 머리는 갈색의 곱슬머리로 단발을 하고 있었고 그리고 흰 드레스를 입고 있었다.

주님께서는 연못가에서 흰 옷을 아래위로 입고 나를 기다리고 계셨는데 오늘 주님의 머리는 약간 곱슬머리로 어깨까지 내려오고 있었는데 그 머리카락의 색깔은 회색이었다. 나는 주님의 머리가 회색인 것을 처음 보았다. 그리고 주님은 황금색의 턱수염을 달고 있었다. 색의 조화가 묘하게 보였다. 머리는 회색, 턱수염은 황금색이었다. 나는 주님께서 이러한 모습으로 나타나신 것을 처음 보았다.

주님의 얼굴은 너무나 인자하여 보이셨고 그의 눈은 깊어 보였다. 나는 그분 앞에 엎드렸다. 나는 그분 앞에만 서면 나는 무조건 죄인으로 느껴졌기 때문이다.
그러자 주님께서는 내게 이렇게 말씀하셨다.
"내가 너에게 보여줄 것이 있노라"
나는 무엇을 보여주실까 하고 벤치에 주님과 함께 앉았는데 주님께서는 손에 청색 노트와 황금색 노트를 들고 계셨다. 이들은 수레 안에 내 테이블 위에 놓여져 있던 것인데 이것이 어느새 주님의 손 안에 와 있었다.
주님께서는 청색 노트 첫 페이지를 보여 주셨다. 거기는 여호수아와 사사기가 보이고 그 밑으로는 공백이 보이고 다시 그 밑으로 다른 것이 시작되는 것이 보였다. 즉 내가 그것을 보자 아하 주님께서는 내가 우선 구약에 관한 책 1권을 쓰기를 원하시는데 그것이 서론, 여호수아, 그리고 사사기라는 것을 내게 알게 하여 주시는 것이었다. 할렐루야.
즉 거기에는 내가 이번에 구약의 처음 1권 책을 어느 범위까지 써야 할지를 알려주는 것이었다. 즉 내가 먼저 써야 할 구약에 대한 책이 여호수아와 사사기였다. 내게 그렇게 알아지자 내 눈앞에 갑자기 아름다운 무지개 색깔들이 보였다. 무지개 색깔이 보였다는 것은 지금 생각하는 것이 맞다는 신호였다.
(그래서 이 여호수아와 사사기는 2020년에 출판되었다.)

그러고 나서는 나는 주님께 부탁을 드렸다.
"주님, 아사 왕을 보여주세요."
나는 궁금했다. 성경은 그가 하나님을 잘 섬겼었다고 말한다. 그런데 단지 두 가지 첫째는 그는 아람 왕을 시켜서 북이스라엘을 치게 하였다. 둘째는 그가 발병이 났을 때에 여호와를 의지하지 않고 의원을 의지하였다.
그리하여 2년 만에 죽은 것이다.

그런데 주님께서는 내게 이렇게 알려주신 것이다.
'그는 여기 없다.' 하시면서 주님은 나를 즉시 이전에 자주 갔던 정원 앞의 벤치로 데리고 가셨다. **그리고 그곳에서 내 눈에 아사 왕이 보이기 시작하는데 그는 검은 곱슬 머리에 턱수염과 콧수염이 나 있었고 흰 옷을 아래 위로 입었는데 윗도리와 그리고 치마같이 무릎까지 내려오는 흰 옷을 입고 있었는데 그는 힘들게 무거운 무엇인가를 어깨에 메고 끌고 있었다.** 처음에는 그것이 무슨 수레 같은 것이라 생각되었다. 즉 그는 지금 어깨에 무거운 검은 나무 기둥 같은 것을 끌고 있었는데 그 뒤에는 무슨 수레 같은 것이 매달려 있다는 생각이 들었다. 나는 즉시 알았다. **'아하, 지금 아사 왕은 성 밖에 있구나!'** 알아진 것이었다.

그게 그런 것이 그는 처음에는 하나님을 잘 섬겼다.
그가 얼마나 잘 섬겼는가를 보면

[대하 14:1-7]

1 아비야가 그 열조와 함께 자매 다윗성에 장사되고 그 아들 아사가
대신하여 왕이 되니 그 시대에 그 땅이 십년을 평안하니라 2 아사가
그 하나님 여호와 보시기에 선과 정의를 행하여 3 이방 제단과 산당
을 없이하고 주상을 훼파하며 아세라 상을 찍고 4 유다 사람을 명하
여 그 열조의 하나님 여호와를 구하게 하며 그 율법과 명령을 행하게
하고 5 또 유다 모든 성읍에서 산당과 태양상을 없이하매 나라가 그
앞에서 평안함을 얻으니라 6 여호와께서 아사에게 평안을 주셨으므
로 그 땅이 평안하여 여러해 싸움이 없은지라 저가 견고한 성읍들을
유다에 건축하니라 7 아사가 일찌기 유다 사람에게 이르되 우리가 우
리 하나님 여호와를 찾았으므로 이 땅이 아직 우리 앞에 있나니 우리
가 이 성읍들을 건축하고 그 주위에 성곽과 망대와 문과 빗장을 만들
자 우리가 주를 찾았으므로 주께서 우리에게 사방의 평안을 주셨느니
라 하고 이에 저희가 성읍을 형통하게 건축하였더라

[대하 15:1-2]

1 하나님의 신이 오뎃의 아들 아사랴에게 임하시매 2 저가 나가서 아

사를 맞아 이르되 아사와 및 유다와 베냐민의 무리들아 내 말을 들으라 너희가 여호와와 함께 하면 여호와께서 너희와 함께 하실지라 너희가 만일 저를 찾으면 저가 너희의 만난 바 되시려니와 너희가 만일 저를 버리면 저도 너희를 버리시리라

그리하여 아사 왕은 선지자 오뎃의 말을 듣고 마음을 강하게 하여 가증한 물건을 다 제하고 여호와의 단을 중수하였다.

[대하 15:10-19]

10 아사 왕 십 오년 삼월에 저희가 예루살렘에 모이고 11 그 날에 노
략하여 온 물건 중에서 소 칠백과 양 칠천으로 여호와께 제사를 드리
고 12 또 마음을 다하고 성품을 다하여 열조의 하나님 여호와를 찾기
로 언약하고 13 무릇 이스라엘 하나님 여호와를 찾지 아니하는 자는
대소 남녀를 무론하고 죽이는 것이 마땅하다 하고 14 무리가 큰 소리
로 부르며 피리와 나팔을 불어 여호와께 맹세하매 15 온 유다가 이 맹
세를 기뻐한지라 무리가 마음을 다하여 맹세하고 뜻을 다하여 여호와
를 찾았으므로 여호와께서도 저희의 만난바가 되시고 그 사방에 평안
을 주셨더라 16 아사 왕의 모친 마아가가 아세라의 가증한 목상을 만
들었으므로 아사가 그 태후의 위를 폐하고 그 우상을 찍고 빻아 기드
론 시냇가에서 불살랐으니 17 산당은 이스라엘 중에서 제하지 아니하
였으나 아사의 마음이 일평생 온전하였더라 18 저가 또 그 부친의 구
별한 물건과 자기의 구별한 물건 곧 은과 금과 기명들을 하나님의 전
에 드렸더니 19 이때부터 아사 왕 삼십 오년까지 다시는 전쟁이 없으
니라

그러나 그는 말년에 하나님을 전적으로 의지하지 않게 된 것이다.

[대하 16:1-10]

1 아사 왕 삼십 륙년에 이스라엘 왕 바아사가 유다를 치러 올라와서
라마를 건축하여 사람을 유다 왕 아사에게 왕래하지 못하게 하려한지
라 2 아사가 여호와의 전 곳간과 왕궁 곳간의 은금을 취하여 다메섹
에 거한 아람 왕 벤하닷에게 보내며 가로되 3 내 부친과 당신의 부친
사이에와 같이 나와 당신 사이에 약조하자 내가 당신에게 은금을 보
내노니 와서 이스라엘 왕 바아사와 세운 약조를 깨뜨려서 저로 나를
떠나게 하라 하매 4 벤하닷이 아사 왕의 말을 듣고 그 군대 장관들을
보내어 이스라엘 두어 성읍을 치되 이욘과 단과 아벨마임과 납달리
의 모든 국고성을 쳤더니 5 바아사가 듣고 라마 건축하는 일을 파하
여 그 공역을 그친지라 6 아사 왕이 온 유다 무리를 거느리고 바아사
가 라마를 건축하던 돌과 재목을 수운하여다가 게바와 미스바를 건축
하였더라 7 때에 선견자 하나니가 유다 왕 아사에게 나아와서 이르되
왕이 아람 왕을 의지하고 왕의 하나님 여호와를 의지하지 아니한 고
로 아람 왕의 군대가 왕의 손에서 벗어났나이다 8 구스 사람과 룹 사
람의 군대가 크지 아니하며 말과 병거가 심히 많지 아니하더이까 그
러나 왕이 여호와를 의지한 고로 여호와께서 왕의 손에 붙이셨나이
다 9 여호와의 눈은 온 땅을 두루 감찰하사 전심으로 자기에게 향하
는 자를 위하여 능력을 베푸시나니 이 일은 왕이 망령되이 행하였은
즉 이 후부터는 왕에게 전쟁이 있으리이다 하매 10 아사가 노하여 선
견자를 옥에 가두었으니 이는 그 말에 크게 노하였음이며 그 때에 아
사가 또 몇 백성을 학대하였더라

그리고 전적으로 의지하지 않고 사람을 의지하였고 군대의 힘을 의지하여 이스라엘이 유다를 침공했을 때에 아람 왕 벤하닷을 고용하였다. 그리하였더니 하나님께서는 이것에 대하여 노하셔서 아사 왕에게 그 후로 전쟁이 있게 하신 것이다.

거기다가 한 가지 악을 더하여 하나님의 말씀을 바로 전한 선견자를 옥에 가두었고 그리고 다른 몇 명의 백성들을 학대하였다고 성경은 기록한다.

정말 하나님의 사람이면 자신이 잘못하였을 때에 다윗과 같이 선견자가 와서 하나님의 말씀을 전할 때에 무릎을 꿇고 회개하는 것이 정상인데 아사 왕은 회개한 것이 아니라 오히려 하나님의 말씀을 전한 자를 옥에 가둔 것이다.
이것이 또한 하나님 앞에 악을 행한 것이다.

또 아사 왕이 말년에 하나님을 의지하지 아니한 또 하나의 예는 그가 발에 병이 났을 때에 하나님을 의지하지 않고 의원을 의지하여서 하나님께서 그의 생명을 거두어 가신 것을 성경은 기록하고 있다.

[대하 16:12-13]

12 아사가 왕이 된지 삼십 구년에 그 발이 병들어 심히 중하나 병이
있을 때에 저가 여호와께 구하지 아니하고 의원들에게 구하였더라 13
아사가 위에 있은지 사십일년에 죽어 그 열조와 함께 자매

그래서 나는 그가 성 밖에 있는 이유가 다른 이유가 아니고 처음에 그는 하나님을 잘 섬겼다. 그러나 시간이 갈수록 그는 하나님을 의지하지 않고 사람의 힘이나 세상의 힘을 더 의지하게 되었던 것이다. 이것은 우리에게 많은 것을 말하고 있다.

처음에는 신앙이 좋았으나 시간이 갈수록 세상적으로 변하여 가는 세상과 타협하는 크리스천들에게 너무나 좋은 경고가 될 것이다.
즉 첫사랑을 잃어버린 경우이다.
그리고 그 첫사랑을 회복하지 못하였을 때에 일어나는 경우인 것이다. 그는 성 안에 없는 것이다.

그 이유는
그는 처음에는 철저히 하나님을 섬겼으나 그 신앙심이 시간이 갈수록 희미하여져서 이제는 무슨 일이 생겼을 때에 하나님을 찾지 않고 오로지 인간적인 방법으로 해결하여 보려고 한 그의 신앙을 하나님께서는 진노하셨다고 볼 수 있는 것이다.

성경은 이렇게 말한다.

[마 7:12]
그러므로 무엇이든지 남에게 대접을 받고자 하는 대로 너희도 남을 대접하라 이것이 율법이요 선지자니라

[대하 15:1-2]

1 하나님의 신이 오뎃의 아들 아사랴에게 임하시매 2 저가 나가서 아
사를 맞아 이르되 아사와 및 유다와 베냐민의 무리들아 내 말을 들으
라 너희가 여호와와 함께 하면 여호와께서 너희와 함께 하실지라 너
희가 만일 저를 찾으면 저가 너희의 만난 바 되시려니와 너희가 만일
저를 버리면 저도 너희를 버리시리라

즉 만일 아사 왕이 이스라엘이 유다를 침공하여 들어왔을 때에나 자신의 몸에 병이 났을 때에 하나님을 찾았다면 그가 그를 만나주셨을 것이다. 그러나 그는 처음에는 잘했는데 말년에 가서 잘못한 것이었다. 우리는 신앙의 경주를 끝까지 긴장을 놓치지 말고 경주하여야 한다. 좌로나 우로나 치우치지 말고 바른 길로 경주해야 한다. 그래야 이기는 자의 반열에 속할 수가 있는 것이다. 그런데 아사 왕은 이 길을 벗어나고 말았다. 그래서 그는 결국 성 밖으로 쫓겨난 것이다.

이 아사 왕의 경우는 정말로 우리에게 좋은 경고가 된다. 왜냐하면 우리도 마찬가지이기 때문이다. 처음에는 신앙이 좋다가 나중에 가서는 그 신앙이 뒤로 물러가서 하나님이 기뻐하시지 않는 것이다.

그 한 예가 아사 왕은 자신에게 큰 일이 닥쳤을 때에 하나님을 찾지 않고 인간적인 방법만을 찾아서 그것을 해결하려고 했던 것이다. 이에 하나님께서는 진노하셨고 그의 결국은 성 밖으로 쫓겨나는 신세가 되고 만 것이다. 주여!

우리는 여기서 두 가지 교훈을 얻을 수 있다.

1. 우리는 첫사랑을 회복해야 한다. 그렇지 아니하면 우리는 성 밖으로 쫓겨나서 생명나무의 과실을 못 먹게 될 것이다.

첫사랑을 회복하지 못하면 성 밖이다.

[계 2:1-7]

1 에베소 교회의 사자에게 편지하기를 오른손에 일곱 별을 붙잡고 일
곱 금 촛대 사이에 다니시는 이가 가라사대 2 내가 네 행위와 수고와
네 인내를 알고 또 악한 자들을 용납지 아니한 것과 자칭 사도라 하되
아닌 자들을 시험하여 그 거짓된 것을 네가 드러낸 것과 3 또 네가 참
고 내 이름을 위하여 견디고 게으르지 아니한 것을 아노라 4 그러나
너를 책망할 것이 있나니 너의 처음 사랑을 버렸느니라 5 그러므로
어디서 떨어진 것을 생각하고 회개하여 처음 행위를 가지라 만일 그
리하지 아니하고 회개치 아니하면 내가 네게 임하여 네 촛대를 그 자
리에서 옮기리라 6 오직 네게 이것이 있으니 네가 니골라당의 행위를
미워하는도다 나도 이것을 미워하노라 7 귀 있는 자는 성령이 교회들
에게 하시는 말씀을 들을지어다 이기는 그에게는 내가 하나님의 낙원
에 있는 생명나무의 과실을 주어 먹게 하리라

이 첫사랑을 회복하기 위해서는 우리는 무엇을 해야 하는가 하면 기도하여 회복하여야 한다(서사라 목사의 천국지옥 간증 수기 제

5권, 계시록 이해 40p).

첫사랑을 회복하기 위해서는 기도의 자리에 앉아야 한다. 그리하면 하나님께서 모든 것을 가르쳐 주시고 모든 것을 인도하여 주실 것이다. 어디서 떨어졌는지도 알려주실 것이다. 그것을 회개하고 처음 행위를 가지라고 성경은 우리에게 경고하고 있는 것이다.
할렐루야.

2. 우리는 어떤 큰 일을 만났을 때에 하나님을 최우선으로 찾아야 한다는 것이다. 할렐루야.

그렇지 아니하면 우리도 성 밖일 수가 있다.
우리가 하나님을 최우선으로 의지하지 않고 세상의 힘 사람의 힘을 의지하고 살아갈 때에 하나님의 진노를 산다는 것을 잊지 말아야 할 것이다. 할렐루야.

그 다음에 나는 주님께 '주님 여로보암을 보고 싶어요.' 라고 말했다. 나는 그가 어디 있는지 궁금하였다.

그가 하나님으로부터 이스라엘의 10지파를 받아서 북이스라엘 왕국을 건설하였으나 그의 치명적인 잘못은 백성들이 예루살렘으로 하나님의 전으로 제사드리러 갈까보아 그는 이스라엘로 하여금 단과 벧엘에 금송아지를 두고 그 금송아지 앞에서 제사를 드리게 한 것이다. 그리고 곳곳에 산당을 짓고 우상을 섬기게 하였다.

제사장도 레위 인이 아닌 자들을 세웠고 절기도 바꾸어 지내게 하였다.

[왕상 12:25-33]

25 여로보암이 에브라임 산지에 세겜을 건축하고 거기서 살며 또 거
기서 나가서 부느엘을 건축하고 26 그 마음에 스스로 이르기를 나라
가 이제 다윗의 집으로 돌아가리로다 27 만일 이 백성이 예루살렘에
있는 여호와의 전에 제사를 드리고자 하여 올라가면 이 백성의 마음
이 유다 왕 된 그 주 르호보암에게로 돌아가서 나를 죽이고 유다 왕
르호보암에게로 돌아가리로다 하고 28 이에 계획하고 두 금송아지를
만들고 무리에게 말하기를 너희가 다시는 예루살렘에 올라갈 것이 없
도다 이스라엘아 이는 너희를 애굽 땅에서 인도하여 올린 너희 신이
라 하고 29 하나는 벧엘에 두고 하나는 단에 둔지라 30 이 일이 죄가
되었으니 이는 백성들이 단까지 가서 그 하나에게 숭배함이더라 31
저가 또 산당들을 짓고 레위 자손 아닌 보통 백성으로 제사장을 삼고
32 팔월 곧 그 달 십 오일로 절기를 정하여 유다의 절기와 비슷하게
하고 단에 올라가되 벧엘에서 그와 같이 행하여 그 만든 송아지에게
제사를 드렸으며 그 지은 산당의 제사장은 벧엘에서 세웠더라 33 저
가 자기 마음대로 정한 달 곧 팔월 십오일로 이스라엘 자손을 위하여
절기로 정하고 벧엘에 쌓은 단에 올라가서 분향하였더라

유대인의 3대 절기는 유월절, 칠칠절, 그리고 장막절(초막절)이다. 1년의 대속죄일은 유대인 달력으로 7월 10일이다.

유월절은 유대인 달력 1월 달이고 칠칠절(오순절)은 유월절 후 첫 안식일 후 50일째 되는 날이고 그리고 유대인의 장막절(수장절)은 7월 15일부터 지키는데 첫날과 8일째에 안식하며 성회로 모이고 그들은 그 7일 동안 화제를 드리며 즐거워하였다.

그런데 여로보암은 레위 인이 아닌 자들로 하여금 제사장이 되게 하였다. 또한 7월이 아니라 8월 15일로 절기를 정하여 금송아지를 숭배하게 하였다.

[왕상 13:33-34]

33 여로보암이 이 일 후에도 그 악한 길에서 떠나 돌이키지 아니하고 다시 보통 백성으로 산당의 제사장을 삼되 누구든지 자원하면 그 사람으로 산당의 제사장을 삼았으므로 34 이 일이 여로보암 집에 죄가 되어 그 집이 지면에서 끊어져 멸망케 되니라

그리하여 이 단과 벧엘에 금송아지를 만들어서 이스라엘로 하여금 예루살렘으로 제사지내러 가지 못하게 하고 그 금송아지들에게 제사를 지내어 대대로 죄짓게 한 장본인이었다.

아니나 다를까 내 눈에 여로보암이 불속에 있는 것이 보였다. 그는 너무 괴로워했다. 그리고 이렇게 말했다.

"내가 여기에 올 줄은 몰랐어"

"나는 하나님을 믿지 않았어"

"설마 했어."

"그런데 지금 내가 여기 와 있는 것이야"

"아 괴로워~ 날 살려줘" 하면서 울고 있었고 한탄하고 있었고 괴로워하고 있었다. 아니 그는 불의 고통 속에서 울부짖고 있었다.

'와우~ 여로보암이 지옥에 있구나!'

나는 그것이 당연하다고 생각이 들었다.

그는 하나님을 진정으로 믿지 아니하였다.

그가 하나님을 진정으로 믿었으면 금송아지 만들어 산당을 지어서 다른 신을 섬기게 하지 아니하였을 것이다. 그런데 그는 그 다음 이스라엘 왕 대대로 많은 사람들로 하여금 우상을 섬기게 잘못 이끌어 간 자였다.

나는 모든 것이 정리되는 느낌을 받았다.

즉 성경에 나오는 인물들이 아하, 저렇게 살면 성 밖이구나! 아하, 저렇게 믿음이 좋으면 성 안이구나! 아하, 저렇게 우상의 죄를 지으면 지옥이구나! 알아지는 것이었다. 즉 모든 것이 정리가 되는 느낌을 받았다.

아하, 그래서 아까 수레 바깥에서 수호하는 천사가 '모든 것이 정리되어 있습니다.' 라고 말하지 않았나 하는 생각이 들었다. 천사가 미리 이것을 알고 나에게 말했다는 것이 조금 놀라웠다.

와우!

그러므로 내가 성경을 볼 때 이제는 확실하다. 이렇게 살면 성 밖, 저렇게 살면 성 안, 그런데 저렇게 안 되게 살면 지옥이라는 것이 확실해졌다.

주님을 찬양합니다.
주님을 찬송합니다.

36 룻기, 사무엘상하, 열왕기상하, 역대상하

천국에서 여호사밧 왕과 선지자 미가야를 만나다.

2018년 10월 17일

아침에 기도한 후에 천국에 올라갔다.

오늘따라 수레 바깥에서 나를 수호하는 천사가 하늘색 모자 같은 것을 쓰고 있었는데 머리 전체 모양이 하늘색 모자 같은 것으로 띠를 두른 것 같았다. 이것을 수레를 모는 천사도 쓰고 있었다.

그리고 나를 데리러 온 열 마리의 말들에게서도 눈 가까이 그러한 하늘색이 보였다. 그래서 그런지 그들의 눈이 더 아름다워 보였다.

수레도 몸통 전체가 하얀 옥색이었는데 그 수레 지붕에 이러한 띠 같이 생긴 하늘색이 보이는 큰 아름다운 수레였다. 수레 안은 온통 황금이었고 중앙에 테이블도 황금이었다.

내가 수레를 타자마자 수레 바깥의 천사가 '주인님 올라갑니다.' 하면서 수레를 출발시켰고 천국 대문에 이르러서는 대문 밖에 있는 천사들에게 '열어라!' 하고 명령하는 것이 들리는 것 같았는데 벌써 수레는 연못가에 도착하고 있었다.

주님은 벌써 그곳에 와 계셨다.

내가 수레에서 내리려 할 때에 수레 안에 앉아 있던 흰 옷 입은 두 날개 달린 천사가 자기가 앉아 있던 반대편에 있는 문 쪽으로 가서 문을 열어주면서 나를 수종하였다. 나는 수레에서 내려서 주님께로 가면서 '주님, 제가 잘못했어요.' 라고 말씀드렸다. 그리고 이미 내손에는 청색의 노트와 황금색의 노트 그리고 내가 앞으로 써야할 구약 책(내가 다시 구약책을 쓰는 것이 아니라 구약의 믿음의 선진들을 만나서 성경의 궁금한 것들을 물어서 그 답을 얻어서 쓰는 책을 말함)이 들려져 있었다. 그리고 나는 그분 앞에 가서는 무조건 엎드렸다. 그 이유는 하루 이틀 전에 나는 천국에서 주님께 매를 맞았기 때문이다. 구약에 대한 책을 쓰는데 있어서 열심을 내지 아니한다고 게으르다고....

그래서인지 나는 아예 천국에서 주님을 만나러 갈 때에 나는 두 개의 노트와 내가 앞으로 쓸 구약책을 손에 들고 있었던 것이다. 주님께서는 나를 벤치에 앉히시고 내 발부터 그리고 손과 얼굴을 씻어주셨다. 주님이 이렇게 말씀하시는 것이 알아졌다. '네 얼굴이 핼쑥하구나!'

그러고 나서 천사가 생명수가 담긴 긴 항아리를 가져와서 내 머리 위로 부었다.

내 온몸이 머리에서부터 씻겨진 것이다. 그 후에 주님께서 내게 말 없는 말, 즉 마음으로 말씀하신다. '먼저 가거라.' 그래서 나는 주님을 뒤로 하고 두 노트와 구약책을 벤치에 두고 꽃신을 신고 연못 위로 걸어 들어갔다. 그리하여 나는 연못 중앙에 있는 오른편 터널(연못 중앙에는 두 터널이 붙어 있는데 그중에 오른편 터널)의 황금으로 된 문을 열어 제쳐서 그 터널로 들어갔다. 오늘따라 내 발밑의 터널 안의 물들이 크게 두 번 파도가 일어나는 것처럼 요동치면서 나를 터널 끝으로 인도하였다.

나는 벌써 여호사밧의 집, 즉 궁 안에 들어와 있었다. 주님은 벌써 그곳에 와 계셨고 여호사밧도 거기에 있었다. 그런데 오늘은 이상하게도 직사각형 테이블의 저쪽 가운데에 앉으셨고 이쪽에는 나와 여호사밧이 앉았다. 여호사밧의 옷은 아래 위로 하얀색이었고 겉옷을 입었는데 이 겉옷도 하얀색인데 소매나 겉옷의 가장자리들에 하늘색 띠 같은 것이 장식된 겉옷을 입고 있었다(아하 그래서 나를 수레 바깥에서 인도하는 천사, 그리고 말을 모는 천사, 열 마리의 말들, 그리고 수레 자체에 하늘색 띠같이 생긴 것을 쓰고 있었던 이유가 여기 있었음을 알게 된다. 그들은 오늘 내가 천국에서 여호사밧 왕을 만날 것을 미리 알고 있었던 것 같다).
그리고 머리에는 모자도 아닌 것이 꼭 귀족 아니면 왕이라는 표시가 나는 것 같은 모양이 좀 요상한 것을 쓰고 있었다. 그런데 그의 얼굴은 자세히 보이지는 아니하였으나 잘생긴 편이 아니었다. 그리고 몸이 약간 야윈 편이고 키는 보통 키다. 오늘 그의 얼굴이 자세히 보이지 아니하였다. 나는 '왜 그럴까?' 하는 의문이 생겼다. 주님의 얼굴은 잘 보였는데 오늘 그 얼굴은 좀 근엄하시고 약간 야윈 듯한 얼굴이시다.

나는 그렇게 앉은 자리에서 다음 성경에 나오는 궁금한 점들을 질문을 하였다.

[역대하 20:1-26]

1 그 후에 모압 자손과 암몬 자손이 몇 마온 사람과 함께 와서 여호사
밧을 치고자 한지라 2 혹이 와서 여호사밧에게 고하여 가로되 큰 무
리가 바다 저편 아람에서 왕을 치러 오는데 이제 하사손다말 곧 엔게
디에 있나이다 3 여호사밧이 두려워하여 여호와께로 낯을 향하여 간
구하고 온 유다 백성에게 금식하라 공포하매 4 유다 사람이 여호와께
도우심을 구하려 하여 유다 모든 성읍에서 모여와서 여호와께 간구하
더라 5 여호사밧이 여호와의 전 새 뜰 앞에서 유다와 예루살렘의 회
중 가운데 서서 6 가로되 우리 열조의 하나님 여호와여 주는 하늘에
서 하나님이 아니시니이까 이방 사람의 모든 나라를 다스리지 아니하
시나이까 주의 손에 권세와 능력이 있사오니 능히 막을 사람이 없나
이다 7 우리 하나님이시여 전에 이 땅 거민을 주의 백성 이스라엘 앞
에서 쫓아내시고 그 땅으로 주의 벗 아브라함의 자손에게 영영히 주
지 아니하셨나이까 8 저희가 이 땅에 거하여 주의 이름을 위하여 한
성소를 건축하고 이르기를 9 만일 재앙이나 난리나 견책이나 온역이
나 기근이 우리에게 임하면 주의 이름이 이 전에 있으니 우리가 이 전
앞과 주의 앞에 서서 이 환난 가운데서 주께 부르짖은즉 들으시고 구
원하시리라 하였나이다 10 옛적에 이스라엘이 애굽 땅에서 나올 때에
암몬 자손과 모압 자손과 세일산 사람을 침노하기를 주께서 용납하지
아니하시므로 이에 치우쳐 저희를 떠나고 멸하지 아니하였거늘 11 이
제 저희가 우리에게 갚는 것을 보옵소서 저희가 와서 주께서 우리에
게 주신 주의 기업에서 우리를 쫓아 내고자 하나이다 12 우리 하나님
이여 저희를 징벌하지 아니하시나이까 우리를 치러오는 이 큰 무리를
우리가 대적할 능력이 없고 어떻게 할 줄도 알지 못하옵고 오직 주만

바라보나이다 하고 13 유다 모든 사람은 그 아내와 자녀와 어린 자로
더불어 여호와 앞에 섰더라 14 여호와의 신이 회중 가운데서 레위 사
람 야하시엘에게 임하셨으니 저는 아삽 자손 맛다냐의 현손이요 여이
엘의 증손이요 브나야의 손자요 스가랴의 아들이더라 15 야하시엘이
가로되 온 유다와 예루살렘 거민과 여호사밧 왕이여 들을지어다 여호
와께서 너희에게 말씀하시기를 이 큰 무리로 인하여 두려워하거나 놀
라지 말라 이 전쟁이 너희에게 속한 것이 아니요 하나님께 속한 것이
니라 16 내일 너희는 마주 내려 가라 저희가 시스 고개로 말미암아 올
라오리니 너희가 골짜기 어귀 여루엘 들 앞에서 만나려니와 17 이 전
쟁에는 너희가 싸울 것이 없나니 항오를 이루고 서서 너희와 함께 한
여호와가 구원하는 것을 보라 유다와 예루살렘아 너희는 두려워하며
놀라지 말고 내일 저희를 마주 나가라 여호와가 너희와 함께 하리라
하셨느니라 하매 18 여호사밧이 몸을 굽혀 얼굴을 땅에 대니 온 유다
와 예루살렘 거민들도 여호와 앞에 엎드려 경배하고 19 그핫 자손과
고라 자손에게 속한 레위 사람들은 서서 심히 큰 소리로 이스라엘 하
나님 여호와를 찬송하니라 20 이에 백성들이 일찌기 일어나서 드고아
들로 나가니라 나갈 때에 여호사밧이 서서 가로되 유다와 예루살렘
거민들아 내 말을 들을지어다 너희는 너희 하나님 여호와를 신뢰하라
그리하면 견고히 서리라 그 선지자를 신뢰하라 그리하면 형통하리라
하고 21 백성으로 더불어 의논하고 노래하는 자를 택하여 거룩한 예
복을 입히고 군대 앞에서 행하며 여호와를 찬송하여 이르기를 여호와
께 감사하세 그 자비하심이 영원하도다 하게 하였더니 22 그 노래와
찬송이 시작될 때에 여호와께서 복병을 두어 유다를 치러 온 암몬 자
손과 모압과 세일산 사람을 치게 하시므로 저희가 패하였으니 23 곧

암몬과 모압 자손이 일어나 세일산 거민을 쳐서 진멸하고 세일 거민을 멸한 후에는 저희가 피차에 살육하였더라 24 유다 사람이 들 망대에 이르러 그 무리를 본즉 땅에 엎드러진 시체뿐이요 하나도 피한 자가 없는지라 25 여호사밧과 그 백성이 가서 적군의 물건을 취할새 본즉 그 가운데에 재물과 의복과 보물이 많이 있는 고로 각기 취하는데 그 물건이 너무 많아 능히 가져갈 수 없을 만큼 많으므로 사흘 동안에 취하고 26 제 사일에 무리가 브라가 골짜기에 모여서 거기서 여호와를 송축한지라 그러므로 오늘날까지 그 곳을 브라가 골짜기라 일컫더라

나는 여기서 나오는 복병이 누군지,
모압과 암몬이 세일군을 왜 쳤는지,
그리고 모압과 암몬이 서로 친 이유가 궁금하였다.

나는 지상에서 성경을 읽으면서 '어떻게 이러한 일이 일어날 수가 있을까?' 하고 의문이었다. 즉 '어떻게 서로 자기들끼리 하나도 남기지 않고 다 죽이기까지 서로를 칠 수 있을까?' 하는 것이 매우 궁금하였었다.

그랬는데 내가 천국에서 여호사밧의 집에 와서 그것을 묻고 있는 것이었다. 그런데 주님께서는 내가 **'그 복병이 누구입니까?'** 하고 물었을 때에 주님께서는 '나다' 라고 너무나 분명히 말씀하시는 것이었다.

[역대하 20:22]

그 노래와 찬송이 시작될 때에 여호와께서 복병을 두어 유다를 치러 온 암몬 자손과 모압과 세일산 사람을 치게 하시므로 저희가 패하였으니

나는 생각으로 '어머나 어떻게 그 복병이 주님이 될 수가 있습니까?' 라는 의문과 함께, 나는 주님께서 "그 복병이 나다." 라고 하셨는데 '주님이 부리시는 천사들인 것인가?' 하는 의문이 생겼다. 그래서 다시 물었다. '그러면 천사들입니까?' 라고 했을 때에 '그렇다' 라는 주님의 음성이 마음으로 왔다. '와~ 그렇구나. 복병이 천사들이었구나!'

우리는 '하나님께서 복병을 두어' 라고 표현하고 있으므로 하나님께서 지상의 어떤 사람들을 복병으로 두셨다라고 생각할 수 있는데 천상에서 가르쳐 주시는 것은 그 복병이 나였다라고 주님이 말씀하신 것이다. 그리고 그들이 천사들이었다고 하셨다.

이 문장을 영어로 한번 보자.

[역대하 20:22]

As they began to sing and praise, the Lord set ambushes against the men of Ammon and Moab and Mount Seir who were invading Judah, and they were defeated.

이 복병이 사람이 아닌 천사들로 구성된 하나님의 군대였다는 것이다.

하나님의 군대가 성경에 나타난 경우를 한번 보자 :

[창 32:1-2]

1 야곱이 그 길을 진행하더니 하나님의 사자들이 그를 만난지라
1 [Jacob Prepares to Meet Esau] Jacob also went on his way, and the angels of God met him.
2 야곱이 그들을 볼 때에 이르기를 이는 하나님의 군대라 하고 그 땅 이름을 마하나임이라 하였더라
2 When Jacob saw them, he said, "This is the camp of God!" So he named that place Mahanaim.

[수 5:13-14]

13 여호수아가 여리고에 가까왔을 때에 눈을 들어본즉 한 사람이 칼을 빼어 손에 들고 마주섰는지라 여호수아가 나아가서 그에게 묻되 너는 우리를 위하느냐 우리의 대적을 위하느냐
13 [The Fall of Jericho] Now when Joshua was near Jericho, he looked up and saw a man standing in front of him with a drawn sword in his hand. Joshua went up to him and asked, "Are you for us or for our enemies?"
14 그가 가로되 아니라 나는 여호와의 군대장관으로 이제 왔느니라 여호수아가 땅에 엎드려 절하고 가로되 나의 주여 종에게 무슨 말씀

을 하려 하시나이까
14 "Neither," he replied, "but as commander of the army of the Lord I have now come." Then Joshua fell facedown to the ground in reverence, and asked him, "What message does my Lord have for his servant?"

즉 여호와의 군대가 있고 여호와의 군대 장관이 있는 것이다. 야곱은 하나님의 사자들을 만났는데 이들을 그는 하나님의 군대라 칭하였다. 그러므로 이 복병이 하나님의 군대였다는 것이다. 그래서 주님이 너무나 분명히 '나다' 라고 말씀하셨다.

그리고 성경은 그 복병이 사람들이었다면 누구들이었는지 열거할 만도 한데 안 하고 있으나 모압과 암몬 그리고 세일산 사람들은 정확히 그들이 누구인지 말하고 있는 것을 본다.

그러면 이 하나님의 군대 즉 천사들이 모압 암몬 세일산 사람들을 쳤다는 것이다.

(추가설명 : 나는 이 복병에 대하여 다시 그 다음날 기도하면서 하나님께 물었다. 그러면 하나님 그 복병이 암몬과 모압 그리고 세일산 사람들과 싸워서 이겼다는 것인데 그리하면 천사들과 사람들이 싸웠다는 이야기입니까? 이것이 가능한 이야기인가요? 라고 물었을 때에 기도 속에서 주님께서는 야곱이 얍복강가에서 한 사람과 씨름을 하였는데 그가 야곱의 환도뼈를 쳐서 그 이후로 다리

를 절게 한 것을 생각나게 하여 주셨다. 그 사람은 기묘자이신 하나님이셨다. 그러므로 하나님과 사람과도 이러한 씨름을 하고 하나님께서 야곱의 환도뼈까지 치시는데 왜 천사들이 사람들과 싸우지 못하겠는가 하는 생각이 들면서 그러면 주님 그 복병이 하나님의 군대가 맞네요 하였더니 하나님께서 그렇다고 말씀하신 것이다. 그렇다. 하나님께는 모든 것이 가능한 것이다. 그러고 보니 천사 두 명과 다른 한 명 즉 예수님이 아브라함에게 나타나서 그 천사 두 사람이 소돔으로 향하였고 그리하여 그들이 사람들과 교통하고 지시하고 등등 이러한 일들도 있는 것이 생각났다. 즉 천사들이 꼭 사람들처럼 사람들 사이에서 활동할 수 있다는 것이다. 할렐루야. 또한 히스기야 왕 때에는 천사 한 명이 앗수르 제국의 군사 18만 5천 명을 죽인 사건도 기록되고 있다. 왕하 19:35 이 밤에 여호와의 사자가 나와서 앗수르 진에서 군사 십 팔만 오천을 친지라 아침에 일찌기 일어나 보니 다 송장이 되었더라)

그 다음 나의 질문은

'그런데 왜 모압과 암몬이 또 자신들의 아군이었던 세일산 사람들을 쳤습니까?'

라고 질문하였을 때에 천상에서 내게 오는 대답은 이러하였다. 모압과 암몬이 원래 유다를 치러 올 때에 모압과 암몬이 마온 사람 즉 세일산에 거하는 자들을 포함시킨 것은 유다를 얻은 후에 모압과 암몬이 세일 사람들을 같이 치기로 하였다는 것이다. 그래서 모압과 암몬이 세일산의 사람들을 쳤다는 것을 알게 하여 주셨다. 즉 그것이 모압과 암몬의 계략이었다는 것이다.

그 다음 나의 질문은

'그러면 왜 모압과 암몬은 서로를 또 죽였습니까?'

그들이 세일 사람들의 전리품 등을 서로 갖기 위하여 쳤다는 것이다. 즉 서로를 치라는 명령이 모압군과 암몬군 각각에서 떨어졌다는 것이다. 그래서 그들이 하나도 남기지 않고 다 죽었다는 것이다. 주여!

나는 이 모든 것을 알고 나니

'와우~ 하나님께서 이렇게 일하시는구나!'

감탄스러웠다.

즉 하나님을 의지하고 하나님만을 바라보고 그분의 권세와 능력을 의지하였던 유다를 지키시기 위하여 그리고 그들에게 전리품을 다 주시기 위하여 하나님께서 그렇게 일하신 것이다. 즉 적군끼리 적이 되어서 서로를 다 죽이게 하신 것이다. 이것은 하나님이 아니시면 불가능한 일이다. 그러므로 전쟁은 하나님께 속한 것이 맞다. 정말 맞다.

여호사밧 왕은 자신이 대적할 수 없는 거대한 모압과 암몬과 몇 마온 사람들이 유다를 치러 왔을 때 백성들과 함께 금식으로 하나님께 나아갔다. 그리하였더니 하나님께서 그 기도를 들으시고 선지자 야하시엘을 보내어 하나님께서 어떻게 하실 것을 전하게 하셨다.

즉 하나님이 남유다 대신 그들과 싸우실 것을 말씀하신 것이다.

적군이 쳐들어온다는 소식을 듣고 금식한 후에 하나님의 음성을 들은 여호사밧 왕과 남유다는 하나님과 그 예언한 선지자를 신뢰하고 전장에 나가는 군대 앞에 노래하는 자들을 앞세워서 하나님을 찬양하게 하였다. 그리하였더니 하나님께서는 그들이 싸울 필요도 없이 그렇게 서로가 그들을 죽이게 하셔서 한 명도 남기지 않고 적군을 다 죽게 하신 것이다.

즉 남유다는 하나님 덕분에 손 하나 안 쓰고 무기 하나 안 쓰고 그들을 이기게 되었고 그들의 모든 전리품을 또 하나님으로부터 선물로 받은 것이다. 할렐루야.

하나님을 의지하는 자, 하나님을 피난처로 삼는 자, 하나님만을 신뢰하는 자, 하나님께 도움을 구하는 자는 이러한 복을 받게 되는 것임을 성경은 우리에게 이렇게 전하고 있는 것이다. 아멘. 아멘. 할렐루야! 주님을 찬양합니다.

전쟁은 정말 하나님께 속한 것이 맞다.

그 다음 나는 아합 왕 때에 미가야와 사백인 선지자들에 대하여 물었다. 그런데 주님께서 나에게 갑자기 '그가 내 앞에 있다.' 라고 말씀하시는데 보니까 내 왼편에 아래 위로 흰 옷을 입은 미가야가 서 있었다. 그의 얼굴은 매우 동안이었고 또 잘생긴 편에 속하였다. 그의 머리는 검고 짧게 가지런히 붙어 있는 모습이었다. 그리고 키는 큰 편이었고 덩치가 조금 있어 보였다.
미가야가 나타나서 내 왼편에 앉았다.
나는 그 사백 명의 선지자들과 그에 대해서 물었다.

[왕상 22:1-40]

1 아람과 이스라엘 사이에 전쟁이 없이 삼년을 지내었더라 2 제 삼
년에 유다 왕 여호사밧이 이스라엘 왕에게 내려가매 3 이스라엘 왕
이 그 신복에게 이르되 길르앗 라못은 본래 우리의 것인 줄을 너희가
알지 못하느냐 우리가 어찌 아람 왕의 손에서 취하지 아니하고 잠잠
히 있으리요 하고 4 여호사밧에게 이르되 당신은 나와 함께 길르앗
라못으로 가서 싸우시겠느뇨 여호사밧이 이스라엘 왕에게 이르되 나
는 당신과 일반이요 내 백성은 당신의 백성과 일반이요 내 말들도 당
신의 말들과 일반이니이다 5 여호사밧이 또 이스라엘 왕에게 이르되
청컨대 먼저 여호와의 말씀이 어떠하신지 물어 보소서 6 이스라엘 왕
이 이에 선지자 사백인쯤 모으고 저희에게 이르되 내가 길르앗 라못
에 가서 싸우랴 말랴 저희가 가로되 올라가소서 주께서 그 성을 왕의
손에 붙이시리이다 7 여호사밧이 가로되 이 외에 우리가 물을만한 여

호와의 선지자가 여기 있지 아니하니이까 8 이스라엘 왕이 여호사밧
에게 이르되 오히려 이믈라의 아들 미가야 한 사람이 있으니 저로 말
미암아 여호와께 물을 수 있으나 저는 내게 대하여 길한 일은 예언하
지 아니하고 흉한 일만 예언하기로 내가 저를 미워하나이다 여호사
밧이 가로되 왕은 그런 말씀을 마소서 9 이스라엘 왕이 한 내시를 불
러 이르되 이믈라의 아들 미가야로 속히 오게 하라 하니라 10 이스라
엘 왕과 유다 왕 여호사밧이 왕복을 입고 사마리아 문어귀 광장에서
각기 보좌에 앉았고 모든 선지자가 그 앞에서 예언을 하는데 11 그나
아나의 아들 시드기야는 철로 뿔들을 만들어 가지고 말하되 여호와의
말씀이 왕이 이것들로 아람 사람을 찔러 진멸하리라 하셨다 하고 12
모든 선지자도 그와 같이 예언하여 이르기를 길르앗 라못으로 올라가
승리를 얻으소서 여호와께서 그 성을 왕의 손에 붙이시리이다 하더라
13 미가야를 부르러 간 사자가 일러 가로되 선지자들의 말이 여출일
구하여 왕에게 길하게 하니 청컨대 당신의 말도 저희 중 한 사람의 말
처럼 길하게 하소서 14 미가야가 가로되 여호와의 사심을 가리켜 맹
세하노니 여호와께서 내게 말씀하시는 것 곧 그것을 내가 말하리라
하고 15 이에 왕에게 이르니 왕이 저에게 이르되 미가야야 우리가 길
르앗 라못으로 싸우러 가랴 말랴 저가 왕께 이르되 올라가서 승리를
얻으소서 여호와께서 그 성을 왕의 손에 붙이시리이다 16 왕이 저에
게 이르되 내가 몇번이나 너로 맹세케 하여야 네가 여호와의 이름으
로 진실한 것으로만 내게 고하겠느냐 17 저가 가로되 내가 보니 온 이
스라엘이 목자 없는 양 같이 산에 흩어졌는데 여호와의 말씀이 이 무
리가 주인이 없으니 각각 평안히 그 집으로 돌아갈 것이니라 하셨나
이다 18 이스라엘 왕이 여호사밧에게 이르되 저 사람이 내게 대하여

길한 것을 예언하지 아니하고 흉한 것을 예언하겠다고 당신에게 말씀
하지 아니하였나이까 19 미가야가 가로되 그런즉 왕은 여호와의 말씀
을 들으소서 내가 보니 여호와께서 그 보좌에 앉으셨고 하늘의 만군
이 그 좌우편에 모시고 서 있는데 20 여호와께서 말씀하시기를 누가
아합을 꾀어 저로 길르앗 라못에 올라가서 죽게 할꼬 하시니 하나는
이렇게 하겠다 하고 하나는 저렇게 하겠다 하였는데 21 한 영이 나아
와 여호와 앞에 서서 말하되 내가 저를 꾀이겠나이다 22 여호와께서
저에게 이르시되 어떻게 하겠느냐 가로되 내가 나가서 거짓말 하는
영이 되어 그 모든 선지자의 입에 있겠나이다 여호와께서 가라사대
너는 꾀이겠고 또 이루리라 나가서 그리하라 하셨은즉 23 이제 여호
와께서 거짓말하는 영을 왕의 이 모든 선지자의 입에 넣으셨고 또 여
호와께서 왕에게 대하여 화를 말씀하셨나이다 24 그나아나의 아들 시
드기야가 가까이 와서 미가야의 뺨을 치며 이르되 여호와의 영이 나
를 떠나 어디로 말미암아 가서 네게 말씀 하더냐 25 미가야가 가로되
네가 골방에 들어가서 숨는 그 날에 보리라 26 이스라엘 왕이 가로되
미가야를 잡아 부윤 아몬과 왕자 요아스에게로 끌고 돌아가서 27 말
하기를 왕의 말씀이 이놈을 옥에 가두고 내가 평안히 돌아올 때까지
고생의 떡과 고생의 물로 먹이라 하라 28 미가야가 가로되 왕이 참으
로 평안히 돌아오시게 될진대 여호와께서 나로 말씀하지 아니하셨으
리이다 또 가로되 너희 백성들아 다 들을지어다 하니라 29 이스라엘
왕과 유다 왕 여호사밧이 길르앗 라못으로 올라가니라 30 이스라엘
왕이 여호사밧에게 이르되 나는 변장하고 군중으로 들어가려 하노니
당신은 왕복을 입으소서 하고 이스라엘 왕이 변장하고 군중으로 들어
가니라 31 아람 왕이 그 병거의 장관 삼십 이인에게 명하여 이르기를

너희는 작은 자나 큰 자나 더불어 싸우지 말고 오직 이스라엘 왕과 싸
우라 한지라 32 병거의 장관들이 여호사밧을 보고 이르되 이가 필연
이스라엘 왕이라 하고 돌이켜 저와 싸우려 한즉 여호사밧이 소리지르
는지라 33 병거의 장관들이 저가 이스라엘 왕이 아님을 보고 쫓기를
그치고 돌이켰더라 34 한 사람이 우연히 활을 당기어 이스라엘 왕의
갑옷 솔기를 쏜지라 왕이 그 병거 모는 자에게 이르되 내가 부상하였
으니 네 손을 돌이켜 나로 군중에서 나가게 하라 하였으나 35 이 날에
전쟁이 맹렬하였으므로 왕이 병거 가운데 붙들려 서서 아람 사람을
막다가 저녁에 이르러 죽었는데 상처의 피가 흘러 병거 바닥에 고였
더라 36 해가 질 즈음에 군중에서 외치는 소리 있어 가로되 각기 성읍
으로, 각기 본향으로 하더라 37 왕이 이미 죽으매 그 시체를 메어 사
마리아에 이르러 거기 장사하니라 38 그 병거를 사마리아 못에 씻으
매 개들이 그 피를 핥았으니 여호와의 하신 말씀과 같이 되었더라 거
기는 창기들의 목욕하는 곳이었더라 39 아합의 남은 행적과 무릇 그
행한 일과 그 건축한 상아궁과 그 건축한 모든 성은 이스라엘 왕 역대
지략에 기록되지 아니하였느냐 40 아합이 그 열조와 함께 자매 그 아
들 아하시야가 대신하여 왕이 되니라야 한다.

하나님께서 부리시는 한 영이 선지자 사백 인에게 있어서 거짓을 예언하게 하였다. 그런데 미가야 만이 홀로 진짜 하나님의 말씀을 전하는 선지자였다.

이러한 것은 이전에 하나님께서는 아브라함을 친구라 말씀하시면서 아브라함에게 말하지 않고는 행하지 아니하리라 하신 것처럼

미가야 혼자만 하나님과 친구의 관계를 가지고 있었다고 말할 수 있는 것이다.

[창 18:1–2]

1 여호와께서 마므레 상수리 수풀 근처에서 아브라함에게 나타나시니라 오정 즈음에 그가 장막 문에 앉았다가 2 눈을 들어 본즉 사람 셋이 맞은편에 섰는지라 그가 그들을 보자 곧 장막 문에서 달려나가 영접하며 몸을 땅에 굽혀

[창 18:17]

여호와께서 가라사대 나의 하려는 것을 아브라함에게 숨기겠느냐

하나님께서는 하나님 앞에 온 도시가 동성애로 죄를 짓는 소돔을 유황불로 멸하려 하셨다. 하나님께서는 그 일을 하시기 전에 그 일을 아브라함에게 알려서 아브라함의 조카 롯에 대하여 중보 기도하게 하신 것이다. 아브라함은 하나님께서 의인을 악인들과 함께 멸하시면 안 된다고 하면서 아브라함은 의인인 롯을 살려내기를 원하였던 것이다. 그리하자 하나님께서는 거기에 의인 50인이 있으면 멸하지 아니하리라 하시다가 나중에는 의인 10명까지 내려가지만 결국 소돔에는 의인 10명이 없어서 유황불로 망하게 하셨다. 그러한 중에 하나님께서는 아브라함을 기억하사 롯의 가족을 구하여 내셨다.

하나님께서 그렇게 아브라함을 친구처럼 벗처럼 여기셔서 그가 하

실 일을 미리 아브라함에게 알게 하신 것처럼 미가야 선지자도 하나님께서 하나님의 하시는 일을 미리 알려주는 그러한 선지자였던 것이다.

그러나 하나님께서는 시드기야를 비롯한 다른 사백인의 선지자들에게는 거짓말하는 영을 넣어서 거짓을 말하게 하셨다. 그래서 그들이 아합 왕이 아람 군대를 이길 것이라고 말하였으나 미가야가 말한 대로 아합 왕은 전쟁에서 죽게 된다.

나는 여기서 이 사백 인에게 거짓말하는 영이 되어 그들이 거짓을 말하게 한 그것이 매우 궁금하였다. 이러한 영은 어떠한 영이기에 하나님의 심부름을 그렇게 하는가 하는 것이다.

하늘에서 하나님께서 내가 어떻게 아합 왕을 죽게 할꼬? 하였을 때에 한 영이 내가 가서 선지자 사백 인에게 거짓말하는 영이 되겠다고 하여 그들을 꾀어서 정말 아합 왕이 그들이 하는 말을 믿고 아람 군대와 싸우러 나갔다가 죽은 것이다.

이렇게 하나님께서 부리시는 영은 어떤 영들인가 하는 것이다. 내가 그러한 질문을 가졌을 때에 하늘에서 주님께서는 사울 왕에게 힘있게 내린 악신을 생각나게 하여 주심으로 <u>이러한 영이 사울 왕에게 내린 하나님이 부리시는 악신과 같은 영임을 알게 하여 주셨다.</u>

[삼상 18:7-11]

7 여인들이 뛰놀며 창화하여 가로되 사울의 죽인 자는 천천이요 다윗
은 만만이로다 한지라 8 사울이 이 말에 불쾌하여 심히 노하여 가로
되 다윗에게는 만만을 돌리고 내게는 천천만 돌리니 그의 더 얻을 것
이 나라 밖에 무엇이냐 하고 9 그 날 후로 사울이 다윗을 주목하였더
라 10 그 이튿날 하나님의 부리신 악신이 사울에게 힘있게 내리매 그
가 집 가운데서 야료하는 고로 다윗이 평일과 같이 손으로 수금을 타
는데 때에 사울의 손에 창이 있는지라 11 그가 스스로 이르기를 내가
다윗을 벽에 박으리라 하고 그 창을 던졌으나 다윗이 그 앞에서 두번
피하였더라

아합은 원래 하나님 앞에 악을 행하는 자로서 하나님께서 죽이려 하셨다. 그래서 하늘에서 하나님께서 하나님이 부리시는 악신들에게 누가 아합을 꾀어 죽게 할꼬 하고 물으신 것이다.

[왕상 22:20-23]

20 여호와께서 말씀하시기를 누가 아합을 꾀어 저로 길르앗 라못에
올라가서 죽게 할꼬 하시니 하나는 이렇게 하겠다 하고 하나는 저렇
게 하겠다 하였는데 21 한 영이 나아와 여호와 앞에 서서 말하되 내가
저를 꾀이겠나이다 22 여호와께서 저에게 이르시되 어떻게 하겠느냐
가로되 내가 나가서 거짓말 하는 영이 되어 그 모든 선지자의 입에 있
겠나이다 여호와께서 가라사대 너는 꾀이겠고 또 이루리라 나가서 그
리하라 하셨은즉 23 이제 여호와께서 거짓말하는 영을 왕의 이 모든
선지자의 입에 넣으셨고 또 여호와께서 왕에게 대하여 화를 말씀하셨
나이다

결국 신명기 28장 15절 이하처럼 하나님의 명령을 불복종하는 모든 자를 하나님께서는 기근 전쟁 전염병으로 죽게 하시겠다고 하셨는데 결국 아합 왕은 아람 군대와의 전쟁에서 죽게 하셨다.

악한 자는 죽기 전까지 악한 일을 행하였는데 그것은 여호사밧 왕을 아람 군대와 싸우는데 같이 나가자 해놓고 자신은 왕이 아닌 것처럼 위장하고 여호사밧 왕은 그대로 왕복을 입고 나가게 한 것이다. 즉 아람 군대가 여호사밧 왕을 죽이게 하려고 한 것이었다. 그러나 하나님께서는 왕복을 입고 전장에 나간 여호사밧 왕은 살리시고 오히려 변장하여 위장하고 나간 아합 왕은 죽이신 것이다.

사울 왕도 블레셋과의 전장에서 그의 세 아들과 함께 죽었다. 하나님께서는 이렇게 악인들의 말로를 하나님께서 정하시는 것이다.

악하고 악했던 아합 왕의 아내 이세벨의 말로는 다음과 같았다.

[왕상 21:17-25]

17 여호와의 말씀이 디셉 사람 엘리야에게 임하여 가라사대 18 너는
일어나 내려가서 사마리아에 거하는 이스라엘 왕 아합을 만나라 저
가 나봇의 포도원을 취하러 그리로 내려갔나니 19 너는 저에게 말하
여 이르기를 여호와의 말씀이 네가 죽이고 또 빼앗았느냐 하셨다 하
고 또 저에게 이르기를 여호와의 말씀이 개들이 나봇의 피를 핥은 곳
에서 개들이 네 피 곧 네 몸의 피도 핥으리라 하셨다 하라 20 아합이
엘리야에게 이르되 나의 대적이여 네가 나를 찾았느냐 대답하되 내가

찾았노라 네가 스스로 팔려 여호와 보시기에 악을 행하였으므로 21
여호와의 말씀이 내가 재앙을 네게 내려 너를 쓸어 버리되 네게 속한
남자는 이스라엘 가운데 매인 자나 놓인 자를 다 멸할 것이요 22 또
네 집으로 느밧의 아들 여로보암의 집처럼 되게 하고 아히야의 아들
바아사의 집처럼 되게 하리니 이는 네가 나의 노를 격동하고 이스라
엘로 범죄케 한 까닭이니라 하셨고 23 이세벨에게 대하여도 여호와께
서 말씀하여 가라사대 개들이 이스르엘 성 곁에서 이세벨을 먹을지라
24 아합에게 속한 자로서 성읍에서 죽은 자는 개들이 먹고 들에서 죽
은 자는 공중의 새가 먹으리라 하셨느니라 하니 25 예로부터 아합과
같이 스스로 팔려 여호와 보시기에 악을 행한 자가 없음은 저가 그 아
내 이세벨에게 충동되었음이라

악한 자들의 말로는 이렇다. 아합의 말로도 이세벨의 말로도 하나님께서 엘리야를 통하여 예언하게 하셨다. 그들의 몸을 개들이 핥게 될 것이라고....

하나님 앞에 악을 행하고 다른 신들을 섬기게 한 자들은 반드시 하나님께서 진노하시고 데려가신다.

[왕하 9:30-37]

30 예후가 이스르엘에 이르니 이세벨이 듣고 눈을 그리고 머리를 꾸
미고 창에서 바라보다가 31 예후가 문에 들어오매 가로되 주인을 죽
인 너 시므리여 평안하냐 32 예후가 얼굴을 들어 창을 향하고 가로되
내 편이 될 자가 누구냐 누구냐 하니 두어 내시가 예후를 내다보는지

라 33 가로되 저를 내려던지라 하니 내려던지매 그 피가 담과 말에게
뛰더라 예후가 그 시체를 밟으니라 34 예후가 들어가서 먹고 마시고
가로되 가서 이 저주 받은 계집을 찾아 장사하라 저는 왕의 딸이니라
하매 35 가서 장사하려 한즉 그 두골과 발과 손바닥 외에는 찾지 못한
지라 36 돌아와서 고한대 예후가 가로되 이는 여호와께서 그 종 디셉
사람 엘리야로 말씀하신 바라 이르시기를 이스르엘 토지에서 개들이
이세벨의 고기를 먹을지라 37 그 시체가 이스르엘 토지에서 거름 같
이 밭 면에 있으리니 이것이 이세벨이라고 가리켜 말하지 못하게 되
리라 하셨느니라

개들이 아합의 아내 이세벨의 몸을 먹었다는 것이다. 이들은 끝까지 회개하지 않았다. 그러나 그들이 회개하고 돌아왔을 때에는 하나님께서 용서하시고 받아들이셨을 것이다. 그러나 그들은 회개하지 않았다. 하나님 앞에 회개하지 아니하면 그에 대한 보응을 반드시 받게 된다.

아사 왕은 회개하지 않았다.

[계 22:14]

그 두루마기를 빠는 자들은 복이 있으니 이는 저희가 생명 나무에 나아가며 문들을 통하여 성에 들어갈 권세를 얻으려 함이로다

아사 왕은 선견자 하나니가 하나님의 책망을 전하였을 때에 회개하지 않고 그를 옥에 가두었다. 그리하여 그는 지금 성 밖에 있다.

[대하 16:1-11]

1 아사 왕 삼십 륙년에 이스라엘 왕 바아사가 유다를 치러 올라와서
라마를 건축하여 사람을 유다 왕 아사에게 왕래하지 못하게 하려한지
라 2 아사가 여호와의 전 곳간과 왕궁 곳간의 은금을 취하여 다메섹
에 거한 아람 왕 벤하닷에게 보내며 가로되 3 내 부친과 당신의 부친
사이에와 같이 나와 당신 사이에 약조하자 내가 당신에게 은금을 보
내노니 와서 이스라엘 왕 바아사와 세운 약조를 깨뜨려서 저로 나를
떠나게 하라 하매 4 벤하닷이 아사 왕의 말을 듣고 그 군대 장관들을
보내어 이스라엘 두어 성읍을 치되 이욘과 단과 아벨마임과 납달리
의 모든 국고성을 쳤더니 5 바아사가 듣고 라마 건축하는 일을 파하
여 그 공역을 그친지라 6 아사 왕이 온 유다 무리를 거느리고 바아사
가 라마를 건축하던 돌과 재목을 수운하여다가 게바와 미스바를 건축
하였더라 7 때에 선견자 하나니가 유다 왕 아사에게 나아와서 이르되
왕이 아람 왕을 의지하고 왕의 하나님 여호와를 의지하지 아니한 고
로 아람 왕의 군대가 왕의 손에서 벗어났나이다 8 구스 사람과 룹 사
람의 군대가 크지 아니하며 말과 병거가 심히 많지 아니하더이까 그
러나 왕이 여호와를 의지한 고로 여호와께서 왕의 손에 붙이셨나이
다 9 여호와의 눈은 온 땅을 두루 감찰하사 전심으로 자기에게 향하
는 자를 위하여 능력을 베푸시나니 이 일은 왕이 망령되이 행하였은
즉 이 후부터는 왕에게 전쟁이 있으리이다 하매 10 아사가 노하여 선
견자를 옥에 가두었으니 이는 그 말에 크게 노하였음이며 그 때에 아
사가 또 몇 백성을 학대하였더라 11 아사의 시종 행적은 유다와 이스
라엘 열왕기에 기록되니라

아사 왕은 여호사밧 왕의 부친이었다.
아버지와 아들이 이렇게 또 다르다.
그러므로 우리는 반드시 하나님 앞에서 일대일 심판을 받게 될 것임을 알아야 한다. 그리고 이것이 하나님의 공의이시다. 그리하여 현재 여호사밧과 미가야는 왕의 도시에 있으며 그들은 왕권을 가지고 있다. 할렐루야.

그러나 여호사밧의 부친 아사왕은 성 밖에 쫓겨나 있고 북이스라엘의 여로보암은 현재 지옥에 있는 것이다.

37 룻기, 사무엘상하, 열왕기상하, 역대상하

천국에서 여호수아를 다시 만나다.

2018년 10월 20일

아침에 기도한 후에 천국에 올라갔다.
수레 바깥에서 나를 인도하는 천사가 하얀 옷을 입고 나타났는데 오늘은 소매가 아래로 길게 늘어지는 옷을 입었다. 그리고 머리에는 하늘색으로 된 띠같이 생긴 모자를 썼다. 그는 나에게 말하기를 '주인님, 제가 모시겠습니다.' 라고 말했다.
나는 수레 안으로 들어섰다.
수레 안에 있는 천사도 그러한 띠같이 생긴 모자를 쓰고 있었다. 하늘색으로 된 띠같이 생긴 모자를. 또한 그는 봉을 가지고 있었다.
'어머나 저 천사가 왠 봉을 가지고 있지?' 라고 생각하면서 나는 내가 앉는 자리에 와서 내 앞에 놓여 있는 탁구공보다 조금 작은 둥글고 흰 과자를 입에 넣었다.
나를 수레 바깥에서 수호하는 천사가 말했다.
"주인님 올라갑니다."
그러자 곧 수레는 올라갔고 천국 대문에 이르러 대문을 지키는 천사들에게 '열어라' 하는 음성이 들렸다. 그리고서는 수레가 연못가에 내려앉았다.

'아하, 연못가에 올 때에도 이렇게 천국 대문을 거치고 오는 것이구나!' 새삼스럽게 알아졌다.

주님께서는 오늘따라 여윈 얼굴에 흰 머리를 하고 계셨다. 그분은 나를 보자마자 나를 기뻐한다고 말씀하시면서 내 이마에 뽀뽀를 해주셨다. 나는 그분을 보자마자 울었다. 그분과 함께 하고 싶고 또 떨어지고 싶지 않아서였다. 주님께서는 벤치에 나를 앉히시고 발과 손을 씻어주셨다. 아무리 씻기지 마시라고 해도 안 들으신다. 또 천사들이 긴 항아리 두 개를 가지고 와서 내 머리 위로 부었다. 온몸이 생명수로 인하여 다 씻겨 내려갔다.

오늘 주님은 소매가 길게 아래로 늘어지는 옷을 입고 계셨다. 주님은 내게 꽃신을 신기를 원하셨다. 오늘은 꽃신이 코가 올라온 빨간 신이었다. 이뻤다. 나의 하얀 드레스에 빨간 꽃신을 신고 나는 연못 위로 걸어 들어갔다. 왕의 도시로 가기 위함이다. 나는 또 울었다. 주님과 헤어지기 싫어서....

그런데 곧 만날 것인데도 조금이라도 떨어지는 것이 싫어서 울었다. 나는 연못 위의 오른편 터널의 황금 문을 앞으로 열어 제치고 터널 안으로 들어섰다. 바닥의 물은 나를 여호수아의 집, 즉 궁 안에 내려다 놓았다.

'와우~ 오늘은 내가 여호수아의 집에 왔네.....'

주님과 모세가 벌써 거기에 와 있었고 둥근 테이블 주위로 주님은 저편에 나는 이편에 그리고 주님의 오른편에 모세, 왼편에 여호수아 이렇게 앉았다. 모세는 엷은 하늘색의 옷을 아래 위로 입고 있었고 여호수아는 아래 위로 쑥색의 옷을 입고 있었다.

'아하~ 그렇구나! 주님께서 내가 아침에 여호수아에 대하여 고민하신 것을 아시고 나를 여호수아의 집에 인도하신 것이 알아졌다. 해와 달이 머문 것에 대하여 고민한 것을 아신 것이다.

그러자 여호수아가 주님께 이렇게 말했다.

"아직도 사라가 확실하지 않은 것 같아요."

그랬더니 주님께서는 내게 이렇게 말씀하신다.

"네 두 손바닥을 펴라"

그리고 내 편 두 손바닥을 보라고 하신다.

나는 늘 이렇게 손바닥 보면서 느끼는 것은 그 정교함과 대칭성을 볼 때에 나는 창조주 하나님의 솜씨를 생각하곤 했다.

그 때 주님이 말씀하셨다.

"누가 이 세상을 지었느냐?"

"주님이요" 라고 내가 말하는데

그 '종일토록' 이라는 말은 하루를 말하는 것이 아니라 중천에서 빨리 내려가지 아니하였음을 말한다 하셨다. 즉 빨리 내려가서 해가 져야 하는데 그렇지 않고 정오에 하늘 중천에 머물러 있다가 해가 지는 시간에 즉시 내려갔다는 것을 알게 하셨다. 사람들은 이 '종일토록' 을 하루라고 생각한다. 그런데 그것이 아니라는 것이다. 즉 24시간이 아니라는 것이다. 중천에 떠 있던 해가, 해가 지는 시간까지 6시간 동안 움직이지 않고 있다가 해가 지는 시간에 약 6시간 후에 해가 지는 자리로 하나님이 명령 한마디에 그렇게 움직였다는 것이다.

'아~ 할렐루야. 그렇구나! 내가 지상에서 고민하니까 다시 한번 천상에서 주님께서 나를 여호수아 궁에 데리고 와서 다시 확인시켜 주시는구나!' 알아진 것이다.
할렐루야. 감사합니다. 주님. 믿겠습니다. 확실히 알겠습니다. 주님이 그렇게 말씀하신다면 맞지요. 우리 인간들이 머리를 굴려서 생각한다 한들 맞지 않는 것입니다. 주님께서 그렇게 말씀하신다면 그렇게 알겠습니다. 감사합니다.
나는 그렇게 알고서는 내려오게 되었다. 할렐루야.

[수 10:12-14]

12 여호와께서 아모리 사람을 이스라엘 자손에게 붙이시던 날에 여호
수아가 여호와께 고하되 이스라엘 목전에서 가로되 태양아 너는 기브
온 위에 머무르라 달아 너도 아얄론 골짜기에 그리할지어다 하매 13
태양이 머물고 달이 그치기를 백성이 그 대적에게 원수를 갚도록 하
였느니라 야살의 책에 기록되기를 태양이 중천에 머물러서 거의 종일
토록 속히 내려가지 아니하였다 하지 아니하였느냐 14 여호와께서 사
람의 목소리를 들으신 이 같은 날은 전에도 없었고 후에도 없었나니
이는 여호와께서 이스라엘을 위하여 싸우셨음이니라

결국 이것은 다 밝혀져서 서사라 목사가 쓴 '여호수아와 사사기'에 다 정확하게 기록되었다.

38 룻기, 사무엘상하, 열왕기상하, 역대상하

천국에서 갈렙을 만나다.

2018년 10월 22일

아침에 기도한 후에 천국에 올라갔다.
수레는 나를 연못가에 내려놓았고
주님께서는 나의 발과 손 얼굴을 씻기시고 천사들이 와서 항아리로 나에게 생명수를 부었다. 나는 꽃신을 신고 연못 위로 걸어 들어갔다. 그랬더니 나를 인도한 곳은 모세의 궁이었다. 거기는 주님, 모세, 그리고 내가 있었는데 여호수아가 왔다.
주님께서 나에게 물으신다. '사라야, 여호수아에게 더 질문이 있느냐?'
나는 질문거리가 생각이 나지 않았다.
그러다가 갈렙을 보고 싶다고 했다.
갈렙이 나타났다. 그는 갑옷을 입고 나타났는데 투구도 쓰고 투구의 귀쪽에 장식이 위로 삐죽이 올라온 것이 황금으로 두드러져 보였다. 그는 장군의 모습을 하고 흰 말을 타고 나타났다. 그는 말에서 내려 우리에게 와서 주님께 인사하고 투구를 내려놓고 내 왼편 쪽으로 앉았다.
주님의 오른편 쪽에 모세 왼편에 여호수아 그들은 하늘색의 옷, 그리고 쑥색의 옷 이렇게 입고 있었다. 갈렙은 잘생긴 청년이었다. 키가 크고 덩치도 야무진 청년이었다. 나는 갈렙에게 물었다. 어찌 '우리가 가나안으로 쳐들어가자 그들은 우리의 밥이다.' 라고 말할 수 있었는가를... 그랬더니 갈렙이 이렇게 말한다.

"주님이 말씀하셨으니까요."

그리할 때에 갈렙의 눈에도 모세의 눈에도 여호수아의 눈에도 눈물이 흘러내리는 것이 보였다. '와우~ 세 사람 다 눈물을 흘리네.' 그렇다. 성경은 그들이 '하나님을 온전히 좇았다.' 라고 기록한다. 그 다음 주님께서 나에게 말없이 마음으로 메시지를 전달하셨다. '내 말을 믿으면 반드시 승리한다.'

할렐루야.

즉 하나님께서 말씀하신 것이 매우 중요하고 그것은 반드시 이루어진다는 것을 나에게 전달하고 계셨다.

그 다음 나는 마음으로 갈렙에게 물었다.

우리에게 전하고 싶은 말이 있느냐고... 그랬더니 이러한 말을 마음으로 전하였다. '말씀이 주님이십니다.' 즉 성경의 하나님의 말씀이 하나님 여호와 주님이시라는 것이다.

할렐루야.

그리고 그것은 반드시 이루어진다는 말씀이었다.

39 룻기, 사무엘상하, 열왕기상하, 역대상하

지상에서 내가 받는 핍박 때문에 천국에서 내가 받을 흰 돌의 사이즈가 조금 더 커졌다.

2018년 10월 25일

아침에 기도한 후에 하나님께서는 나를 천국에 올리셨다. 수레 바깥에서 나를 수호하는 천사가 이렇게 말했다.

"주인님 빨리 오세요. 주님이 기다리고 계십니다."

나는 수레를 얼른 탔다. 말들은 여전히 열 마리가 왔다. 그들의 이름은 온유, 충성, 사랑, 지혜, 인내, 승리, 소망, 믿음, 겸손, 찬양이다. 내가 붙여준 이름이다. 그리고 수레는 흰 옥색의 직사각형 모양의 아름다운 수레가 왔고 그 위에 파란 천같은 것이 덮여져 있었고 그 가장자리에 수술 같은 것이 장식되어 있었다.

꼭 수레의 지붕을 이러한 파란 천 같은 것이 덮고 있었다.

나는 수레 안으로 들어섰다. 수레 안에서 나를 맞이하는 흰 두 날개 달린 흰 옷 입은 천사가 이전에는 내가 문을 열고 타면 맞은편에 앉아 있었는데 이번에는 수레 후미 쪽에 있는 침대에 앉아 있다가 일어서면서 '주인님, 어서 오세요!' 한다.

이렇게 나를 수종하는 천사들은 나를 '주인님' 이라 부른다. 그리고 내 집을 지키는 천사들도 현재 7명이 있는데 그들도 나를 '주인님' 이라 하는 말을 들었다. 수레 안에 이 천사는 두 손을 모으고 서 있었다. 내가 천사들을 여성처럼 보이는 천사와 남성처럼 보이는 천사 두 그룹으로 나눈다면 이 천사는 남성처럼 보이는 천사였다. 나는 내가 앉는 자리에 와서 앉아서 내 앞에 놓여 있는 녹색의 포도알 한 개를 입에 넣었다.

나는 수레 바깥에 있는 천사에게 '올라가자' 고 말했다. 그 수호천사는 천국 대문에 이르러 '열어라' 명령하였고(천사들에게도 아마도 계급이 있어 보인다. 수레 바깥에서 늘 나를 천국으로 인도하는 천사는 천국문으로 들어가는 대문 앞에 서 있는 두 명의 천사보다 계급이 높은 것 같다. 예를 들어서 천국에 있는 내 집에는 7명의 천사들이 있는데 그중에 한 명은 청색의 옷을 입은 천사로 나머지 흰 옷 입은 여섯 명의 천사들을 관리한다). 수레는 즉시 천국에 도착하였다.

도착한 곳은 연못가가 아니었고 이전에 늘 내가 천국에 도착하는 장소였다. 주님께서는 저 생명수가 흐르는 폭포수 앞 절벽 위에 서 계셨다. 그러시면서 나를 보시고 그곳으로 '올라오라' 고 하셨다. 수레에서 내리는 나를 분홍색깔의 옷을 아래 위로 입은 여성처럼 보이는 두 천사들이 수레 바깥에서 나를 기다리고 있다가 나의 손을 하나씩 잡고 위로 날아서 절벽위의 주님께로 나를 인도하였다. 주님께서는 나를 보시고 '이전에 너는 여기 자주 왔었지?' 라고 하셨다.

그래서 나는 '그렇습니다. 주님' 하고 인사를 했다.

그러자 주님께서는 내 발과 내 손을 대야에 담겨져 있는 생명수 물로 씻어주셨다.
또 흰 날개 달린 두 천사가 긴 항아리 하나씩을 가지고 와서 내 머리 위로 부어서 내 온몸 전체가 이로 인하여 깨끗해졌다.

그런 후에 주님께서는 나의 손을 잡고 날기 시작하셨다.
주님과 내가 도착한 곳은 다른 곳이 아닌 흰 돌이 있는 바닷가였다. '어머나 흰 돌이 있는 바닷가네....'
주님께서 나를 보시고 흰 돌 하나를 집어보라 하신다.
그리하여 흰 돌을 잡아보니 이 흰 돌들은 느낌이 뽀송뽀송하다. 그리고 사이즈는 큰 감자 사이즈이다.
<u>그런데 내가 받을 흰 돌이 보였다. 이전에는 이 흰 돌의 크기가 다른 흰 돌들보다 약 세 배 정도가 되었고 모양은 삼각형이었는데 오늘은 보니 이 흰 돌의 크기가 더 커져 있다는 사실을 알게 되었다. '어머나 내가 받을 흰 돌이 더 커져 있네... 마치 내 가슴팍 넓이처럼....'</u>
나는 매우 놀랐다. '내가 받을 흰 돌의 크기가 더 커져 있다니?' 나는 기분이 좋아서 입이 벌어지다가 '아니 그런데, 더 커졌다는 사실은?' 하면서 생각을 하는데 그만 기분 좋은 마음은 싹 가셔지고 오히려 내 눈에는 눈물이 맺혀지고 있었다. 즉 이 흰 돌의 크기가 커져 있다는 것은 내가 받을 핍박이 더 커졌다는 의미였다. 그래서 좋아해야 할지 슬퍼해야 할지를 몰랐다.
며칠 전에 인터넷에서 내 이름을 검색하여 보니 네이버나 구글에 나에 대하여 부정적인 글들이 제법 많이 올라와 있는 것을 보고 마음이 무척 슬펐고 상했었다. 그래서인가? 그래서 주님이 오늘 나

를 이곳에 데리고 오셔서 그 흰 돌 사이즈의 크기가 더 커진 것을 보여 주시나? 하는 생각이 들었다.
그리고 거기서 나는 다시 생각했다.

'그렇구나. 하늘나라에서 상이 큰 것은 핍박의 사이즈에 비례하겠구나!'

'우리는 지상에서 인정받으려 하는데 그것이 아니라 상을 받으려면 오히려 핍박을 받아야 하는 것이구나!' 깨달아지면서 내가 잠시라도 핍박보다는 인정받고 싶어했다는 사실이 민망하였다. 그렇다. 천국은 다르다. 지상에서 핍박을 많이 받아야 상이 큰 것이다.

'그래 맞아. 내가 지상에서 인정받지 못하고 나를 핍박하는 자들 때문에 속상해 하고 마음 아파할 것이 아니구나!' 하는 생각이 들었다. '그렇다. 그렇구나! 그들은 오히려 나의 받을 상을 크게 만들고 있구나!' 알아진 것이다. 그러므로 그들이 나를 안 좋게 말해도 별로 신경 안 써도 되는 것이구나! 알아졌다.

[마 5:11-12]

11 나를 인하여 너희를 욕하고 핍박하고 거짓으로 너희를 거스려 모
든 악한 말을 할 때에는 너희에게 복이 있나니 12 기뻐하고 즐거워하
라 하늘에서 너희의 상이 큼이라 너희 전에 있던 선지자들을 이같이
핍박하였느니라

그러고 있는데 바다에 흰 돛이 많이 달린 배가 지나간다. 아니나 다를까 이사야이다. 이사야가 갑판에 서 있으면서 "하이, 사라" 한다.

주님께서는 그 배를 타자고 하신다.

갑판에는 주님과 이사야가 저편, 그리고 소파 가운데 테이블을 두고 이편에는 내가 앉았다. 그렇게 앉아 있다가 나는 내려오게 되었다.

40 룻기, 사무엘상하, 열왕기상하, 역대상하

오늘 주님께서 '나는 상고니라' 라고 말씀하시다.

2018년 10월 26일

아침에 기도한 후에 천국에 올라갔다.
나를 수레 바깥에서 수호하는 천사가 흰색과 하늘색이 교차하는 옷을 아래 위로 입고 있었다. 그리고 머리에는 청색의 띠같이 생긴 모자를 쓰고 있었다.
그가 내게 이렇게 말했다.
'주인님, 다 준비되어 있어요.' 라고 말이다. 나는 수레 안으로 탔다. 수레 안에 있는 천사가 수레 후미 쪽 침대 위에 걸터앉아 있다가 벌떡 일어섰다. 이 천사는 두 날개를 펴고 있고 하얀 옷을 입고 있었다.
나를 태운 수레가 천국 대문에 이르자 그곳에 문을 열어주는 여성같이 생긴 두 천사가 '사라님 오셨다.' 하고 문을 양 옆으로 활짝 열어주었다. 수레는 천국에 도착하였는데 즉시 수레가 또 연못가의 공중에 도착하였다. 그곳에서부터 수레는 너무나 아름다운 수레로 다시 장식되었는데 '와우~' 하얀색의 망사 같은 것이 바깥에 있고 위쪽으로도 장식된 청색의 비단 같은 수레였다.

'와우~' 아름다움 그 자체였다.

그리고 수레는 정말 저 높은 공중에서부터 사뿐히 연못가에 내려앉았다. 주님께서는 그곳에 기다리고 계셨는데 나는 수레에서 내려서 주님께로 갔다. 주님께서는 오늘 유난히도 하얗고 하얀 옷을 입으셨는데 더 독특하신 것은 머리와 수염이 다 하얀 색깔이었다.

'어머나~'

오늘은 주님께서 머리도 하얗고 수염도 하얗다. '오늘따라 왜 이렇게 하얀 머리와 하얀 수염을 하시고 나타나셨을까?' 하고 나는 무척 궁금해하였다.

그리고 나의 모습을 보니 오늘따라 아름답고 매우 숭고하게 보이는 금 면류관을 쓰고 있었는데 그 장식이 아주 자세히 보이는 것이었다. 보통의 늘 쓰던 금 면류관의 높이보다 두 배나 높았다. 그리고 장식이 너무나 아름답게 조각되어 있었고 금 면류관 자체가 너무나 우아하고 숭고하게 보였다. 그리고 나는 은색이 나는 것 같은 흰 드레스를 입고 있었고 머리는 흑색으로 긴 머리로서 허리까지 내려오고 있었다. 오늘 나의 모습도 좀 독특하다고 생각이 들었다.

그리고 나는 주님을 뵙자 엎드리면서 '주님, 제가 잘못한 것이 있으면 말씀하여 주세요.' 했다. 그러자 주님께서는 나에게 이렇게 말씀하셨다.

'나는 너의 아버지니라 나는 상고니라.' 라고 말씀하시는 것이었다. '와우~'

오늘 주님께서는 자신이 상고라고 말씀하셨다. 성경에 주님께서 그렇게 말씀하신 곳이 나온다. 상고란 태초란 말이다.

[요 1:1]

태초에 하나님의 말씀이 계시니라 이 말씀이 하나님과 함께 있었으니 이 말씀은 곧 하나님이시라.

[요 1:14]

말씀이 육신이 되어 우리 가운데 거하시매 우리가 그 영광을 보니 아버지의 독생자의 영광이요 은혜와 진리가 충만하더라

예수님께서 이 세상에 계셨을 때
제자들에게 나는 아브라함 이전부터 있었다라고 말씀하셨다.

[요 8:58]

예수께서 가라사대 진실로 진실로 너희에게 이르노니 아브라함이 나기 전부터 내가 있느니라하시니

또한 미가서에서는 예수님이 상고라고 말하고 있는 것이다.

[미가 5:2]

베들레헴 에브라다야 너는 유다 족속 중에 작을지라도 이스라엘을 다스릴 자가 네게서 내게로 나올 것이라 그의 근본은 상고에, 태초에니라

할렐루야.

성경은 우리에게 이렇게 말한다.

[요 1:9-12]

9 참빛 곧 세상에 와서 각 사람에게 비취는 빛이 있었나니 10 그가 세
상에 계셨으며 세상은 그로 말미암아 지은바 되었으되 세상이 그를
알지 못하였고 11 자기 땅에 오매 자기 백성이 영접지 아니하였으나
12 영접하는 자 곧 그 이름을 믿는 자들에게는 하나님의 자녀가 되는
권세를 주셨으니

태초이고 상고이신 분, 이 세상을 창조한 창조주가 이 세상에 오셨으나 세상은 그를 알지 못하였다.
그렇다. 예수님은 태초부터 계신 하나님이시고 상고이시다.

아하! 그래서 알아지는 것이 오늘따라 예수님께서 하얀 머리에 하얀 수염을 하시고 나타나셨고 또한 매우 하얗고 하얀 옷을 입고 나타나신 것이 깨달아졌다.

할렐루야.

41 룻기, 사무엘상하, 열왕기상하, 역대상하

주님의 집무실에 가서 '나같은 죄인 살리신~' 찬양을 듣다.

2018년 11월 5일

아침에 기도를 2시간 정도 한 후에 천국으로 올라가게 되었다. 나를 수레 바깥에서 수호하는 천사가 보이더니 혼자이다. 아래 위로 흰 옷을 입고 무엇이 그렇게 좋은지 '기뻐요. 주인님' 하는데 그가 나를 즉시 데리고 간 곳은 어느 강가 옆이었다.

그곳에서 나를 항상 데리러 오는 수레가 나를 기다리고 있었다.

'아니, 수레가 오늘은 여기에 있네...' 하면서 나는 나를 데리러 온 수레를 탔다. 수레는 크고 아름다웠고 수레 안에는 더 놀라운 것이 보였다. 수레 안에서 나를 수호하는 천사가 내가 수레 입구에 들어서자 반대편에 앉아 있었는데 이 천사는 옷도 하얗고 두 날개도 다 하얗다. 이 천사는 늘 이렇게 수레 입구의 반대편에 주로 앉아 있으면서 오늘도 흰 두 날개를 펴고 앉아 있었다.

그런데 그 천사 앞에는 7-8명 정도의 아기 천사들이 날개를 펴고 그 앞에 나란히 앉아 있는 것이 보였다. 와우~ 이 아기 천사들도 전체가 하얗고 또 하얀 날개들을 펴고 있었다. 그런데 내가 수레 안으로 들어서자마자 이 아기 천사들이 내 머리 쪽 주위를 원을 그리면서 나는 것이었다. "와우~"
그들은 '기뻐요~ 기뻐요~' 라고 말하면서 날고 있었다. 나는 생각했다.

'무엇이 그렇게 기쁘다는 것일까?'

'오늘은 도대체 무슨 날이길래 이렇게 어리고 어린 하얀 날개를 단 아기천사들이 여기에 있지?' 하면서 나는 내 자리에 와서 앉았다. 그리하였더니 수레 안에서 반대편에 앉아 있으면서 나를 수호하는 천사가 일어서서 수레 바깥에서 나를 수호하는 천사에게 '이제 떠나도 된다.' 는 식의 손을 들어서 신호를 보내었다. 그랬더니 수레 바깥의 천사가 즉시 내게 '주인님 올라갑니다.' 하고 천국으로 올라가는 것이었다(나는 수레 안에 있고 이 천사는 수레 바깥에 있지만 꼭 내 얼굴을 보고 말하듯이 말했다. 즉 이 말은 이 천사는 수레 안을 투시하듯이 다 볼 수 있음을 말한다).

수레가 도착한 곳은 연못가의 공중이었다. 연못가의 땅에서 약 30-50m 정도 상공으로 보였다. 이곳에서 처음에 나를 데리러 왔을 때의 수레의 모습보다 이 공중에서는 나를 태운 이 수레가 더 아름답게 장식되어 있었고 그리고 수레 전체에 꼭 신부가 쓰는 망사 같은 것들이 주위에 장식되어 있었다. 이런 수레의 모습을 보면 감탄사가 절로 나왔다.

"와우~, 아름답고 아름답다!"

이 수레가 마치 이 연못가에 내리기 전에 지상에 있는 나를 데리러 왔을 때보다 이 공중에 도착하면 더 아름답게 치장되어 내리는 준비를 하는 것 같아 보였는데 내가 보기에는 수레 자체가 꼭 주님의 신부같이 단장되는 것처럼 보였다.
이때에 나는 계시록 21장에서 새 하늘과 새 땅이 열리고 새 예루살렘 성이 하늘에서 내려올 때에 꼭 어린양의 신부같이 단장되었다고 하는 성경 말씀이 생각났다.
'혹시, 그 새 예루살렘성이 내려올 때 꼭 이렇게 보인 것은 아닐까?' 하는 생각이 들었다. 나를 데리러 온 수레가 연못가의 상공에서는 더 아름답게 치장되어 내려오는 것을 한 번도 아니고 여러 번 본 것이다.
그리고 지금 또 생각하면 그 새 예루살렘 성이 신부처럼 단장되어 하늘에서 내려올 때에 그 내려오는 새 예루살렘 성을 보고 주님은 '어린양의 아내' 라고 한 것을 보면 그 성 안에는 분명히 신부들이 들어있다는 사실을 알 수 있다. 그러면 혹 이 수레가 연못가의 공중에서 그렇게 신부처럼 단장되어 내려오는 것은 혹 주님께서 나에게 '너는 내 신부야!' 하시는 말씀이 아닌가 하는 생각이 들었다.

[계 21:1-2]

1 또 내가 새 하늘과 새 땅을 보니 처음 하늘과 처음 땅이 없어졌고
바다도 다시 있지 않더라 2 또 내가 보매 거룩한 성 새 예루살렘이 하
나님께로부터 하늘에서 내려오니 그 예비한 것이 신부가 남편을 위하
여 단장한 것 같더라

[계 21:9-10]

9 일곱 대접을 가지고 마지막 일곱 재앙을 담은 일곱 천사중 하나가

나아와서 내게 말하여 가로되 이리 오라 내가 신부 곧 어린 양의 아내를 네게 보이리라 하고 10 성령으로 나를 데리고 크고 높은 산으로 올라가 하나님께로부터 하늘에서 내려오는 거룩한 성 예루살렘을 보이니

수레가 공중에 도착하자 수레 안에 있던 7-8명의 아기 천사들이 수레 문이 열리자마자 금 나팔을 입에 불면서 한 줄로 나란히 날면서 어디론가 사라져 버렸다. 그 금 나팔들은 금방 그들에게 생긴 것 같았다. 수레 안에서는 안 보였었는데... 그런데 천국에는 이런 일이 비일비재하다. 필요하면 금방 금방 생긴다.

그러자 주님께서는 연못가 옆 저 아래에서 나를 기다리고 계셨는데 수레가 연못가에 내려앉고 나는 수레에서 내려서 주님께로 가는데 나의 모습은 꼭 신부 같았다. 흰 드레스를 입고 있었고 머리에는 면류관을 썼으며 그 면류관 주위는 망사로 장식이 되어 있었다. 신부는 이렇게 머리에 망사로 장식을 흔히 한다. 수레에서 내려서 주님께로 가는 나는 벌써 내 두 눈에 눈물이 가득했다. 왜냐하면 나는 지금 내 사랑하는 주님을 만나러 가기 때문이다.
주님께서는 나를 보자마자 너무 반가와 하시면서 나를(숙녀를) 저 공중으로 휙~ 던졌다. 꼭 아버지가 아이를 보고 기뻐서 공중에 띄우듯이 말이다.
"와우~"
나는 아직 공중에 떠 있는데 주님께서도 자신이 크신 주님으로 변하여 공중으로 올라오셨다. 그리하여 공중에는 크게 변하신 주님

과 온 사방에 주님 옷자락밖에 보이지 않았다. 순간 나는 작아 보였다. 그 때 주님께서 내게 하시는 말씀이 알아졌다.

"나는 너의 아버지이니라."

"할렐루야. 네 주님 맞습니다. 주님은 나의 아버지이십니다." 공중에서 그분을 뵙는 그 기분은 환희 그 자체였다. 그러자 나는 도로 연못가로 내려올 줄 알았는데 그게 아니라 주님과 나는 공중에서 연못가와는 더 먼 하늘 쪽으로 빨려 들어가듯이 나는 것이었다.

"와우~"

주님과 나는 날았다.

그리고 순식간에 도착한 곳은 주님의 집무실 안이었다.

"와우~"

나는 천국에 오면 놀라고 또 놀란다.

주님의 집무실 안에는 원탁 모양의 테이블이 놓여 있었다. 이전에도 본 원탁 테이블이다. 그리고 그 원탁 테이블 주위에 주님과 내가 앉았는데 주님 앞 테이블 위에는 여러 악보들이(A4 사이즈) 가지런히 포개어져 놓여 있었다. 그것을 보자 이전에 또 이러한 장면을 본 것이 생각났다. 즉 그 때에도 원탁 테이블 위에 주님은 악보를 놓고 앉아 계셨었다(서사라 목사 천국지옥 간증 수기 1, 33. 주님의 집무실을 방문하다. 12/6/13).

그랬더니 아까 수레 안에서 본 아기 천사들이 금 나팔을 가지고 있으면서 이 악보에 있는 것을 연주하기 시작하였는데 그 음악은 그 유명한 '나 같은 죄인' 이었다.

'아하~, 이 아기 천사들은 바로 이전에도 이 주님의 집무실에서 징글벨을 연주하던 그 아기 천사들이었구나!' 나는 이전에도 주님의 집무실에서 이러한 비슷한 모습을 보았었다.

그들은 공중에 나란히 떠 있으면서 금 나팔들을 가지고 '나 같은 죄인 살리신'을 연주하는 것이었다.

1. 나 같은 죄인 살리신 주 은혜 놀라와
   잃었던 생명 찾았고 광명을 얻었네
2. 큰 죄악에서 건지신 주 은혜 고마와
   나 처음 믿은 그 시간 귀하고 귀하다
3. 이제껏 내가 산 것도 주님의 은혜라
   또 나를 장차 본향에 인도해 주시리
4. 거기서 우리 영원히 주님의 은혜로
   해처럼 밝게 살면서 주 찬양 하리라

'와우~' 나는 매우 놀라워했다.
주님의 집무실에서 이 찬양을 듣다니...
주님께서는 이렇게 말씀하신다.
"나는 이 노래를 좋아한단다."
그러자 나는 즉시 주님께 '저두요'라고 했다.

그러고 나서 나는 주님께
'주님, 히스기야 왕을 보고 싶어요.'라고 했다.
그리하였더니 주님께서는 나를 다시 연못가로 데리고 가셨다. 나는 꽃신을 신고 연못 위로 걸어 들어가 오른편 터널로 들어갔다. 그랬더니 그 터널은 곧 나를 히스기야 왕의 집으로 인도하였는데 그런데 내가 놀란 것은 그의 집은 전체가 자색깔의 즉 큰 기와집으로 보였다.

'어머나~~~'

천정이고 벽이고 기둥이고 다 한 색깔, 자색깔(검정색에 가까운)로 보였다. 나는 이러한 집을 처음 보았기 때문에 '내가 지금 이것을 제대로 보고 있는 것인가?' 하는 의문이 생겼다. 그리고서는 도무지 아닌 것 같아서 내려왔다.

나는 천국에서 내가 이해하지 못하는 것을 보면(혹시 내가 잘못 보고 있는 것은 아닌지 하는 의문이 생기므로) 내 안에 의심이 생겨나서 천국이 더 이상 진행되지 않는 것을 몇 번이고 경험하였다. 그러나 나는 이것도 주님께서 앞으로 더 자세하게 밝혀주실 것을 믿는다. 즉 정말로 히스기야 왕의 집이 전체적으로 자색깔로 되어 있는지 아닌지 다음에 또 보면 될 것이다.

내가 나를 데리러 온 수레 안에서부터 보았던 그 아기 천사들에 대하여 쓴다면 이들은 주님의 집무실에 있는 아기 천사들이라고 볼 수 있다. 이제야 이해가 가는 것이 그들은 오늘 내가 주님의 집무실에 갈 줄 알고 미리 나를 마중 나온 것이다. 할렐루야.

그러고 보니 이제 여러 가지가 이해가 가는 면들이 있다. 내가 이사야의 집에 갈 때에도 늘 사춘기 나이의 천사들이 천국에서 수레가 내리는 지역까지 와서 수레에서 내리는 나를 먼저 손을 잡으려고 했었던 것이 기억이 났다.

이사야의 집을 관리하는 이 사춘기 나이의 천사들도 그 때에 나를 마중 나왔던 것이다. 즉 내가 그 날은 이사야의 집을 방문할 것을 그들은 미리 알고 있었다. 나는 몰랐지만. 그들은 다 알고 있었던 것이다. 할렐루야.

이제야 이해가 간다. 그 아기 천사들도 내가 주님의 집무실을 방문할 줄 알고 먼저 나를 마중 나왔다는 사실을... 할렐루야.

42 룻기, 사무엘상하, 열왕기상하, 역대상하

천상에서 히스기야 왕을 만나다.

2018년 11월 7일

아침에 기도한 후에 천국에 올라가게 되었다.
수레 바깥에서 나를 인도하는 천사가 내게 아주 얇은 동전보다 약 2배가 큰 원형의 쌀과자 같은 것을 내 입에 넣어 주었다. 나는 그것을 먹었다.
나를 데리러 온 열 마리의 말들의 목 주위에는 붉은 스카프 같은 것이 매여져 있었다. 그리고 나를 데리러 온 수레는 아주 기이하게 생긴 수레였는데 아름다운 디자인이라고 할 수 있다. 상아색의 수레로서 가장자리들이 황금으로 장식되어 있었고 내가 수레를 타자 중앙에 있는 테이블에는 케익이 하나 놓여 있었는데 '와우~ 무슨 케익?' 꼭 나를 축하한다는 의미인 것 같았다.
수레 안에서 나를 수호하는 천사가 날개를 접고 서서 나를 맞이하여 주었다. 나는 내 자리에 와서 앉았는데 나의 모습은 청색의 망사에 청색으로 수놓은 챙이 있는 모자를 쓰고 있었고 옷도 그러한 재료로 드레스를 입고 있었다.
'어머나, 왜 내가 오늘은 이러한 옷을 입고 있지?'
그러나 전체적으로 짙어 보였으나 아름다운 옷이었다. 수레는 연못가에 도착하였고 나는 수레에서 내려서 주님께로 갔다. 나는 주님께 이렇게 말씀드렸다.

'주님 제가 잘못하고 있는 것 있으면 용서하여 주세요. 그리고 저는 정말 잘 모르겠어요.' (이 말은 요즘에 히스기야 왕 때문에 내가 무엇을 질문하여야 할지 그리고 왜 저번에 그의 집이 자주색 궁처럼 온통 색깔이 그렇게 보였는지 혹시 내가 잘못 보았는지 모르겠다는 생각이 들었기 때문이다. 그래서 오늘 나는 기도하면서 '주님, 저는 주님께서 가르쳐 주고 싶지 않으신 것을 제가 억지로 묻지 않겠습니다.' 라고 기도했었다. 그래서 나는 히스기야 왕에 대하여 무엇을 물어봐야 할지를 몰라서 포기한 상태라고 할 수 있었다. 그러한 마음이 여기서 드러난 것이다.)

주님께서는 내 말을 다 들으셨으면서도 아무 말씀도 없이 무엇이 급하신 것처럼 나를 벤치에 앉히시고 생명수 담긴 대야에 내 발을 내어 놓으라 하시면서 씻기기 시작하셨다. 그리고 손도 내어 놓으라 하시면서 씻기시고 내 얼굴도 씻기시고 그리고 나니 두 천사가 긴 항아리에 생명수를 담아가지고 날아와서 내 머리 위에 부었다. 그리고 나서 나는 벤치 옆에 놓여 있는 붉은 꽃신을 신고 연못 위로 걸어 들어갔다. 주님을 뒤로 두고...

그리고 오른편 터널로 들어가니 문이 닫히고 내 발밑의 물들이 요동하는 것 같더니 나를 히스기야 왕의 궁 즉 집안에 들여다 놓았는데 '와우~, 궁 안의 온통 벽 안이고 천정이고 다 자수정처럼 생긴 집이었다. 와우~ 이러한 집도 있구나! 내가 본 것이 맞았구나!' 그런데 그 궁 안에 벌써 주님이 와 계셨다. 궁 안에 테이블이 아주 길게 앞뒤로 놓여 있었는데 그 길이는 약 10m가 넘어 보였다. 그 테이블 머리에 주님이 앉으시고 저 반대편 끝에 히스기야 왕이 앉았다. 그리고 나는 주님의 오른편 쪽으로 테이블의 중앙에, 그리고 내 반대편 주님의 왼편 쪽으로 테이블 중앙에는 모세가 와서 앉았다.
나는 오늘 처음으로 히스기야 왕을 보았는데 그는 까만 곱슬머리에 콧수염과 턱수염이 있었다. 그리고 잘생긴 얼굴이었는데 눈썹도 까맣고 특징은 머리에 아랍상인들이 머리에 쓰는 것 같은 것을 쓰고 있었다. 그리고 그 터번은 왕이 쓰는 것 같은 보석의 장식이 있었다. 나는 왜 히스기야 왕이 이러한 모자도 아닌 그러한 수건 같은 것을 쓰고 있었는지 모른다. 그러나 분명한 것은 아주 고급스러워 보이는 모자라는 것이다. 그리고 옷도 상아색 옷에다가 가장자리들이 황금색으로 장식된 옷을 입고 있었다. 그리고 온통 자주색 벽이고 천정이고 바닥이고 다 어두운 색깔인데 그 궁 안은 참으로 밝았고 테이블 위는 보라색의 테이블이었다. 조화가 아름다웠다.

나는 히스기야 왕에게 질문을 시작하였다.

"히스기야님, **주님께서 15년간 생명을 연장시켜 주시면서 해시계를 뒤로 십도 물러가게 하셨을 때에 어떤 기분이셨는지요?"**

히스기야 왕은 내 질문에 대답하기를 '저는 그때 내 하나님은 내 아버지라는 것을 느꼈고 그의 전능하심과 그의 선하심을 알았어요.' 라고 했다.

[왕하 20:1–11]

1 그 때에 히스기야가 병들어 죽게 되매 아모스의 아들 선지자 이사
야가 저에게 나아와서 이르되 여호와의 말씀이 너는 집을 처치하라
네가 죽고 살지 못하리라 하셨나이다 2 히스기야가 낯을 벽으로 향하
고 여호와께 기도하여 가로되 3 여호와여 구하오니 내가 진실과 전심
으로 주 앞에 행하며 주의 보시기에 선하게 행한 것을 기억하옵소서
하고 심히 통곡하더라 4 이사야가 성읍 가운데까지도 이르기 전에 여
호와의 말씀이 저에게 임하여 가라사대 5 너는 돌아가서 내 백성의
주권자 히스기야에게 이르기를 왕의 조상 다윗의 하나님 여호와의 말
씀이 내가 네 기도를 들었고 네 눈물을 보았노라 내가 너를 낫게 하리
니 네가 삼일만에 여호와의 전에 올라가겠고 6 내가 네 날을 십 오년
을 더할 것이며 내가 너와 이 성을 앗수르 왕의 손에서 구원하고 내가
나를 위하고 또 내 종 다윗을 위하므로 이 성을 보호하리라 하셨다 하
라 하셨더라 7 이사야가 가로되 무화과 반죽을 가져 오라 하매 무리
가 가져다가 그 종처에 놓으니 나으니라 8 히스기야가 이사야에게 이
르되 여호와께서 나를 낫게 하시고 삼일만에 여호와의 전에 올라가게
하실 무슨 징조가 있나이까 9 이사야가 가로되 여호와의 하신 말씀을
응하게 하실 일에 대하여 여호와께로서 왕에게 한 징조가 임하리이다
해 그림자가 십도를 나아갈 것이니이까 혹 십도를 물러갈 것이니이까
10 히스기야가 대답하되 그림자가 십도를 나아가기는 쉬우니 그리할
것이 아니라 십도가 물러갈 것이니이다 11 선지자 이사야가 여호와께
간구하매 아하스의 일영표 위에 나아갔던 해 그림자로 십도를 물러가
게 하셨더라

그 다음 나는

'왜 그 바벨론에서 왔을 때에 내탕고를 열어 다 보여 주었나요?' 라고 물었다.

사실 이것 때문에 바벨론이 남유다를 쳐들어오게 되고 나중에 하나님의 내탕고에 있던 모든 것이 바벨론으로 옮겨지게 된다.

여기에 대하여 이사야의 예언이 다음과 같았다.

[왕하 20:12-18]

12 그 때에 발라단의 아들 바벨론 왕 부로닥발라단이 히스기야가 병
들었다 함을 듣고 편지와 예물을 저에게 보낸지라 13 히스기야가 사
자의 말을 듣고 자기 보물고의 금은과 향품과 보배로운 기름과 그 군
기고와 내탕고의 모든 것을 다 사자에게 보였는데 무릇 왕궁과 그 나
라 안에 있는 것을 저에게 보이지 아니한 것이 없으니라 14 선지자 이
사야가 히스기야 왕에게 나아와서 이르되 이 사람들이 무슨 말을 하
였으며 어디서부터 왕에게 왔나이까 히스기야가 가로되 먼 지방 바벨
론에서 왔나이다 15 이사야가 가로되 저희가 왕궁에서 무엇을 보았나
이까 히스기야가 대답하되 내 궁에 있는 것을 저희가 다 보았나니 나
의 내탕고에서 하나도 보이지 아니한 것이 없나이다 16 이사야가 히
스기야에게 이르되 여호와의 말씀을 들으소서 17 여호와의 말씀이 날
이 이르리니 무릇 왕궁의 모든 것과 왕의 열조가 오늘까지 쌓아 두었
던 것을 바벨론으로 옮긴바 되고 하나도 남지 아니할 것이요 18 또 왕
의 몸에서 날 아들 중에서 사로잡혀 바벨론 왕궁의 환관이 되리라 하
셨나이다

그랬더니 히스기야 왕의 눈에는 눈물이 흘러내렸다.
"나의 실수였어요."
"내가 하나님을 먼저 앞세웠어야 했는데... 그만..."

그러고 나서는 나는 히스기야에게 하고 싶은 질문을 한 후에 나는 다시 주님을 바라보면서 주님께 질문을 드렸다.

"주님, 히스기야 왕 때 한 천사가 나가서 18만 5천명을 하룻밤 사이에 죽였는데 이것이 어떻게 가능한 이야기인가요? 어떻게 그렇게 죽일 수가 있었나요?"

다음은 앗수르 왕이 남유다를 치러 왔을 때에 히스기야 왕이 하나님께 기도하였더니 하나님께서 이사야를 통하여 하신 말씀이다.

[왕하 19:32-35]
32 그러므로 여호와께서 앗수르 왕을 가리켜 이르시기를 저가 이 성
에 이르지 못하며 이리로 살을 쏘지 못하며 방패를 성을 향하여 세우
지 못하며 치려고 토성을 쌓지도 못하고 33 오던 길로 돌아가고 이 성
에 이르지 못하리라 하셨으니 이는 여호와의 말씀이시라 34 내가 나
와 나의 종 다윗을 위하여 이 성을 보호하여 구원하리라 하셨나이다
하였더라 35 이 밤에 여호와의 사자가 나와서 앗수르 진에서 군사 십
팔만 오천을 친지라 아침에 일찌기 일어나 보니 다 송장이 되었더라

이때에 천상에서 주님께서 나에게 가르쳐 주신 것은 다음과 같다.

18만 5천명의 생명을 물결이 한쪽 끝에서 다른 쪽 끝으로 일렬로 흘러내리듯이 그들의 생명을 거두어 가셨다는 것이다. 즉 파도가 밀려와 삼키듯이 그들의 생명을 거두어 가신 것이라 하셨다.

"와우~"

그때에 나는 어떤 것이 생각이 났냐면

'나사로야 나오너라!' 하니 그냥 살아서 나온 나사로 즉 예수님의 말 한마디에 생사가 오가는 것이 생각이 난 것이다. '그렇구나, 주님의 전능하신 능력으로 그렇게 하신 것이구나!' 얼마든지 거두어 가시려면 즉시 거두어 가시는 것이구나 알아졌다.

그런데 다시 나의 질문은 '그러면 주님 그때에 천사는 가서 무슨 일을 하였나요?' 였다.

'그들의 생명을 한쪽 끝에서 다른 쪽 끝으로 물결이 일렬로 쭉 흐르듯이 그들의 숨을 거두어 가셨다는데 이것과 천사가 어떤 관계가 있나요? 이때에 천사는 어떤 일을 했나요?' 라고 질문한 것이다. 그랬더니 주님께서 그때에 히브리서에 말한 즉 '하나님께서는 천사를 바람같이 불같이 사용하신다.' 는 말이 생각났다.

'아하 그렇구나!'

한쪽 끝에서 다른 쪽 끝까지 바람이 불게 하여 그들의 생명을 거두어 가셨다는 것이 알아진 것이다(꼭 폭풍이 한 지역을 쓸고 가듯이 그렇게 말이다. 이러한 경우는 폭풍은 아니지만 천사가 바람으로 사용되어 한 지역을 쓸고 갈 때에 그들이 다 죽은 것이다. 이렇게 물결이 한쪽에서 다른 쪽으로 일렬로 흐르는 것 같이 거두어 가신 것이 알아졌다).

[히 1:7]

또 천사들에 관하여는 그는 그의 천사들을 바람으로, 그의 사역자들을 불꽃으로 삼으시느니라 하셨으되

사실 나는 지상에서 이것이 매우 궁금하였었다.

'어떻게 천사 한 명이 하룻밤 사이에 18만 5천명을 죽일 수 있을까?' 하고 궁금하였는데 즉 그 천사가 어떤 방식으로 어떤 방법으로 그 천사 한 명이 그 많은 숫자를 죽일 수 있었을까 하는 것이 나의 고민이었었는데 오늘 이것이 다 풀리게 된 것이다. 아하, 그래서 아까 수레 안에서 이것을 축하한다는 의미로 케익이 마련되었었구나! 또 알아진 것이다. 할렐루야.

그리고 나를 수레 바깥에서 수호하는 천사가 내게 쌀과자 같은 것을 먹인 것은 내가 너무 기운이 빠져 있었기 때문이라는 것이 또 알아졌다.

할렐루야.

할렐루야.

43 룻기, 사무엘상하, 열왕기상하, 역대상하

천상에서 히스기야 왕이 쓰고 있는 수건 모자

2018년 11월 12일

나는 아침에 기도한 후에 천국에 올라가게 되었다. 그리하여 나는 연못가에서 주님을 만나고 그 후에 벤치 옆에 놓여 있는 꽃 신발을 신고 연못 위로 걸어 들어갔다. 그리고 터널 끝에서 도달한 곳은 히스기야 왕의 궁이었는데 나는 그 장소에 도착하자, 거기에는 주님, 모세, 여호수아, 히스기야 왕, 그리고 내가 앉아 있게 되었다.

나는 히스기야 왕의 머리가 궁금하였다.

이슬람이나 인도에서 보면 머리를 자르지 않고 터번을 쓰는데 그래서 나는 '도대체 히스기야 왕의 머리가 어떻게 되어 있는지 혹 이슬람처럼 자르지 않았는지?' 궁금해 하니(여기서는 마음이 통하여 상대방이 무슨 생각을 하는지 다 안다) 히스기야 왕이 자신의 모자 같이 생긴 그 수건을 벗어서 테이블 위에 놓는 것이었다.

'아하~' 그 모자 같은 수건을 벗은 히스기야 왕의 머리를 보니 짧은 곱슬머리로 길지 않았다. 그래서 전체 머리가 꼭 인도의 시크교처럼 수건 안에 자르지 아니한 머리가 숨겨져 있는 것처럼 보였으나 사실 그는 그들과 같이 긴 머리가 아니라 약 2-3cm 정도 길이의 곱슬머리로 검은 머리였다. 게다가 옆은 더 짧은 머리로 보였다.

그러므로 그 수건같이 생긴 모자는 자신이 그렇게 하고 싶어서 쓰고 있는 것으로 보였다. 그제서야 왜 히스기야 왕이 저러한 모자를 쓰고 있을까 하는 나의 의문이 풀린 것이다. 즉 그는 인도의 시크교가 쓰는 것같이 그러한 터번으로 모자를 쓰고 있는 것이 아니라 그냥 수건 같이 생긴 모자를 그냥 그렇게 쓰고 있었던 것이다.

할렐루야.

44 룻기, 사무엘상하, 열왕기상하, 역대상하

주님의 집무실에 가다. 주님의 집무실에서 천사들이 찬송가 40장과 살아계신 주를 연주함을 듣다.

2018년 11월 17일

아침에 기도한 후에 천국에 올라갔다.

나를 수레 바깥에서 수호하는 천사가 내게 이렇게 말했다.

"주인님, 힘내세요. 주님이 기다리고 계세요."

그리고 참으로 아름다운 웅장한 수레가 왔다. 나는 수레 안으로 탔다. 수레 안에서는 흰 옷 입은 흰 날개 달린 천사가 날개를 펴고 서 있었고 그 아래에 일곱 명 정도의 어린아이 천사들이 밑으로 갈수록 넓게 퍼지는 하얀 원피스를 입고 날개를 펴고 나를 환영하여 주었다.

'와우~' 아름다웠다.

나는 내 자리에 와서 앉았고 다이닝 테이블 위의 유리 보석 그릇에 담긴 살구같이 생긴 과일을 먹었다. 수레 바깥의 천사가 '주인님 올라갑니다.' 하였다.

수레는 천국 대문에 도착하였다.

수레 바깥의 천사가 '열어라' 라고 말했다.

문이 열리고 나는 천국에 도착하였는데 주님께서 환한 얼굴로 눈부시게 하얀 옷을 빨아도 빨아도 그렇게 하얄 수가 없는 옷을 입고 계셨다. 그리고 공중에서 나를 맞아주셨다. 나는 주님을 뵙는 마음에 눈물이 나고 있었다. 어린 천사들이 주님과 내 머리 위로 원을 그리면서 날았다.

오늘 분명히 어린아이 천사들이 나타난 것으로 보아서 주님의 집무실로 갈 것이라 생각했는데 아니나 다를까 주님께서 '내 집으로 가자' 라고 하셨다.

주님은 내 손을 잡으시고 위로 급속히 올라가셨는데 <u>정말 무엇엔가 빨려 들어가듯이 날아 들어갔는데</u> 벌써 주님의 집무실 안에 주님과 내가 와 있었다. 어린 천사들이 거기에서도 우리 머리 위에 떠 있었다.

주님께서 나에게 말씀하셨다.

"너는 나와 함께 연주해야 해"

그 말씀은 음악을 완성하는데 내가 주님과 함께 일해야 한다는 뜻이었다.

"주님 그렇게 할게요. 주님, 저는 주님이 서라 하면 서 있고 앉으라 하면 앉을게요. 주님이 다하세요." 정말 그렇다. 나는 그저 주님이 세운 곳에 서있기만 하면 주님이 다하시는 것이다.

할렐루야.

그러자, 어린 천사들이 바이올린들을 켜기 시작하였다. 그 연주하는 내용들은 우리가 지상에서 부르는 찬송가 '주 하나님 지으신 모든 세계(40장)' 와 '살아계신 주' 를 연주하는 것이었다. 와우~ 할렐루야!

그리고서는 주님께서 내 개인적인 삶에 있어서 조심해야 할 세 가지를 말씀하셨다.

나는 그것을 펜과 종이에 써가지고 내려왔다.

할렐루야.

주님께 감사와 찬양을 드립니다.

45 룻기, 사무엘상하, 열왕기상하, 역대상하

주님께서 주님의 집무실은 영혼들을 관리하는 곳이라 말씀하신다.

2018년 11월 19일

아침에 기도를 한 후에 천국으로 올라갔다.
두 천사와 열 마리의 말이 수레를 가지고 나를 데리러 왔다. 내가 수레에 타자 안에는 흰 옷 입은 흰 두 날개 가진 천사가 수레 안에서 있었고 또 아기천사들이 일곱명 정도가 있었다. 그 어른 천사 아래로 졸졸이 서 있었다. 얼마나 귀여운지...
그리고 그 수레는 즉시 나를 연못가에 내려놓았다.
수레가 연못가에 도착하자 아기 천사들이 금 나팔을 불면서 한 줄로 날아 나갔다.

그 후에 나는 수레에서 내려서 주님을 맞이하였다. 나는 머리에는 금 면류관을 그리고 드레스는 하얀 드레스를 입고 있었다. 그리고 주님을 보자 그의 발 앞에 엎드려 울었다. 늘 그렇다. 그의 발에 구멍이 뚫린 것을 보고서는 내 마음이 무너져 그냥 보자마자 엎드려 우는 것이다. 그리하였더니 주님께서 말씀하셨다.
"내 딸아..."

그리고 나를 벤치에 앉히시고 생명수가 담긴 대야에 내 발을 씻기셨다.

'나는 너를 이렇게 씻겨야 한단다.' 라고 하시면서 즉 나를 정결케 하셔야 한다고 말씀하셨다. 발 먼저 다음 손 그리고 긴 항아리를 가진 천사들이 와서 나에게 생명수를 머리 위에 부었다. 그런 후에 주님께서 나를 향하여 손을 뻗치시자 꼭 나에게 무엇이 씌워지는 것처럼 나에게 지나가듯이 내가 다시 정결케 되어지는 느낌이었다. 주님께서는 '내 손을 잡거라' 하시면서 내 오른손을 잡으시고 위로 날기 시작하셨다. 그리고 주님과 위로 날면서 어딘가로 쏙 빨려 들어갔는데 벌써 주님의 집무실에 와 있었다. 아까 본 아기 천사들이 여전히 금 나팔을 가지고 주님과 내 머리 위에 날고 있었다. 이번에는 줄지어 원형을 그린 것이 아니라 지그재그로 날고 있었다. 주님의 집무실에는 원형 테이블이 놓여 있었고 주님과 나는 옆으로 나란히 앉았다. 주님 앞에는 10cm가 넘는 두꺼운 생명책이 놓여 있었다.

나는 주님께 이렇게 질문하였다.

'주님, 주님의 집무실은 뭐하는 곳이에요?' 라고

그랬더니 주님께서 알게 하여주시는 것은 그곳은 주님께서 영혼들을 관리하는 곳이라 하셨다.

'관리라?'

그것이 무슨 말일까?

다시 나는 주님께 물었다.

'주님 영혼들을 관리하신다는 말이 무슨 말인지요?'

그랬더니 주님께서 다시 알게 하여주시는데

'내가 영혼들을 챙기는 곳이란다.'
즉 주님의 영혼들을 챙기는 곳이라는 것이다.
챙긴다. 나는 그 말도 온전히 이해하기가 그랬지만 주님께서는 오늘 거기까지만 알게 하신 것이다. 그러나 성경에서 내가 굳이 이 개념에 맞는 말을 찾는다면 다음의 성경 구절인 것 같다.

[요 6:38-39]
38 내가 하늘로서 내려온 것은 내 뜻을 행하려 함이 아니요 39 나를
보내신 이의 뜻을 행하려 함이니라 나를 보내신 이의 뜻은 <u>내게 주신
자 중에 내가 하나도 잃어버리지 아니하고</u> 마지막 날에 다시 살리는
이것이니라

그중에서도 주님이 말씀하신 것은 위의 밑줄 친 곳의 의미를 지니는 것 같다. 즉 주님께서 영혼들을 챙기신다는 의미가...
즉 주님의 집에 있는 집무실은 주님께서 영혼들을 잃어버리지 않게 챙기시는 곳이라는 것으로 받아졌다.
할렐루야.

그리고 나는 마지막으로 '주님의 집무실'에 대하여 지금까지 나에게 밝혀진 것들만을 모아서 정리하여 보면 다음과 같다.

1. 천사들이 양쪽에 서 있는 주님의 보좌가 있는 곳과 주님의 집무실이 있는 주님의 집은 다른 곳으로 보인다.
2. 주님의 집무실로 갈 때에는 저 멀리 쑥 빨려 들어가는 느낌으로

간다.

3. 주님의 집(주님께서 '내 집' 이라고 표현하심)에 주님의 집무실이 있다.(참고: 서사라 목사의 '여호수아와 사사기', 24. 2017년 8월 19일 주님의 집에 주님의 집무실이 있다.)

4. 집무실 내의 중앙에는 원탁 테이블이 있고 그 위에는 거의 항상 악보들이 놓여 있었다. 이 노래들을 주님의 집무실에 있는 아기 천사들이 연주를 한다.

5. 그리고 그 옆에는 책꽂이가 벽에 있고 그 책꽂이에는 생명책이 있었다.

(참고: 서사라 목사의 '여호수아와 사사기' : 25. 2017년 8월 25일. 1) 주님의 집무실에서 이름들이 적힌 두꺼운 책을 보다 : 26. 2017년 8월 29일. 주님의 집무실에서 드디어 생명책을 보다.)

6. 주님의 집무실에는 늘 하얀 두 날개 달린 아기 천사들이 공중에 떠 있고 이들은 테이블 위의 악보를 연주하곤 한다.

7. 이 아기 천사들은 내가 주님의 집무실에 가는 날이면(나는 모른다. 그러나 천국에 올라가보면 이미 내가 주님의 집무실에 가게 될 것을 천사들은 알고 있으나 나는 가기 전까지는 모른다.) 벌써 수레까지 마중을 나와 있다.

8. 나를 수레 바깥에서 수호하는 천사에 의하면 주님의 집무실에 가는 것은 매우 기쁜 일이고 특별한 은혜이다.

9. 이 주님의 집무실에서 아기 천사들이 연주하는 것을 들은 음악은 '징글벨 징글벨', '나 같은 죄인 살리신', '찬송가 40장', '살아계신 주' 등등이 있다.

10. 주님의 집무실은 주님께서 영혼들을 챙기는 곳이라 말씀하신

다.

할렐루야 주님을 찬양합니다.
모든 영광을 주님께!

후 / 원 / 페 / 이 / 지

그러므로 염려하여 이르기를 무엇을 먹을까 무엇을 마실까 무엇을 입을까 하지 말라 이는 다 이방인들이 구하는 것이라 너희 천부께서 이 모든 것이 너희에게 있어야 할 줄을 아시느니라 너희는 먼저 그의 나라와 그의 의를 구하라 그리하면 이 모든 것을 너희에게 더하시리라 [마 6:31-33]

천국과 지옥 간증 책을 한글로 또 영어로 또한 각국 언어로 펴내어서 전 세계적으로 복음의 도구가 되는데 또한 케냐, 인도, 벨리제, 캄보디아, 필리핀, 인도, 중국 등에 교회를 세우고 물 없는 지역에 물통을 공급하고 또 성경을 공급하여 어린아이들을 성경으로 교육시키는 방과 후 교실을 운영하는 등 전 세계선교에 도움이 될 수 있도록 여러분의 물질적인 후원이 필요합니다.
(주님의 사랑 세계선교센터: https://cafe.naver.com/llwmc 참조)

은혜 받으신 만큼 성령께서 인도하시는 대로 많은 영혼들이 구원받을 수 있도록 여러분의 정성어린 후원을 부탁드립니다.

※ 후원하신 모든 금액은 하나님 나라 확장과 영혼 구원사역에만 쓰여 집니다.

후원계좌 :

Paypal Account : lordslovechristianchurch@yahoo.com

은행구좌 (Bank account) :

1. 예금주: 주님의 사랑교회, 신한은행, 140-012-615297
2. Lord's Love Christian Church, CHASE BANK,
   구좌번호 (Account #):860768576
   은행고유번호 (Routing #): 322271627,
   Swift Code: CHASUS33
   주소 (Address): 216 E. 31st St. Los Angeles,
   CA 90011, USA (전화: 323-897-5751)

미국 연락처 :

Tel : 323-897-5751
E-mail : sarahseoh@ymail.com

주님이 하셨습니다.

모든 영광을 주님께..

서사라 목사의 천국지옥 간증수기 9 구약편 2권

룻기, 사무엘상하, 열왕기상하, 역대상하

초판인쇄 : 2022년 8월 12일

초판발행 : 2022년 8월 15일

저 자 : 서사라

펴 낸 이 : 최성열

펴 낸 곳 : 하늘빛출판사

출판등록 : 제 251-2011-38호

주 소 : 충북 진천군 진천읍 중앙동로 16

연 락 처 : 043-537-0307, 010-2284-3007

이 메 일 : csr1173@hanmail.net

I S B N : 979-11-87175-31-5 (03230)

가 격 : 16,000원